Utilize este código QR para se cadastrar de forma mais rápida:

Ou, se preferir, entre em:
https://www.moderna.com.br/ac/livroportal
e siga as instruções para ter acesso aos conteúdos exclusivos do
Livro Digital

CÓDIGO DE ACESSO:
A 00219 GRFUF14E 2 22677

Faça apenas um cadastro. Ele será válido para:

 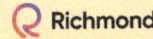 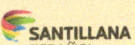

Da semente ao livro,
sustentabilidade por todo o caminho

Plantar florestas
A madeira que serve de matéria-prima para nosso papel vem de plantio renovável, ou seja, não é fruto de desmatamento. Essa prática gera milhares de empregos para agricultores e ajuda a recuperar áreas ambientais degradadas.

Fabricar papel e imprimir livros
Toda a cadeia produtiva do papel, desde a produção de celulose até a encadernação do livro, é certificada, cumprindo padrões internacionais de processamento sustentável e boas práticas ambientais.

Criar conteúdos
Os profissionais envolvidos na elaboração de nossas soluções educacionais buscam uma educação para a vida pautada por curadoria editorial, diversidade de olhares e responsabilidade socioambiental.

Construir projetos de vida
Oferecer uma solução educacional Moderna é um ato de comprometimento com o futuro das novas gerações, possibilitando uma relação de parceria entre escolas e famílias na missão de educar!

Apoio:

Fotografe o Código QR e conheça melhor esse caminho.
Saiba mais em *moderna.com.br/sustentavel*

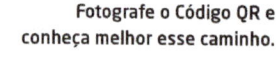

DOUGLAS TUFANO

Licenciado em Letras e Pedagogia pela Universidade de São Paulo.
Professor do Ensino Fundamental e do Médio em escolas da rede pública e particulares do estado de São Paulo por 25 anos.
Autor de várias obras didáticas para o ensino da língua portuguesa no Ensino Fundamental e no Médio.

GRAMÁTICA FUNDAMENTAL

2

Ensino Fundamental

DE ACORDO COM A BNCC

4ª edição

MODERNA

© Douglas Tufano, 2020

Coordenação editorial: Marisa Martins Sanchez
Edição de texto: Anabel Maduar, Christina Binato, Claudia Padovani, Maria Gabriela Moreira Pagliaro
Gerência de *design* e produção gráfica: Everson de Paula
Coordenação de produção: Patricia Costa Ribeiro
Gerência de planejamento editorial: Maria de Lourdes Rodrigues
Coordenação de *design* e projetos visuais: Marta Cerqueira Leite
Projeto gráfico: Bruno Tonel, Mariza de Souza Porto
Capa: Ana Carolina Orsolin, Bruno Tonel
  Ilustração: Marilia Pirillo
Edição de arte: Gláucia Koller, Mônica Maldonado
Editoração eletrônica: Setup Bureau Editoração Eletrônica
Coordenação de revisão: Maristela S. Carrasco
Revisão: Ana Maria C. Tavares, Cecília Setsuko, Leila dos Santos, Mônica Surrage, ReCriar editorial, Renata Brabo, Rita de Cássia Sam, Vânia Bruno
Coordenação de pesquisa iconográfica: Luciano Baneza Gabarron
Pesquisa iconográfica: Cristina Mota, Márcia Sato
Coordenação de *bureau*: Rubens M. Rodrigues
Tratamento de imagens: Ademir Francisco Baptista, Joel Aparecido, Luiz Carlos Costa, Marina M. Buzzinaro
Pré-impressão: Alexandre Petreca, Everton L. de Oliveira, Marcio H. Kamoto, Vitória Sousa
Coordenação de produção industrial: Wendell Monteiro
Impressão e acabamento: Bercrom Gráfica e Editora
Cód: 24123390
Lote: 781.364

```
   Dados Internacionais de Catalogação na Publicação (CIP)
             (Câmara Brasileira do Livro, SP, Brasil)

   Tufano, Douglas
     Gramática fundamental / Douglas Tufano. --
   4. ed. -- São Paulo : Moderna, 2020.

     Obra em 5 volumes do 1º ao 5º ano.


     1. Português (Ensino fundamental) 2. Português -
   Gramática (Ensino fundamental) I. Título.

20-33441                                CDD-372.61
```

Índices para catálogo sistemático:

1. Gramática : Português : Ensino fundamental   372.61

Maria Alice Ferreira - Bibliotecária - CRB-8/7964

ISBN 978-85-16-12339-0 (LA)
ISBN 978-85-16-12340-6 (LP)

Reprodução proibida. Art. 184 do Código Penal e Lei 9.610 de 19 de fevereiro de 1998.
Todos os direitos reservados
EDITORA MODERNA LTDA.
Rua Padre Adelino, 758 – Belenzinho
São Paulo – SP – Brasil – CEP 03303-904
Vendas e Atendimento: Tel. (0_ _11) 2602-5510
Fax (0_ _11) 2790-1501
www.moderna.com.br
2023
Impresso no Brasil

1 3 5 7 9 10 8 6 4 2

Para você

Olá!

Este livro foi feito para ajudá-lo a ler e a escrever cada vez melhor.

Nele, há textos interessantes e muitas atividades para você aprender de forma agradável e divertida.

Espero que goste deste livro, que foi produzido com muito carinho especialmente para você!

Um abraço do seu amigo

Douglas Tufano

Nome: _____

_____

Escola: _____

_____

Veja como é o seu livro...

Em cada **capítulo**, conteúdos de **Gramática** e de **Ortografia** feitos para você aprender com facilidade.

Sempre que encontrar esta vinheta, consulte no **Minidicionário** as palavras indicadas. Assim, você fica craque na **consulta a dicionários** e amplia o seu vocabulário.

Com **atividades inteligentes e divertidas**, ficará mais gostoso estudar!

Na **Revisão**, você retoma os conteúdos estudados.

E mais! **Histórias bem ilustradas**, com atividades variadas, para você ler e se divertir.

No final do livro, um **Minidicionário**, para você consultar sempre que quiser aprender novas palavras.

Este ícone indica que a atividade é oral

Sumário

1
- **Alfabeto** 10
  - *Palavras bonitas* 10
- **B / P** 16
  - *Festa* 16

2
- **Ordem alfabética** 20
  - *Novos amigos* 20
- **O dicionário** 25
- **D / T** 28
  - *Brincando com as palavras* 28

3
- **Vogais e consoantes** 32
  - *O macaco foi à feira* 32
- **F / V** 36
  - *Cuidado com o F e o V* 36

4
- **Sílaba** 40
  - *Era uma vez...* 40
- **CA, CO, CU / GA, GO, GU** 45
  - *Mamães e filhotes* 45

5
- **Encontro vocálico** 50
  - *No fundo do mar* 50
- **Encontro consonantal** 54
  - *Grilo brincalhão* 54
- **CE, CI** 60
  - *Um sonho de cidade* 60

6
- **Cedilha** 64
  - *O palhaço Caçulinha* 64
- **GE, GI** 68
  - *O girassol* 68

- **Revisão** 72
- **Hora da história** 80
  - *O corvo e a raposa* 80

7
- **Til** 84
  - *O leãozinho dorminhoco* 84
- **QUA, QUE, QUI** 89
  - *Bichinhos queridos* 89

8
Acento agudo e acento circunflexo 94
Um sonho de viagem 94
GUA, GUE, GUI 98
Piloto de patinete 98

9
Frase e ponto-final 102
Borboletas – um espetáculo colorido 102
Parágrafo 105
O cisne 105
M antes de B e P 107
Quem tem medo? 107
M e N em final de palavra 111
A comida de cada um 111

10
Ponto de interrogação 114
Turma da Mônica 114
ZA, ZE, ZI, ZO, ZU 118
Zum-zum no elevador 118

11
Ponto de exclamação 122
Turma da mata 122
S, SS 126
Olhando as nuvens 126

12
Travessão e dois-pontos 130
O cachorrinho do menino 130
S com som de Z 133
Turma da Mônica 133

Revisão 136

Hora da história 142
O jardim 142

13
Vírgula 146
O espetáculo vai começar! 146
R forte, R brando, RR 151
Quadrinha carinhosa 151

Sumário

14
- **Sinônimos** 156
  - *Alegria, alegria* 156
- **AR, ER, IR, OR, UR** 160
  - *Desenhos pelo corpo* 160

15
- **Antônimos** 164
  - *Mundo de contrários* 164
- **AS, ES, IS, OS, US** 169
  - *Os espertos esquilos* 169

16
- **Substantivo comum** 174
  - *Na água, sem ficar molhado?* 174
- **Substantivo próprio** 179
  - *Nomes de crianças* 179
- **H e NH** 182
  - *Turma da Mônica* 182

17
- **Masculino e feminino** 186
  - *Fotos bonitas* 186
- **CH** 192
  - *O valor de uma vida* 192

18
- **Singular e plural** 196
  - *Patinação* 196
- **LH** 202
  - *Hipopótamos* 202

19
- **Coletivo** 206
  - *A banda* 206
- **AZ, EZ, IZ, OZ, UZ** 211
  - *Brincando de rimar* 211

Revisão 216

Hora da história 222
- *O pássaro de fogo* 222

20
- **Adjetivo** 226
  - *O panda-pequeno* 226
- **AL, EL, IL, OL, UL** 232
  - *As piruetas do golfinho* 232

21
- **Adjetivo: concordância** 236
  - *Os donos do céu* 236
- **E e O em fim de palavra** 241
  - *Chico Bento* 241

22
- **Aumentativo e diminutivo** 244
  - *Gatinho e cachorrão* 244
- **X com som de CH** 251
  - *Turma da Mônica* 251
- **X com som de S** 254
  - *Turma da Mônica* 254

23
- **Verbo** 256
  - *Vamos brincar!* 256
- **X com som de Z** 261
  - *A incrível baleia-azul* 261

24
- **Tempos do verbo** 264
  - *Festa na escola* 264
- **X com som de CS** 267
  - *O cão e a carne* 267

25
- **Verbo: concordância** 272
  - *A raposa* 272
- **As letras K, W, Y** 275
  - *Os futuros campeões* 275

Revisão 278

Hora da história 284
- *A raposa e a cegonha* 284

Minidicionário 289

Adesivos 305

1

Alfabeto

Palavras bonitas

Carinho, afeto, amizade,
sorriso, abraço, alegria,
beleza, paz, poesia,
amor e felicidade!

Palavras bonitas
que nos fazem sentir bem,
que melhoram nossa vida.

Agora, responda você:
— Qual é sua palavra preferida?

O nosso alfabeto tem 26 letras. As três primeiras são **a**, **b**, **c**.

a m i g o → a

b e l e z a → b

c a r i n h o → c

Alfabeto em letras maiúsculas
A B C D E F G H I J K L M N O P Q R S T U V W X Y Z

Alfabeto em letras minúsculas
a b c d e f g h i j k l m n o p q r s t u v w x y z

Alfabeto em letra cursiva
Aa Bb Cc Dd Ee Ff Gg Hh Ii Jj Kk Ll Mm Nn
Oo Pp Qq Rr Ss Tt Uu Vv Ww Xx Yy Zz

Atenção para os nomes destas letras:

K/k ------ cá   W/w ------ dáblio   Y/y ------ ípsilon

Essas letras podem aparecer em abreviaturas e em algumas palavras estrangeiras usadas no Brasil. Veja:

1 quilômetro = 1 km

Show de *rock*

Playground

Delivery

Alguns nomes de pessoas também podem ser escritos com essas letras.

K a r i n a   **W** i l m a   S u e l **y**

Atividades

1. Observe o quadro de letras.

R M B A T R A S D F E I P U L N E A O

a) Junte as letras roxas e forme um nome de menino.

_____

b) Junte as letras verdes e forme um nome de menina.

_____

2. Mudando apenas uma letra, formamos outra palavra. Veja.

a) Forme outras palavras mudando apenas a letra colorida.

rua →

fino →

pato →

medo →

Dica! Observe as figuras!

b) Agora, complete as frases com palavras que você formou.

O _____ está miando na rua.

A _____ brilha no céu.

3. Complete os nomes das meninas com a **letra maiúscula** que está faltando.

____ uliana

____ imone

____ parecida

____ oberta

____ onique

____ atiana

12

4. Acabe de montar o alfabeto ilustrado, colando os adesivos da página 306 nos espaços vazios.

5. Complete os nomes dos meninos com a **letra minúscula** que está faltando.

Ren____to

Marc____lo

R____naldo

T____ago

Ed____ardo

Gust____vo

6. Leia as letras das placas.

- Circule as placas que têm todas as letras da palavra **escola**.

7. Copie as letras nos locais indicados e forme três nomes de animais.

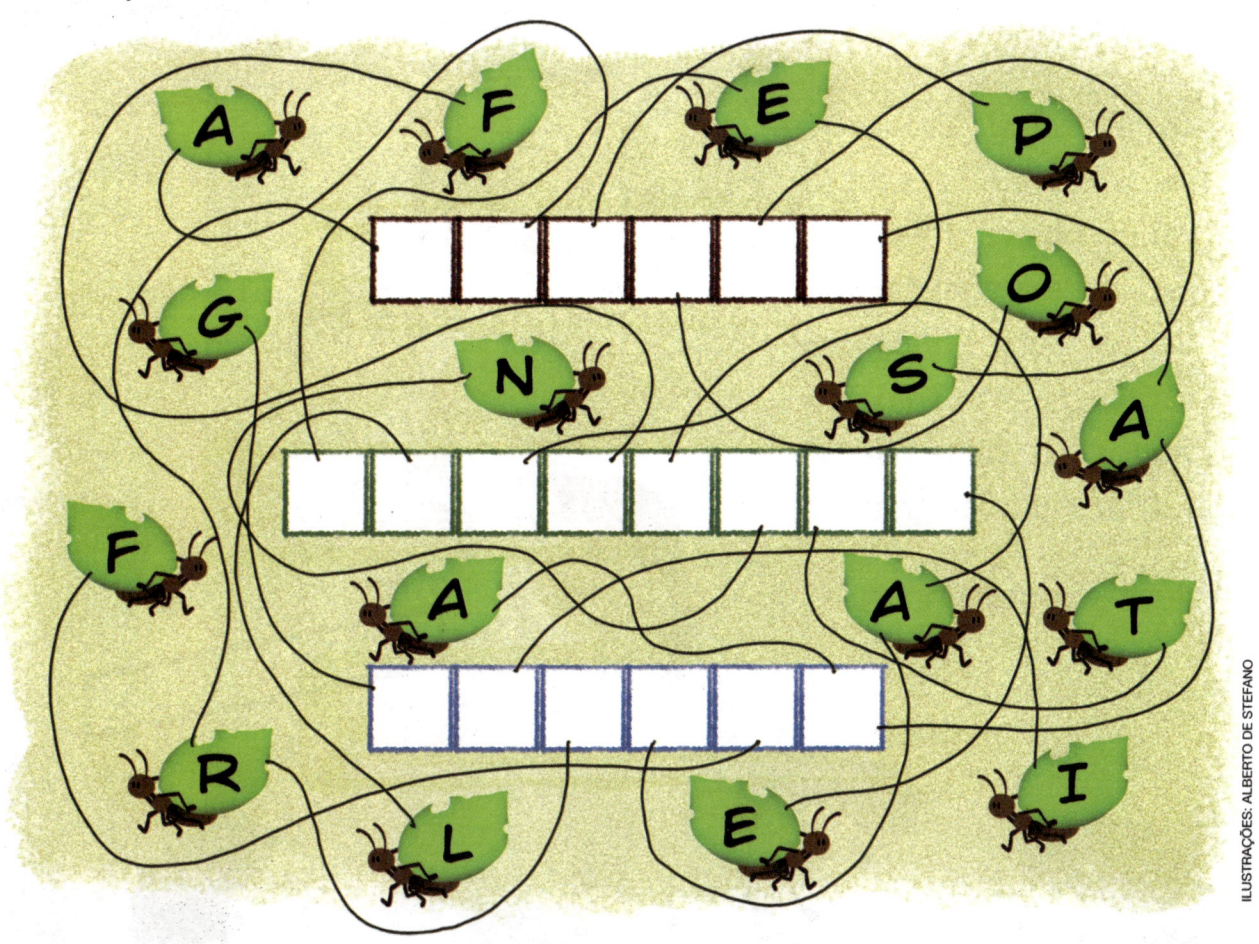

- Agora, cole os adesivos da página 307 nos locais certos e acabe de pintar a cena.

B/P

Festa

Lá na festa da escola,
vai ter bolo e cocada,
vai ter pipoca quentinha
para toda a criançada!
Vai ter muita brincadeira,
vai ter muita correria
vamos dar muita risada,
vai ter muita alegria!

Célia Siqueira.
Texto escrito especialmente para esta obra.

b o l o
Bb

p i **p** o c a
Pp

ba	be	bi	bo	bu
BA	BE	BI	BO	BU

pa	pe	pi	po	pu
PA	PE	PI	PO	PU

Atividades

1. Complete as palavras com **ba**, **be**, **bi**, **bo**, **bu**.

_____ + leia = _____

_____ + liche = _____

_____ + gode = _____

_____ + neca = _____

_____ + zina = _____

- Use, nas frases, duas palavras que você completou.

A _____ vive no mar.

Esse homem tem um _____ engraçado!

2. Use o código e descubra o nome de dois brinquedos.

3. Leia em voz alta.

Bola, pato, sapo e boneco

Beto bate bola.
A bola pula no tapete como pipoca.
A bola bate no boneco.
O boneco bate no cabo da panela.
A panela bate no bico do pato.
O pato pula pela janela.
O pato cai em cima do sapo.

a) Circule as palavras que têm a letra **b**.

b) Sublinhe as palavras que têm a letra **p**.

4. Em cada grupo de letras, encontre e circule a palavra indicada.

a) pote → P T E O P O E T P O D E P O T E P A

b) bote → B T E O B E O T B O T E B A T O A

c) pipa → P I A P I P E P I P A B I P A P A P I

d) bode → B O D I D E A B O D E A B A D E O

18

5. Para encontrar sua amiga, Beto deve passar apenas pelas figuras que têm a letra **p** ou **b** no nome. Vamos ajudá-lo?

2

◗ Ordem alfabética

Novos amigos

Ana, Beto, Carolina,
Deise, Edu e Fabiano
São meus colegas de classe,
Meus novos amigos este ano!

SIMONE ZIASCH

Ana — A
Beto — B
Carolina — C
Deise — D
Edu — E
Fabiano — F

As letras destacadas em cada nome são as seis primeiras letras do alfabeto. Elas estão em **ordem alfabética**.

> Você já sabe que as palavras são formadas por letras.
> E o conjunto das letras é chamado de **alfabeto**.
> No alfabeto, as letras aparecem uma após a outra, nesta ordem:
>
> a b c d e f g h i j k l m n o p q r s t u v w x y z
>
> Essa ordem das letras é chamada de **ordem alfabética**.

Atividades

1. Escreva as letras que estão faltando no alfabeto abaixo.

A	B	C		
E		G	H	I	J
K	L	M		O	
Q	R	S	T		V
	W		Y	Z	

2. Seguindo a ordem alfabética, escreva a letra que vem antes.

___F ___O ___R ___W

___U ___N ___Z ___I

3. Seguindo a ordem alfabética, escreva a letra que vem depois.

A___ E___ L___ J___

N___ Q___ U___ S___

Para colocar palavras em ordem alfabética,
- observe a primeira letra:

escola **d**ia **c**aderno **a**migo **b**ola

primeira letra

- ordene essas letras conforme aparecem no alfabeto:

a b c d e

- organize as palavras de acordo com a ordem dessas letras:

amigo **b**ola **c**aderno **d**ia **e**scola

4. Numere as palavras de cada grupo de acordo com a ordem alfabética.

a) **b**ola   **c**olega   **p**eteca   **d**ado   **r**oda

b) **e**scola   **c**aneta   **f**aca   **d**ia   **l**ápis

c) **c**amisa   **s**apato   **p**apai   **m**amãe   **t**oalha

d) **u**va   **t**atu   **s**apo   **r**io   **l**ua

e) **p**ipoca   **o**vo   **e**ma   **r**ua   **s**uco

5. Pinte os animais da cena.

a) Circule a primeira letra dos nomes dos animais que você pintou.

pato   galo   cavalo

sapo   boi

b) Agora, copie esses nomes em ordem alfabética.

_____

_____

6. Qual é a letra?

a) Depois da letra **C** vem a letra: _____.

b) Antes da letra **N** vem a letra: _____.

c) Antes da letra **S** vem a letra: _____.

d) Depois da letra **X** vem a letra: _____.

7. Descubra quem é quem copiando os nomes em ordem alfabética.

Caio

Denise

Marina

Fabiano

Laura

Paulo

▶ O dicionário

Você sabia que existe um livro em que todas as palavras aparecem em ordem alfabética? Esse livro é o **dicionário**.

O dicionário é um livro muito útil. Ele registra a escrita correta das palavras e explica o significado delas.

Cada palavra é chamada de **entrada**. O conjunto de informações que acompanham a entrada é chamado de **verbete**.

Para encontrar um verbete no dicionário, é preciso observar o alto de cada página. Nele, há duas palavras, chamadas de **palavras-guia**. A da esquerda indica o primeiro verbete da página; a da direita indica o último verbete da página.

Conhecendo bem a ordem alfabética, você poderá saber se a palavra que procura se encontra entre as duas que aparecem no alto das páginas ou não. Veja o exemplo de uma dupla de páginas do *Brincando de Ler – Dicionário Ilustrado Houaiss de Alfabetização.*

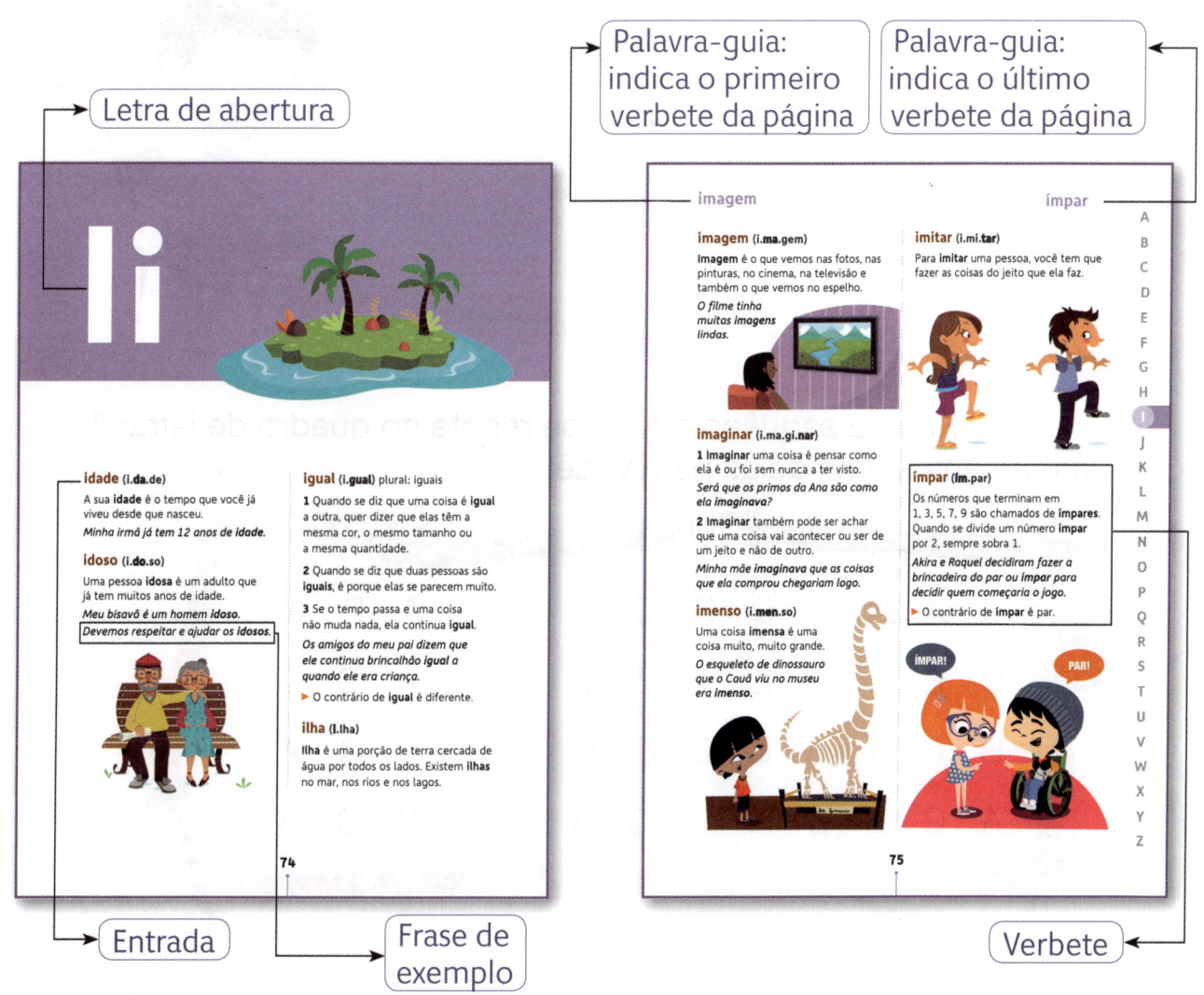

> **Minidicionário**
>
> No fim deste livro, apresentamos um **Minidicionário** que vai ajudá-lo a praticar a ordem alfabética e a conhecer cada vez mais nossa língua. Ao longo dos capítulos, há várias atividades em que você vai usar seu **Minidicionário**.

Atividades

1. Consulte o **Minidicionário** e indique as páginas em que aparecem estes verbetes.

Entrada	Página
adormecer	_____
bando	_____
estrofe	_____
lindo	_____
riacho	_____

2. Quantas vezes a sequência **ABC** se repete no quadro de letras? Já marcamos uma delas para você!

ABC aparece _____ vezes.

3. No **Minidicionário**,

a) que verbete vem logo depois de **manso**? _____

b) que verbete vem entre **feio** e **fino**? _____

c) qual é o primeiro verbete da letra **X**? _____

d) qual é o último verbete da letra **Z**? _____

4. Na letra **u** do **Minidicionário**, há um verbete que se refere a um animal grande e feroz.

a) Qual é esse verbete?

_____

b) Cole na cena o adesivo da página 307 que representa esse animal.

- Agora, acabe de pintar a cena.

D / T

Brincando com as palavras

Brincar com as palavras
É bem divertido!
Trocando uma letra
Eu mudo o sentido.

Veja o que eu posso fazer
Trocando o **d** pelo **t**
Ou trocando o **t** pelo **d**:
Eu posso pegar um **d**ia
E dele fazer uma... **t**ia!
Eu posso pegar um bo**t**e
E dele fazer um... bo**d**e!

dia

Dd

da	de	di	do	du
DA	DE	DI	DO	DU

tia

Tt

ta	te	ti	to	tu
TA	TE	TI	TO	TU

Atividades

1. Leia as palavras.

> tubo   tapa   bode   tatu
> dado   dedo   data   foto

As palavras podem estar na horizontal ou na vertical.

a) Seis dessas palavras estão escondidas no quadro de letras. Você consegue encontrá-las?

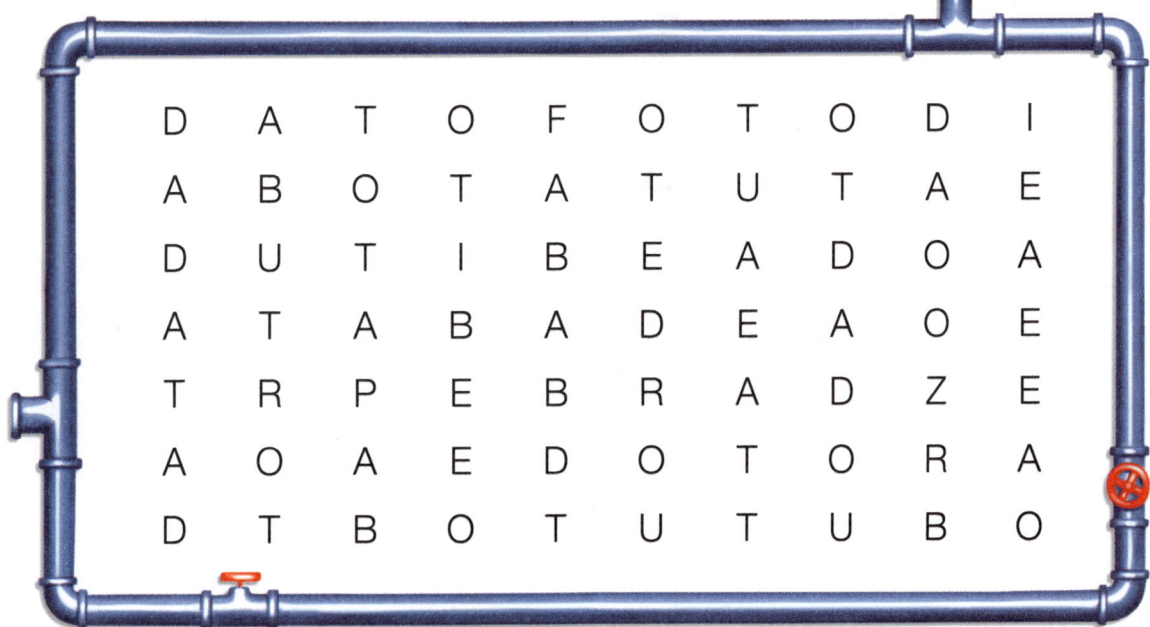

D	A	T	O	F	O	T	O	D	I
A	B	O	T	A	T	U	T	A	E
D	U	T	I	B	E	A	D	O	A
A	T	A	B	A	D	E	A	O	E
T	R	P	E	B	R	A	D	Z	E
A	O	A	E	D	O	T	O	R	A
D	T	B	O	T	U	T	U	B	O

b) Em qual dessas palavras aparecem a letra **d** e a letra **t**?

_____

2. Complete as palavras usando as sílabas **ta** ou **da**.

 poma _____    _____ pete   la _____

 cane _____    moe _____    coca _____

 ba _____ ta    di _____ do    esca _____

3. Preencha a cruzadinha com as palavras do quadro. Já colocamos algumas letras para você!

pipa   patinete   patim   bola
dado   peteca   boneca   trenzinho

4. Escreva as letras nos locais indicados e forme quatro nomes de animais.

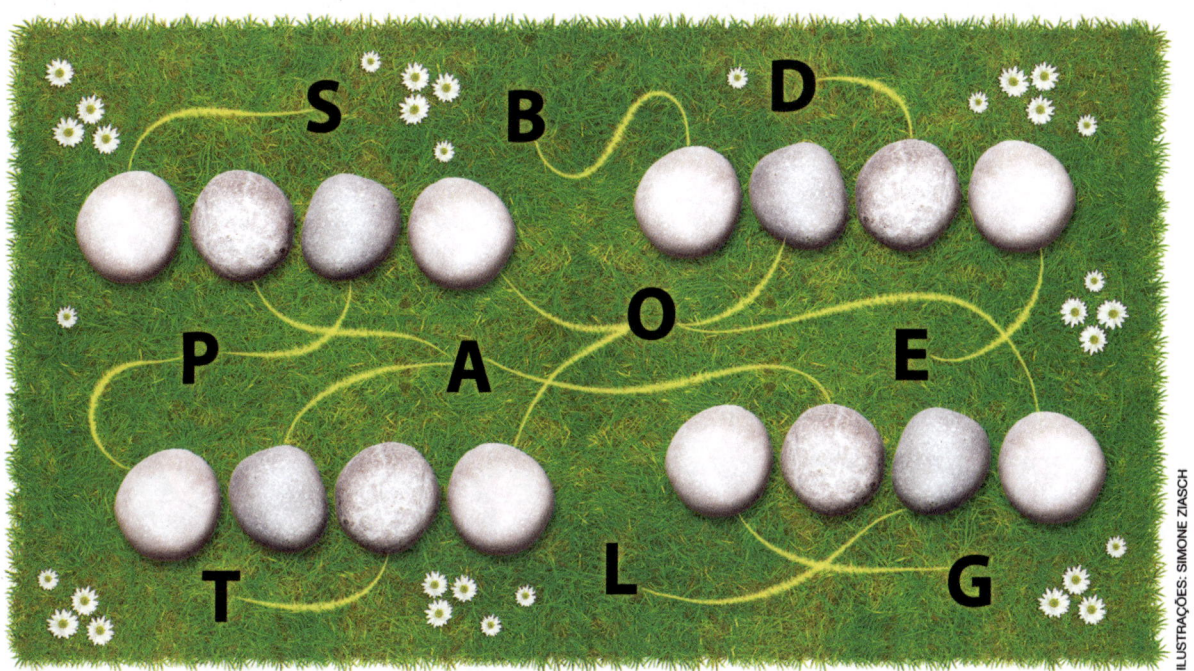

a) Escreva esses nomes na ordem alfabética.

1. _____

2. _____

3. _____

4. _____

b) Agora, cole os adesivos da página 310 nos lugares certos.

3

▶ Vogais e consoantes

O macaco foi à feira
Não sabia o que comprar.
Comprou uma cadeira
Pra comadre se sentar.
A comadre se sentou,
A cadeira esborrachou.
Coitada da comadre
Foi parar no corredor.

Maria José Nóbrega e Rosane Pamplona (org.).
Salada, saladinha. São Paulo: Moderna, 2010.

vogais

consoantes

Minidicionário
Leia o verbete **esborrachar**.

O nosso alfabeto é formado de vogais e consoantes.

Vogais maiúsculas
A E I O U

Vogais minúsculas
a e i o u

Consoantes maiúsculas
B C D F G H J L M N P Q R S T V X Z

Consoantes minúsculas
b c d f g h j l m n p q r s t v x z

Atividades

1. Forme novas palavras trocando a consoante inicial. *Observe os desenhos.*

a) **s**ede ⟶  _____

b) **m**ata ⟶  _____

c) **v**éu ⟶  _____

d) **l**ama ⟶  _____

e) **d**ente ⟶  _____

f) **j**anela ⟶  _____

ILUSTRAÇÕES: SANDRA LAVANDEIRA

2. Copie as letras nos locais indicados e forme o nome de duas frutas.

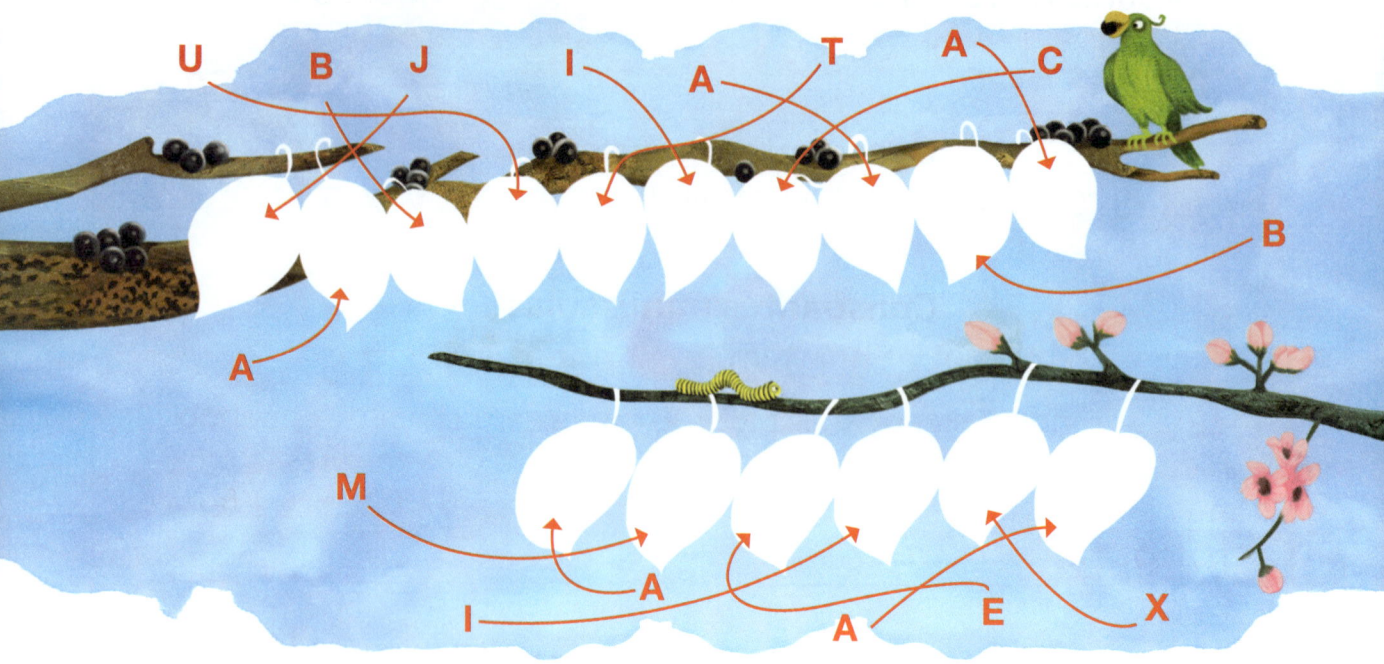

a) Circule de vermelho as vogais que aparecem nesses nomes.

b) Circule de azul as consoantes que aparecem nesses nomes.

c) Que nome tem mais vogais repetidas? _____

d) Que nome começa e termina com vogal? _____

3. Leia os nomes.

Mateus   Daniel   Eva   Aurélia

a) Que nome tem menos consoantes? _____

b) Que nome tem mais vogais? _____

c) Quais nomes têm mesma quantidade de vogais e consoantes?
_____

4. Copie os nomes da atividade 3 em ordem alfabética.

1. _____

2. _____

3. _____

4. _____

Você já aprendeu a colocar as palavras em ordem alfabética quando elas começam por letras diferentes. Mas e quando as palavras começam pela mesma letra? Nesses casos, a ordem alfabética é feita pela **segunda letra**. Veja.

• Observe a segunda letra:

m**i**lho   m**u**ro   m**a**la   m**o**la   m**e**sa

segunda letra

• Ordene essas letras conforme aparecem no alfabeto:

a   e   i   o   u

• Organize as palavras de acordo com a ordem dessas letras:

m**a**la   m**e**sa   m**i**lho   m**o**la   m**u**ro

---

5. Coloque estas palavras em ordem alfabética.

bezerro   bala   bule   bico   bolo

1. _____   2. _____

3. _____   4. _____   5. _____

F / V

Cuidado com o F e o V

Cuidado pra não usar
F no lugar de **V**!
A **v**aca só quer pastar,
E a **f**aca pode cortar.
A gente mora na **v**ila,
Quem quiser fique na **f**ila.

O maestro tem **v**arinha,
O cozinheiro, **f**arinha.
Por isso, digo a você:
Cuidado pra não usar
V no lugar de **F**,
F no lugar de **V**!

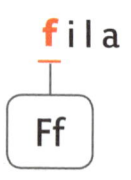

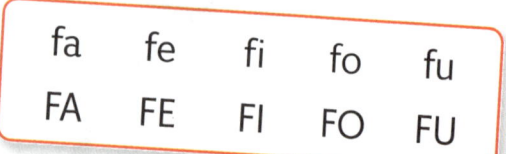

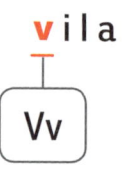

ILUSTRAÇÕES: SANDRA LAVANDEIRA

fila
Ff

| fa | fe | fi | fo | fu |
| FA | FE | FI | FO | FU |

vila
Vv

| va | ve | vi | vo | vu |
| VA | VE | VI | VO | VU |

Atividades

1. Ordene as letras e forme palavras.

   > As palavras começam com a letra **vermelha**.

   | I T |
   | F A |
   | A |

   _____

   | G E |
   | A T |
   | V A |

   _____

   | E |
   | O N T |
   | V |

   _____

   | A I |
   | V E |
   | F L |

   _____

   | A F |
   | Ç U |
   | M A |

   _____

   a) Em qual dessas palavras aparecem a letra **f** e a letra **v**?

   _____

   b) Complete as frases com as palavras que você formou.

   A _____ está dentro da _____.

   O _____ levou embora a _____.

   Vamos comer uma _____ de abacaxi.

2. Troque os símbolos pelas letras e forme os nomes de três estações do ano.

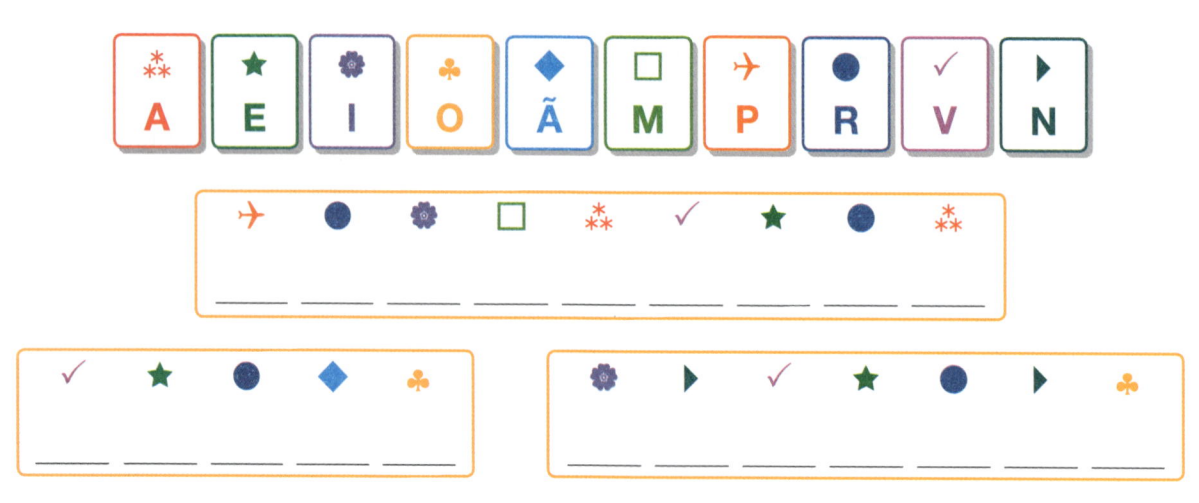

A E I O Ã M P R V N

_____ _____ _____ _____ _____ _____ _____ _____

_____ _____ _____ _____ _____

_____ _____ _____ _____ _____ _____ _____

a) Escreva as palavras que você formou em ordem alfabética.

_____

_____

b) Qual estação do ano está faltando? _____

3. Leia em voz alta.

Visitando uma fazenda

Fátima e Vicente foram visitar uma grande fazenda.
Lá viram vários animais. Um deles era um lindo cavalo negro.
Você também já visitou uma fazenda?

a) Sublinhe de azul as palavras que têm a letra **v**.

b) Sublinhe de vermelho as palavras que têm a letra **f**.

4. Observe as figuras e complete a cruzadinha.

5. Cole os adesivos da página 310 nos locais indicados e forme o nome do veículo usado pelos astronautas.

4

▸ Sílaba

Era uma vez
um gato amarelo.
Esqueceu de comer
e ficou meio magrelo.

Bia Villela. *Era uma vez um gato xadrez...*
São Paulo: Moderna, 2019. p. 11.

g a t o
ga | to
sílabas

Para falar **gato**, fazemos dois movimentos com a boca, dividindo essa palavra em dois pedacinhos: **ga** / **to**.

Cada pedacinho pronunciado de uma palavra chama-se **sílaba**.

As palavras podem ter:
- uma sílaba: **vez**
- duas sílabas: **u** / **ma**
- três sílabas: **ma** / **gre** / **lo**
- quatro sílabas: **a** / **ma** / **re** / **lo**
- mais de quatro sílabas: **hi** / **po** / **pó** / **ta** / **mo**

Não há sílaba sem vogal. Mas há sílaba sem consoante. Veja:

u v a
u / v a
sílaba

m o e d a
m o / e / d a
sílaba

l u a
l u / a
sílaba

Observe que a sílaba sem consoante pode estar no começo, no meio ou no fim da palavra.

Atividades

1. Vamos brincar com as sílabas e formar novas palavras. Veja o exemplo.

a) MO | LE | QUE – CORTE UMA SÍLABA = **LEQUE/MOLE**

b) A | CI | DEN | TE – CORTE DUAS SÍLABAS =

_____

c) ES | CO | LA – CORTE UMA SÍLABA =

_____

d) IN | TE | LI | GEN | TE – CORTE TRÊS SÍLABAS =

_____

e) SA | LA | DA – CORTE UMA SÍLABA =

_____

2. Complete as frases com palavras formadas pelas sílabas a seguir.

na	to	ma	pa	ca	ne	co	ja	la	ba	go	ga
1	2	3	4	5	6	7	8	9	10	11	12

a) O macaco pega a _____.
   [3 + 5 + 7]   [10 + 1 + 1]

b) O _____ nada no _____.
      [4 + 2]   [9 + 11]

c) O _____ dorme na _____.
      [12 + 2]   [8 + 6 + 9]

3. Leia as palavras e pinte o ☐ das que têm uma só sílaba.

☐ pão   ☐ ali   ☐ avô

☐ sim   ☐ céu   ☐ cor

4. Escreva a letra indicada do nome de cada figura e forme o nome de um dos maiores animais que existem.

| 2ª letra | 3ª letra | 2ª letra | 1ª letra | 1ª letra | 4ª letra | 1ª letra | 4ª letra |

- Separe as sílabas da palavra que você formou.

5. Quantas palavras de duas sílabas você consegue formar com estas sílabas? Já formamos uma palavra como exemplo.

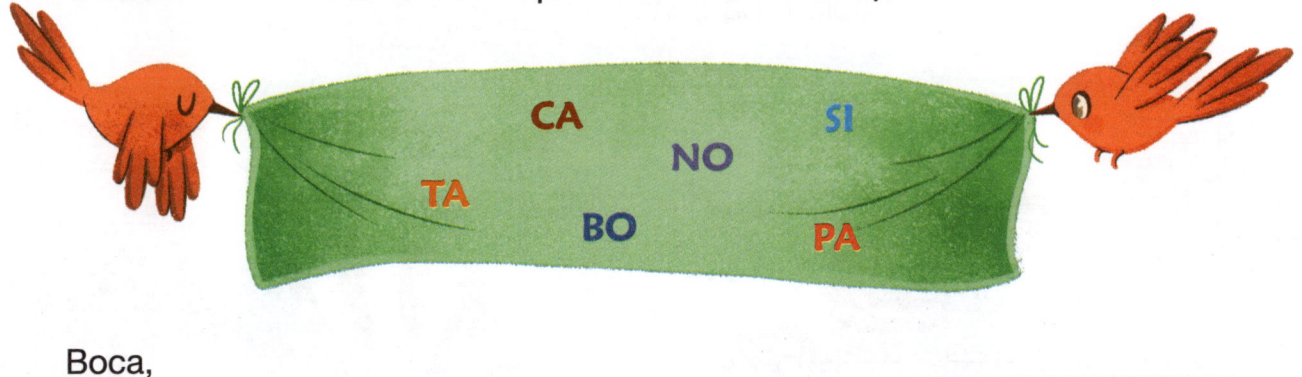

CA   SI
TA   NO
BO   PA

Boca,

6. Muitos dicionários mostram a separação das palavras em sílabas. Consulte seu **Minidicionário** e copie:

a) uma palavra da letra **X** com três sílabas.

b) uma palavra da letra **J** com quatro sílabas.

7. Copie a sílaba indicada de cada palavra e forme o nome do animal considerado o maior roedor do mundo.

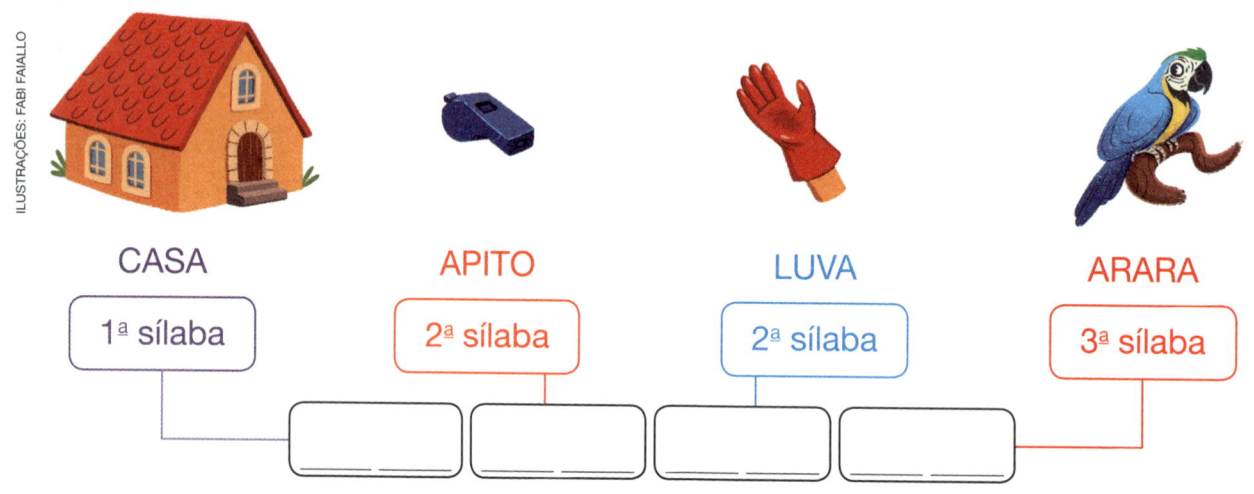

CASA — 1ª sílaba

APITO — 2ª sílaba

LUVA — 2ª sílaba

ARARA — 3ª sílaba

- Agora, destaque o adesivo da página 311 que mostra um filhote desse animal e cole-o na cena.

CA, CO, CU / GA, GO, GU

Mamães e filhotes

Quando você era bem pequeno e ainda não sabia andar, seus pais o carregavam no colo.

Muitos animais também carregam os filhotes quando eles ainda não conseguem andar. E são as fêmeas que cuidam disso.

Algumas levam os filhotes nas costas. Eles se agarram ao corpo da mãe e ficam firmes. Outras usam os dentes para levar os pequenos de um lado para o outro. A mãe segura a pele do pescoço do filhotinho com muito cuidado e delicadeza, sem machucar e sem deixá-lo cair.

Gata com filhote na boca.

Coala com filhote nas costas.

coala
co
CO

| ca | co | cu |
| CA | CO | CU |

gata
ga
GA

| ga | go | gu |
| GA | GO | GU |

45

Atividades

1. Troque os desenhos pelas letras e forme palavras.

★ = c   ● = g

★omida   ami●o   a●ora

_____   _____   _____

●oleiro   ★abide   ★ole●a

_____   _____   _____

●arotada   ★avaleiro   ★an●uru

_____   _____   _____

a) Complete as frases com algumas palavras que você formou.

Você vai sair _____ ou mais tarde?

A _____ joga bola na escola.

Sua camisa está nesse _____.

Camila é minha _____ de escola.

b) Agora, leia as frases em voz alta.

2. Vamos brincar com as palavras! Siga as instruções e forme novas palavras.

a) cola – c + g = ____gola____   **b)** lado – d + g = _____

c) bola – b + c = _____   **d)** lama – l + c = _____

e) galo – g + c = _____   **f)** mole – m + g = _____

• Quantas sílabas têm as palavras que você formou?

_____

3. Ordene as palavras seguindo a numeração e forme uma frase.

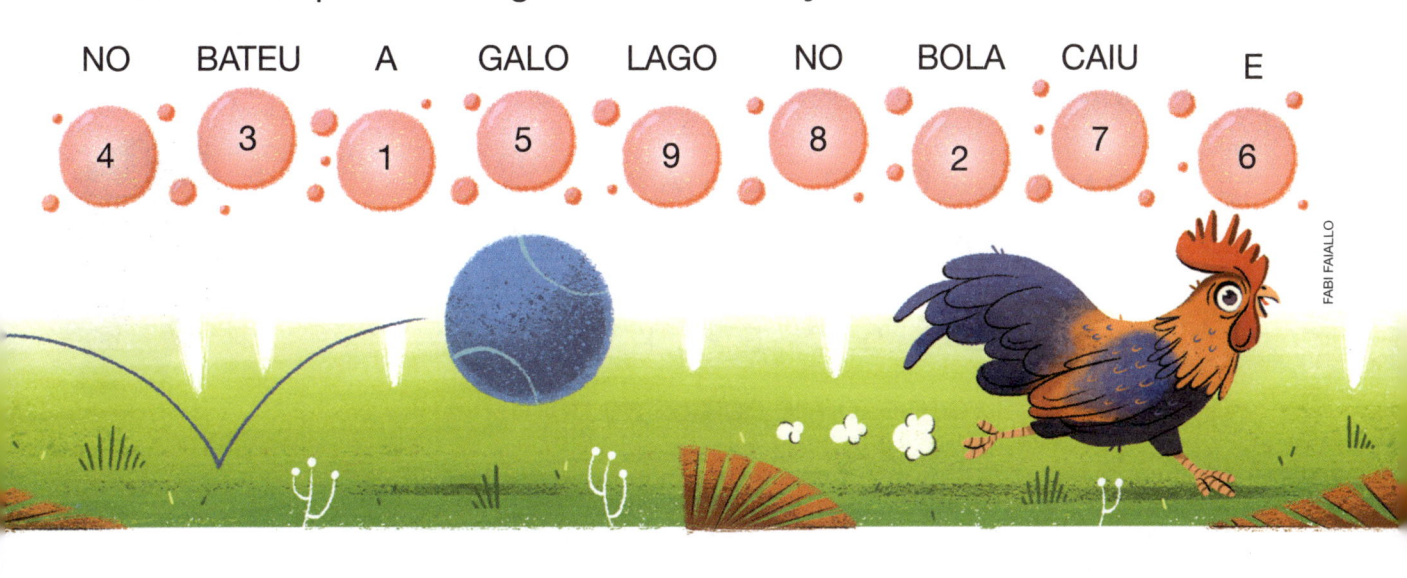

NO	BATEU	A	GALO	LAGO	NO	BOLA	CAIU	E
4	3	1	5	9	8	2	7	6

_____

_____

- Agora, leia em voz alta a frase que você formou.

4. Corte as letras **M**, **E**, **U** e **L** e descubra o nome de uma bonita ave marinha.

MGUAILVOTEAL

a) Separe as sílabas da palavra que você formou.

☐☐☐

b) Circule a sílaba que tem um encontro vocálico.

c) Crie uma frase com o nome dessa ave.

_____

_____

_____

5. Vamos formar palavras trocando as letras de cada grupo por aquelas que vêm **antes** na ordem alfabética. Veja um exemplo.

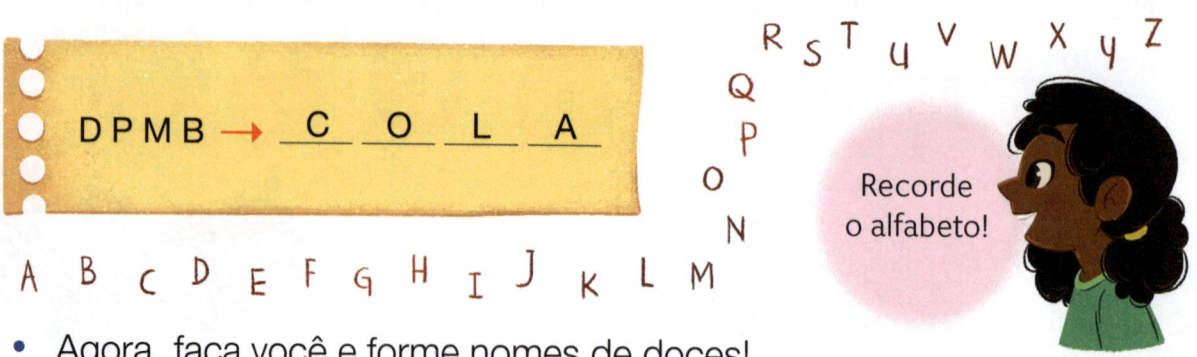

D P M B → C O L A

Recorde o alfabeto!

A B C D E F G H I J K L M N O P Q R S T U V W X Y Z

- Agora, faça você e forme nomes de doces!

a) D P D B E B → _ _ _ _ _ _

b) H P J B C B E B → _ _ _ _ _ _ _ _

c) D V S B V → _ _ _ _ _

d) D B O K J D B → _ _ _ _ _ _ _

e) D B T B E J O I P → _ _ _ _ _ _ _ _ _

- Complete a cruzadinha com os nomes que você formou.

48

6. Com as letras abaixo, podemos escrever o nome de alguns dos animais ilustrados.

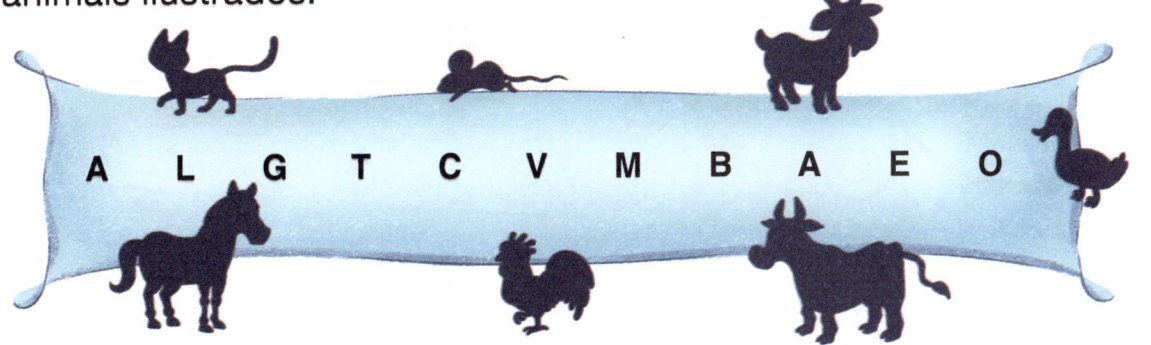

A L G T C V M B A E O

a) Que nomes podemos escrever?

_____

b) E de quais animais não podemos formar o nome?

_____

- Destaque da página 311 os adesivos de alguns desses animais e cole-os na cena. Depois, pinte os outros animais.

5

Encontro vocálico

No fundo do mar

Lá vem o peixinho amarelo
Lá vai o peixinho vermelho...
Os peixinhos coloridos
Nadam de lá pra cá,
De cá pra lá,
Num passeio sem fim,
Lá no fundo do mar.

p**ei**xinhos   pass**eio**

encontros vocálicos

Quando duas ou três vogais aparecem juntas em uma palavra, dizemos que há um **encontro de vogais** ou **encontro vocálico**.

Veja outros exemplos de encontros vocálicos:

nav**io**   g**aio**la   av**ião**

Nomes de pessoas também podem ter encontros vocálicos:

D**ei**se   P**au**lo   Jul**ia**na

E há palavras que são formadas apenas de vogais. Por exemplo:

eu   **oi**   **ioiô**

Atividades

1. Escreva os nomes dos instrumentos musicais desembaralhando as letras.

Todos os nomes têm encontro vocálico.

VIOLÃO _____

GAITA _____

PIANO _____

BATERIA _____

- Agora, circule o encontro vocálico presente em cada nome.

51

2. O que cada criança está dizendo? Escreva nos balões!

Consulte aqui!

Ei!   Ui!   Ai!   Oi!   Eia!

3. Siga as instruções e forme o nome de um grande animal que vive no mar, mas não é peixe.

	1	2	3	4	5	6
A	B	E	V	Q	I	Y
B	U	L	G	R	X	E
C	D	L	A	A	W	B

1A → 4C → 2B → 6B → 5A → 3C →

☐ ☐ ☐ ☐ ☐ ☐

• Circule o encontro vocálico que há na palavra que você formou.

4. Leia os nomes.

| Lia | Maurício | Joana | Eugênia | Raul |

• Qual é o nome de cada criança?

Meu nome tem dois encontros vocálicos e três sílabas.

Meu nome tem dois encontros vocálicos e três sílabas.

Meu nome tem um encontro vocálico e duas sílabas.

Meu nome tem um encontro vocálico e três sílabas.

Meu nome tem um encontro vocálico e duas sílabas.

53

Encontro consonantal

Grilo brincalhão

Era uma vez
um grilo grandão.
Entrou na classe,
fez a maior confusão!

Renata Siqueira.
Texto escrito especialmente para esta obra.

grilo — gr
classe — cl

encontros consonantais

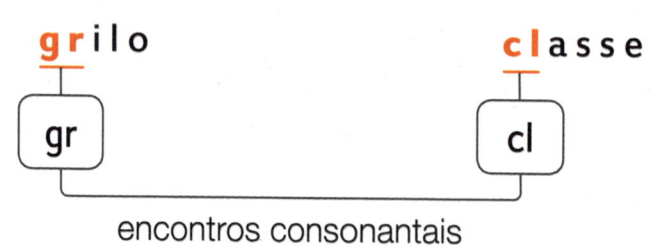

Em muitas palavras, o **r** e o **l** podem se juntar a outra consoante numa sílaba, formando um **encontro consonantal**.

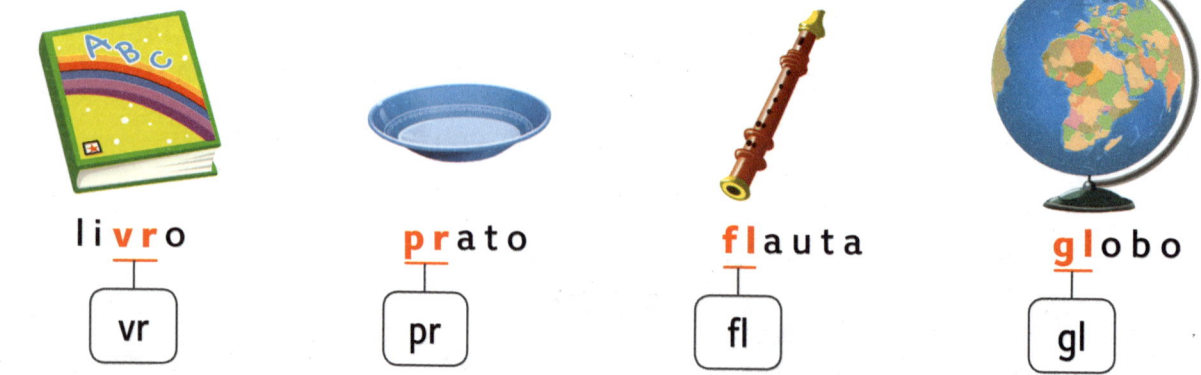

Veja outros exemplos.

li**vr**o — vr
prato — pr
flauta — fl
globo — gl

Nomes de pessoas também podem apresentar encontro consonantal.

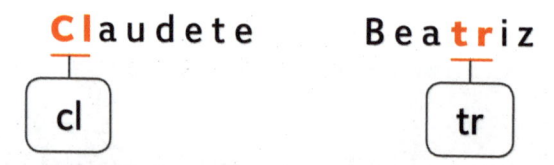

Claudete — cl
Bea**tr**iz — tr

54

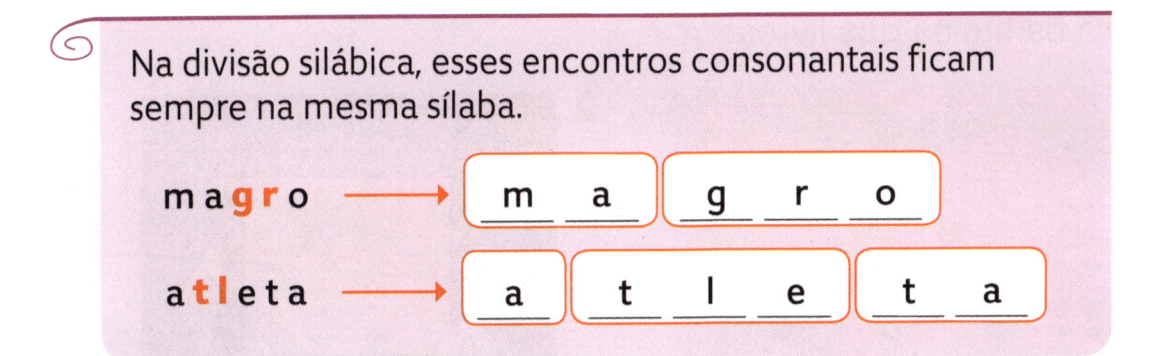

Na divisão silábica, esses encontros consonantais ficam sempre na mesma sílaba.

m a **g** r o → | m a | g r o |

a **t** l e t a → | a | t l e | t a |

Atividades

1. Troque os símbolos pelas vogais e forme palavras.

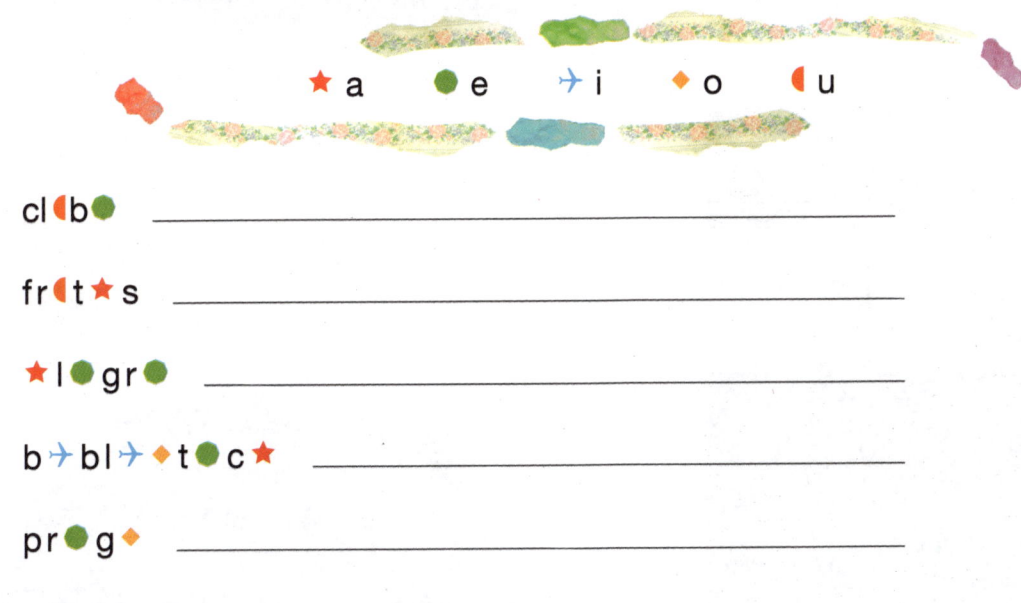

★ a   ● e   ✈ i   ◆ o   (u

cl(b● _____

fr(t★s _____

★l●gr● _____

b✈bl✈◆t●c★ _____

pr●g◆ _____

a) Leia em voz alta as palavras que você formou.

b) Complete as frases com três das palavras formadas.

Cláudia comprou _____ vermelhas.

Rodrigo não está triste, está _____.

Li esse livro na _____.

2. Leia os títulos dos livros.

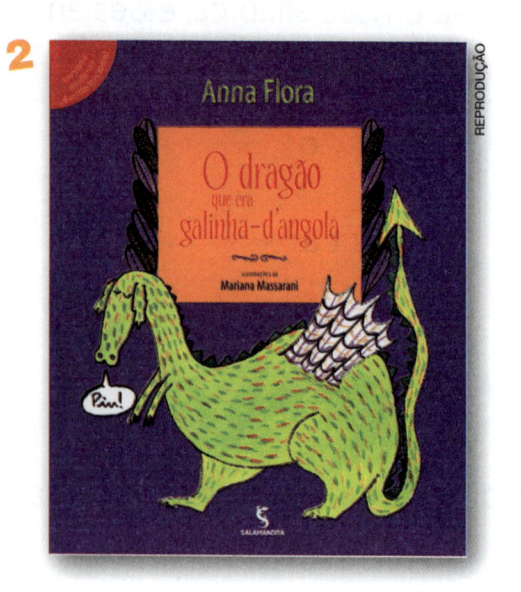

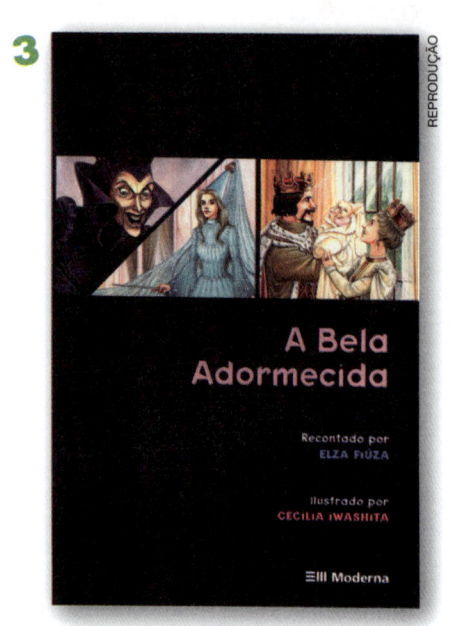

1 A PRIMAVERA DA LAGARTA — Ruth Rocha

2 O dragão que era galinha-d'angola — Anna Flora

3 A Bela Adormecida

4 MEU PLANETA RIMA COM ÁGUA — César Obeid

a) Em quais títulos há palavras com encontro consonantal na mesma sílaba?

☐ 1 ☐ 2 ☐ 3 ☐ 4

b) Quais são essas palavras?

_____

_____

- Circule o encontro consonantal de cada palavra.

3. Desembaralhe as letras e forme palavras com encontros consonantais.

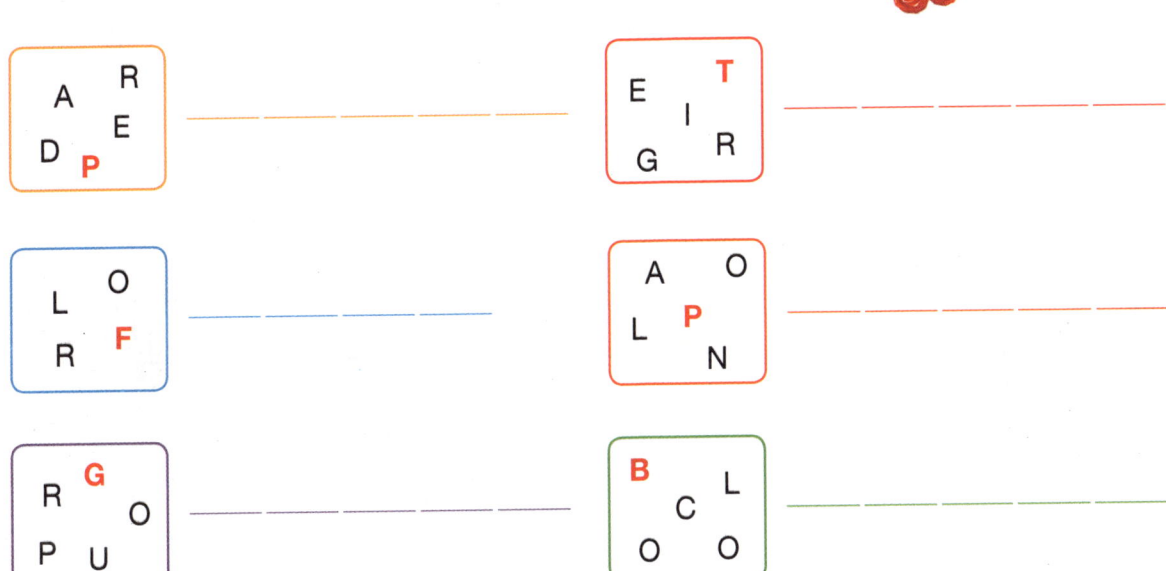

> Comece pela letra **vermelha**.

| A R E D **P** | _____ | E T I G R | _____ |

| L O R **F** | _____ | A O L **P** N | _____ |

| R **G** O P U | _____ | **B** L C O O | _____ |

- Complete as frases com duas palavras que você formou.

O _____ é um animal feroz.

A rosa é uma bela _____.

4. Separe as sílabas das palavras.

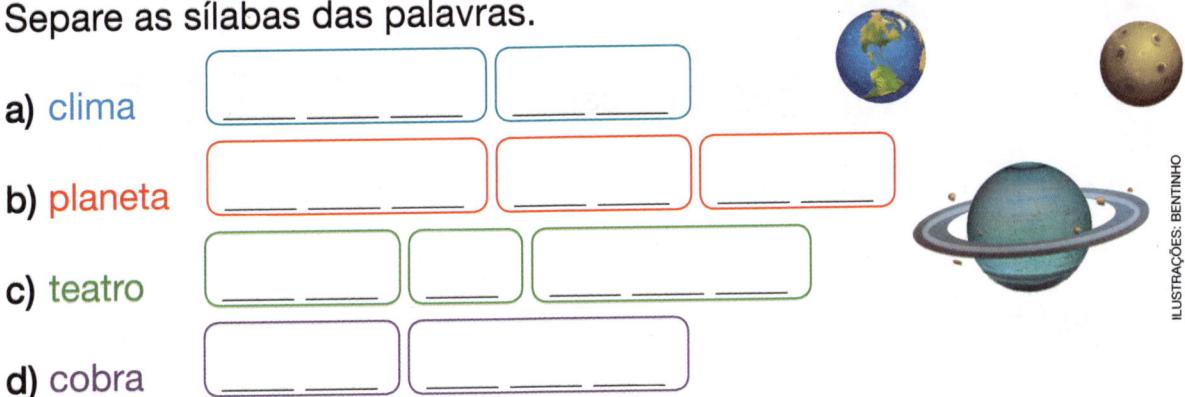

a) clima ☐☐ ☐☐

b) planeta ☐☐ ☐☐ ☐☐

c) teatro ☐☐ ☐☐ ☐☐

d) cobra ☐☐ ☐☐

- Sublinhe de **azul** a palavra que tem uma de suas sílabas formada por uma vogal apenas.

57

5. Siga o código e descubra a resposta da adivinha!

O que é? O que é? Leva as pessoas a todos os lugares, mas nunca sai do lugar?

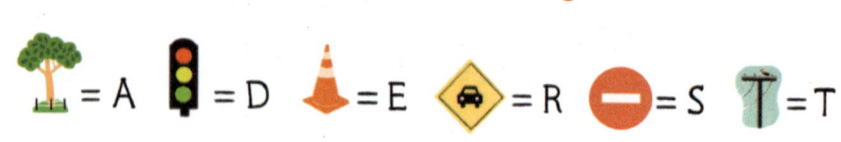

🌳 = A   🚦 = D   🚧 = E   🚗 = R   ⛔ = S   🛡 = T

🚧 ⛔ 🛡 🚗 🌳 🚦 🌳

___ ___ ___ ___ ___ ___ ___

a) Qual é a resposta da adivinha?

_____

b) Que encontro consonantal há nessa palavra? ☐ ☐

6. Escreva **r** ou **l** entre a vogal e a consoante marcadas e forme novas palavras. Veja o exemplo.

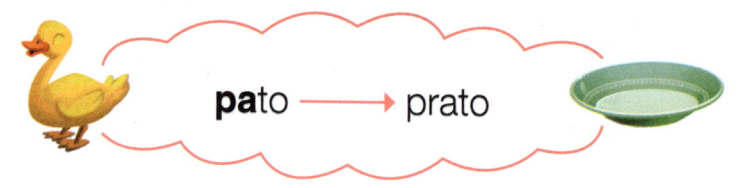

pato ⟶ prato

a) **fi**o ⟶ _____

b) **te**m ⟶ _____

c) **ca**ra ⟶ _____

d) **fe**cha ⟶ _____

e) **pa**no ⟶ _____

f) **to**ca ⟶ _____

• Leia em voz alta as palavras que você formou.

58

7. Copie nos quadrinhos as palavras escritas abaixo.

LEBRE   CABRITO   FRUTA   GRILO   FLAUTA   PRATO

8. Escreva as letras nos locais indicados e forme o nome de um animal que tem oitenta dentes!

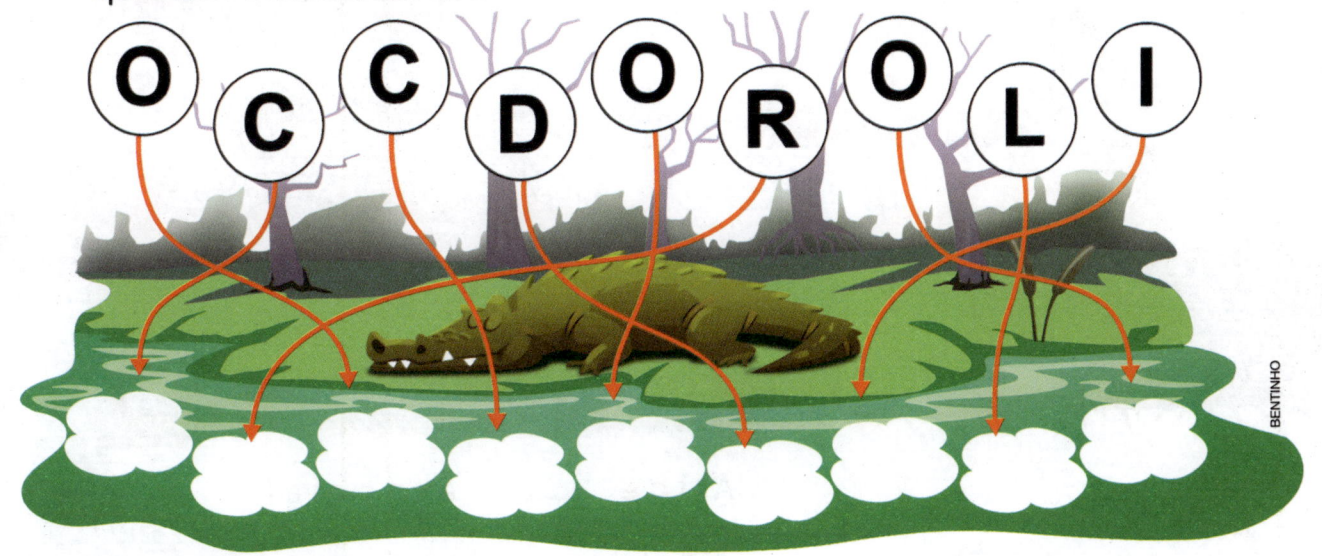

O   C   C   D   O   R   O   L   I

a) Qual é o nome desse animal?

_____

b) Que encontro consonantal há nesse nome?

CE, CI

Um sonho de cidade

Alice, menina sonhadora,
sonha com uma cidade especial
onde há pássaros cantando,
um riacho de águas claras,
um céu sempre azul
e crianças brincando...

Ah! Me leva junto, Alice,
para a cidade dos teus sonhos!

Célia Siqueira.
Texto escrito especialmente para esta obra.

Minidicionário
Leia o verbete **riacho**.

Ali**ce** — ce

espe**ci**al — ci

ce	ci
CE	CI

60

Atividades

1. Forme palavras usando **ce** ou **ci**.

ma____o   do____   ____do   va____na

____nema   ____noura   ____bola   ____mento

a) Complete as frases com algumas palavras que você formou.

O coelho come _____.

Caio foi ao _____ com Cecília.

Gosto de _____ de batata-doce.

Marcelo e Luciana vão tomar _____.

Célia levanta _____ e toma café com o pai.

b) Leia as frases em voz alta.

2. Siga as instruções e forme uma linda palavra.

1ª sílaba de **fera** ⟶ ____

1ª sílaba de **livro** ⟶ ____

2ª sílaba de **cacique** ⟶ ____

3ª sílaba de **escada** ⟶ ____

3ª sílaba de **saudade** ⟶ ____

a) Escreva a palavra que você formou. _____

b) Desafio! Que outra palavra podemos descobrir dentro da palavra que você formou?

_____

3. Troque as letras coloridas pela letra c e forme novas palavras.

a) perto _____

b) pintura _____

c) pera _____

d) pena _____

e) medo _____

f) bem _____

g) mercado _____

h) temido _____

- Qual das palavras formadas tem apenas uma sílaba?

_____

4. Ligue cada figura ao seu nome.

cegonha

cebola

cereja

coelho

cenoura

a) Leia as palavras em voz alta.

b) Qual é a única palavra que não combina com as outras?

_____

5. Forme três palavras substituindo os números pelas sílabas.

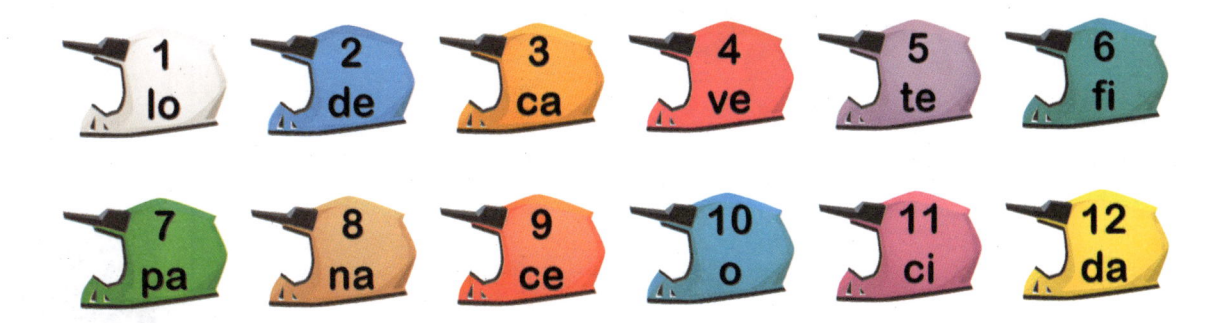

| 1 lo | 2 de | 3 ca | 4 ve | 5 te | 6 fi |
| 7 pa | 8 na | 9 ce | 10 o | 11 ci | 12 da |

a) 4 + 1 + 11 + 12 + 2 = _____

b) 10 + 6 + 11 + 8 = _____

c) 3 + 7 + 9 + 5 = _____

- Qual das palavras formadas tem mais sílabas?

  _____

  _____

- Agora, cole na cena a seguir o adesivo da página 311.

6

Cedilha

O palhaço Caçulinha

Agora é hora do palhaço Caçulinha!
Lá vem ele com seu jeito engraçado,
com a cara pintada e a cartola rasgada!
A criançada grita, ri e se diverte
com as suas palhaçadas!
Viva o palhaço Caçulinha!

Minidicionário

Leia o verbete **engraçado**.

engra**ça**do — ça

palha**ço** — ço

Ca**çu**linha — çu

Cedilha é um sinal em forma de vírgula usado abaixo da letra **c**. O **c** com cedilha (**ç**) representa o som de **s**.

Atenção: não se começa nenhuma palavra com **ç** e não se usa cedilha antes do **e** e do **i**.

Atividades

1. Sublinhe as palavras com **ç** no texto "O palhaço Caçulinha".

    - Agora, leia essas palavras em voz alta.

2. Junte as sílabas da mesma cor e forme palavras.

PA	ÇO	CA	MA	BE	CA
ÇA	BRA	ÇO	ÇA	FU	

   _____

   _____

   - Coloque essas palavras em ordem alfabética.

     1. _____   2. _____

     3. _____   4. _____

3. Siga as instruções e forme uma palavra com **ç**.

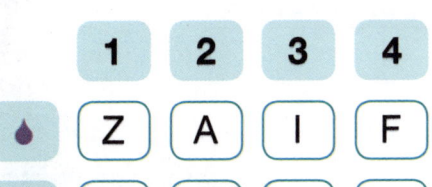

	1	2	3	4
●	Z	A	I	F
◆	U	R	M	L
★	Ç	P	Q	N
◗	C	D	G	S

   ◗1 ◆2 ●3 ◆2 ★4 ★1 ●2 ◗4 = _____

   - Agora, sublinhe o encontro consonantal que há nessa palavra.

65

4. Quem escreveu estas frases se esqueceu de colocar a cedilha em algumas palavras. Corrija colocando a cedilha onde necessário.

> Marcelo tem uma colecão de carrinhos de corrida.
> Gosto muito de pacoca e doce de abóbora.
> Não sei o endereco desse cinema.
> Essa moca é professora de Ciências.

5. Troque a letra **vermelha** pelo **ç** e forme novas palavras.

on**d**a ⟶ _____

la**d**o ⟶ _____

lou**c**a ⟶ _____

ro**d**a ⟶ _____

- Complete as frases com as palavras que você formou.

   a) A _____ é um animal bonito e muito feroz.

   b) O _____ de fita deixou o presente elegante.

   c) Marcelo ajuda a mãe a lavar a _____.

   d) Chico Bento mora na _____.

6. Escreva as letras nos locais indicados e forme uma palavra com ç.

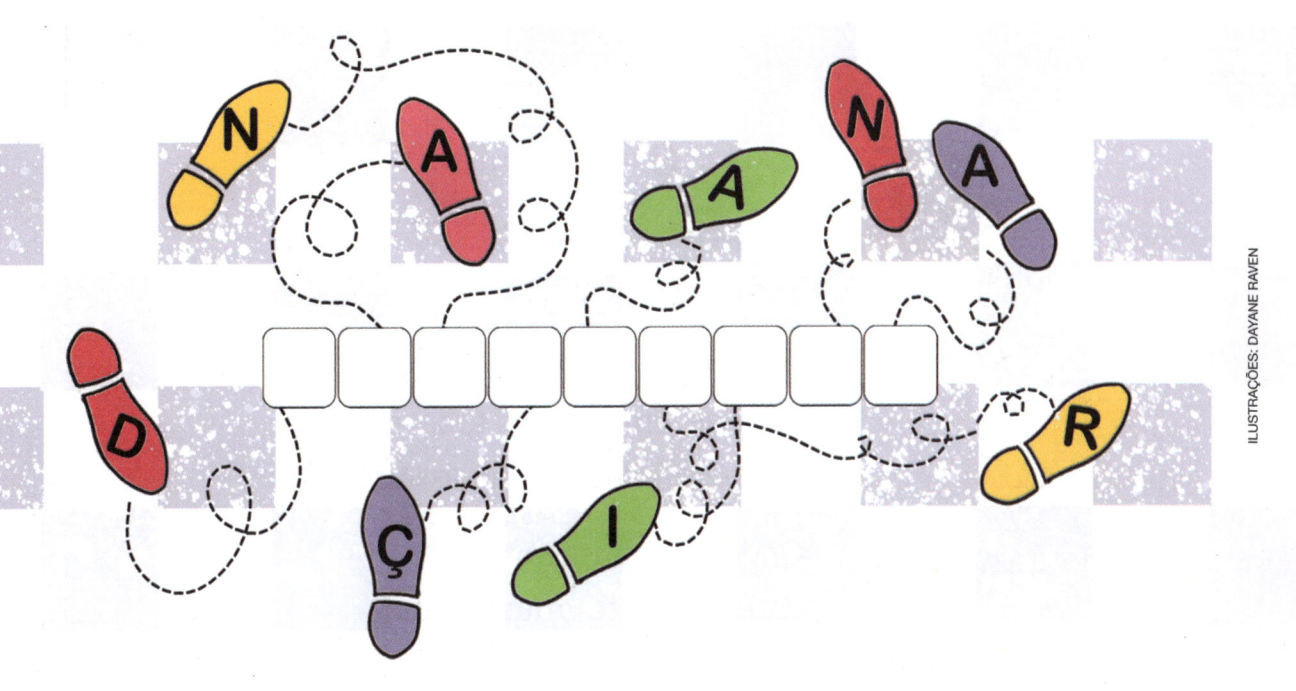

a) Que palavra você formou?

_____

b) Agora, cole o adesivo da página 314 aqui. Depois, acabe de pintar a cena.

GE, GI

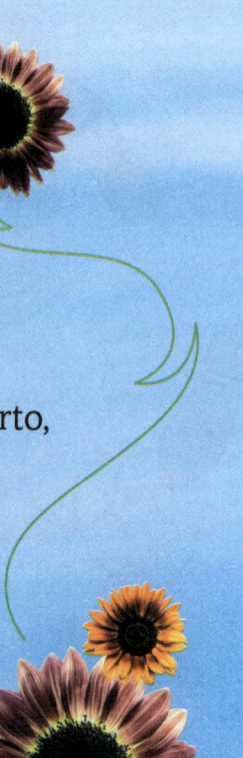

O girassol

Gira, gira, o girassol
Sempre buscando o Sol.

Paisagem mais bela não há
Do que um campo todo coberto,
Todo enfeitado de girassóis!

Onde está um girassol
Está presente a luz do dia,
A alegria, a beleza
E a graça da natureza!

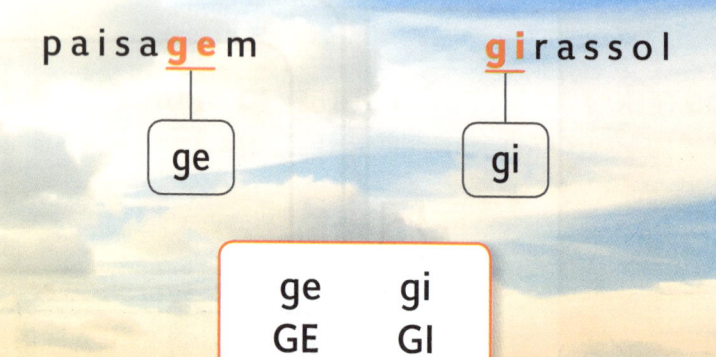

paisa**ge**m — ge

girassol — gi

ge	gi
GE	GI

Atividades

1. Complete com **ge** ou **gi** e forme palavras.

_____nástica   _____ladeira   pá_____na

_____gante   _____bi   reló_____o

ti_____la   _____latina   _____lado

a) Complete as frases com algumas palavras que você formou.

O gato come ração na _____.

Eu gosto das aulas de _____.

Gustavo ganhou um _____ de pulso.

Magali gosta de _____ de morango.

b) Agora, leia as frases em voz alta.

2. As palavras a seguir foram escritas ao contrário. Escreva-as corretamente. Veja o exemplo.

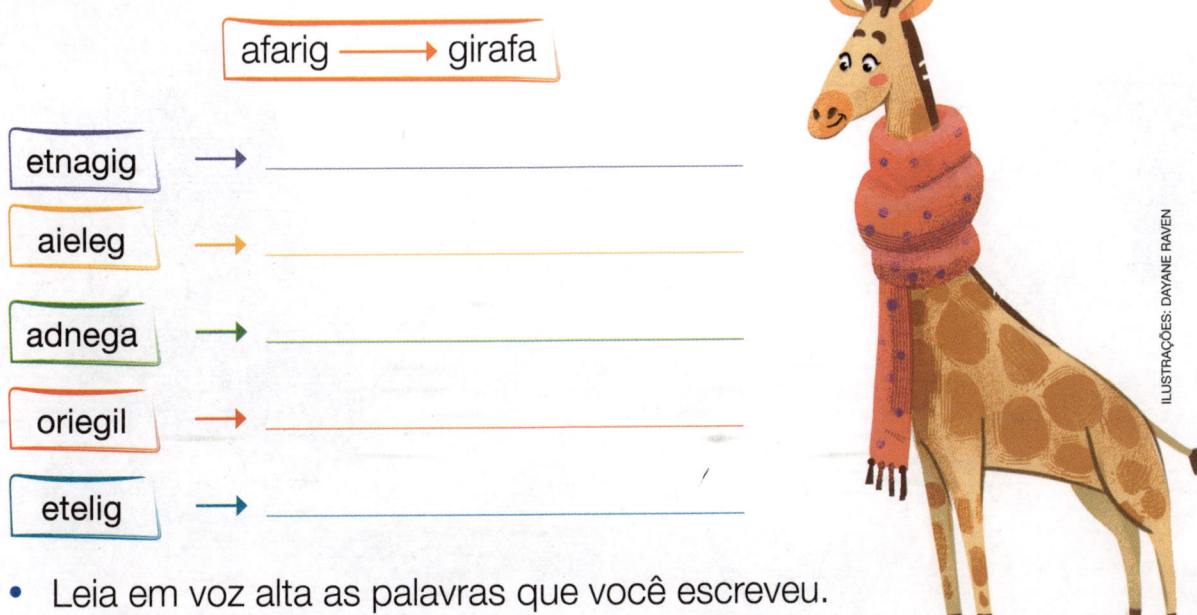

afarig ⟶ girafa

etnagig ⟶ _____

aieleg ⟶ _____

adnega ⟶ _____

oriegil ⟶ _____

etelig ⟶ _____

- Leia em voz alta as palavras que você escreveu.

69

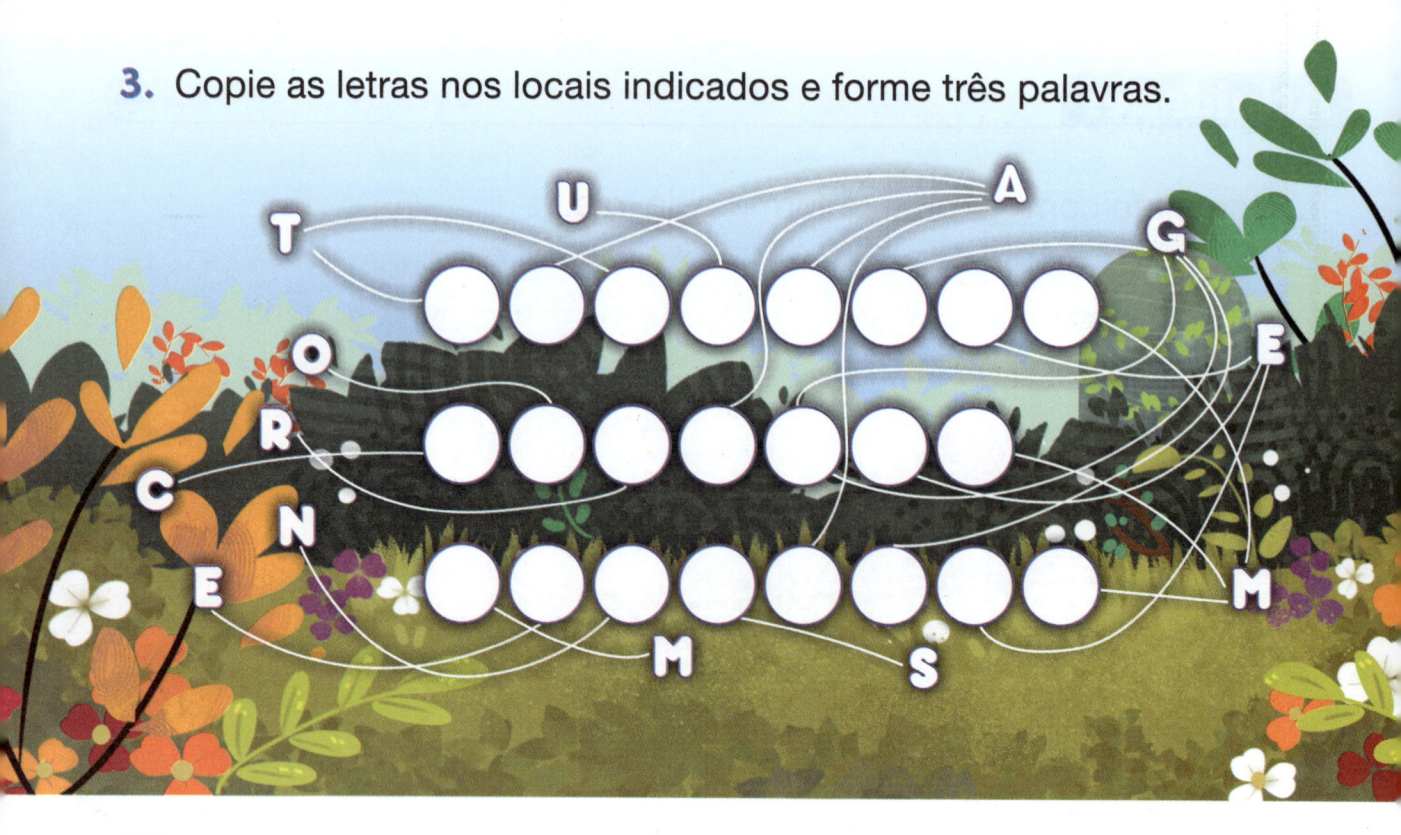

3. Copie as letras nos locais indicados e forme três palavras.

a) Leia em voz alta as palavras que você formou. O que elas têm em comum?

b) Dentro de uma dessas palavras, está escondido o nome de um animal. Que animal é esse?

_____

c) Destaque da página 314 o adesivo que mostra esse animal e cole-o aqui.

4. Complete as lacunas do texto com as palavras coloridas.

longa   gente   galhos   gigante   girafa

A gigantesca girafa

A _____ é um animal _____. Quando adulta, pode medir quase seis metros de altura. Até assusta a _____! Tem um pescoço comprido, e com sua língua bem _____ consegue comer as folhas dos _____ mais altos das árvores.

- Leia o texto em voz alta.

5. Encontre no quadro de letras as palavras coloridas.

gente

giz

gema

gelo

gibi

E	G	E	M	A	B	I	A	L
P	A	G	E	N	T	G	E	B
G	E	N	T	E	M	A	T	O
A	L	I	Z	G	E	L	O	Z
N	G	A	G	I	Z	G	E	N
G	E	D	I	T	G	I	B	I

Revisão

1. Pinte de verde as letras maiúsculas e de azul as letras minúsculas.

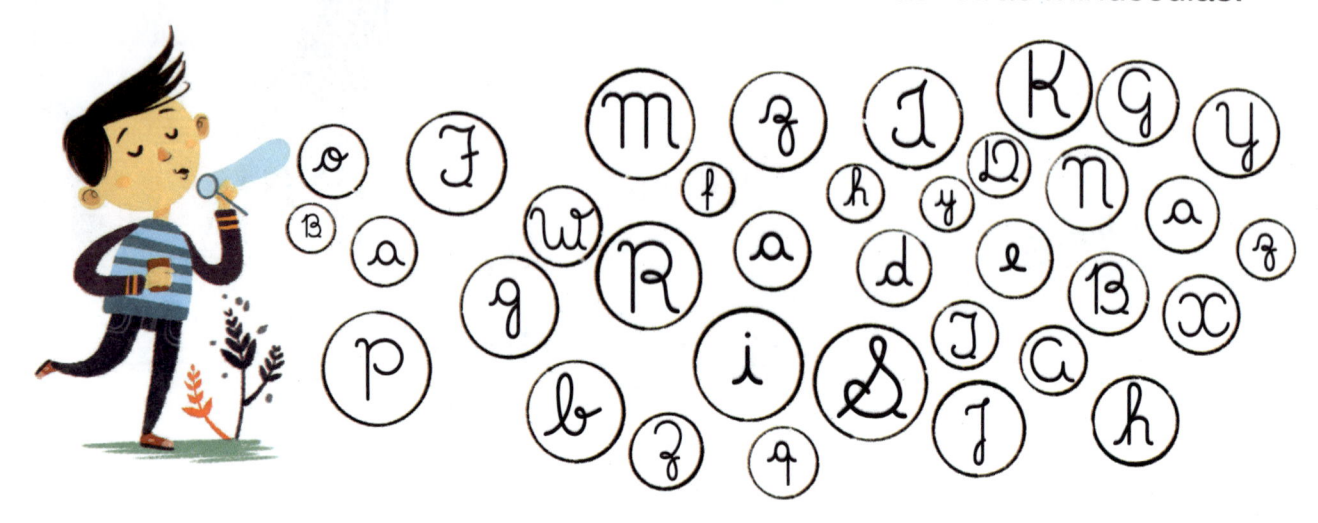

2. Escreva a sílaba que está faltando no nome da figura.

_____ nela

_____ nana

ca _____ lo

cane _____

_____ ca

_____ ca

corne _____

esca _____

3. Em que ordem vêm as palavras no dicionário? Sublinhe as respostas corretas.

Adormecer vem depois de **contente**.

Navio vem depois de **museu**.

Riacho vem antes de **pijama**.

Baleia vem antes de **bonito**.

72

4. Numere as palavras de cada grupo de acordo com a ordem alfabética.

a) laranja   abacaxi   morango   uva   xale

b) moça   lição   ano   festa   gelo

c) dia   dado   dedo   dupla   doze

5. Preencha a cruzadinha com as palavras do quadro. Já colocamos algumas letras para você!

cidade • mar • lua • mala • amizade • leitura
livro • escola • roda • sino • beleza

Revisão

6. Escreva o nome da figura.

_____	A S P I T E A C O
_____	A C D N A R I P E
_____	G T A P E C D E B
_____	U E S A C G A T V

• Agora, circule em cada quadro as letras que formam o nome que você escreveu.

7. Leia estes nomes próprios.

Mateus   Daniela   Augusto   Isabel

a) Qual começa e termina com vogal? _____.

b) Qual começa com vogal e termina com consoante? _____.

c) Qual começa e termina com consoante? _____.

d) Qual começa com consoante e termina com vogal? _____.

8. Vamos brincar com as sílabas e formar novas palavras. Veja o exemplo.

> **palito** — tire a 2ª sílaba = pato

a) boneca — tire a 2ª sílaba = _____

b) maleta — tire a 2ª sílaba = _____

c) carroça — tire a 3ª sílaba = _____

d) capote — tire a 1ª sílaba = _____

e) brincadeira — tire a 1ª sílaba = _____

f) palhaçada — tire as duas últimas sílabas = _____

9. Os nomes das meninas estão escritos ao contrário. Escreva-os corretamente.

anigeR

egnaloS

eciralC

adlesiG

Revisão

10. Geralmente, nos referimos a amigos com quem convivemos bastante usando apenas as primeiras sílabas de seus nomes.

a) Leia os nomes.

Rafael Isabela Sueli Juliana Marcela
Rodrigo Cláudia Daniel Fabiana

b) Pinte as sílabas da cor dos nomes a que elas se referem.

Rafa	Su	Dani
Isa	Clau	Ju
Ma	Ro	Fabi

11. Troque os símbolos pelas letras e forme palavras.

★ ● ✈ * ◐ ♣ ♥ ✺ • ◆
l   t   r v b g c a e o

● e ♥ ★ ✺ d ◆ _____   ♣ ✈ i ★ ◆ _____

◐ ✈ ✺ v ◆ _____   p ✈ ◆ v ✺ _____

a) Separe as sílabas das palavras formadas.

☐☐☐ ☐☐

☐☐ ☐☐☐

b) Colocando essas palavras em ordem alfabética:

• qual será a primeira? _____

• qual será a última? _____

12. Complete as palavras com **c** ou **ç**.

____idade   alfa____e   fuma____a   peda____o

____inema   ca____ique   caro____o   cabe____a

a) Leia em voz alta as palavras que você formou.

b) Quantas sílabas têm essas palavras?

☐ 2   ☐ 3   ☐ 4   ☐ 5

Revisão

13. Forme palavras trocando as letras de cada grupo por aquelas que vêm **antes** na ordem alfabética. Veja:

T J O P ⟶ S I N O

Recorde o alfabeto!

A B C D E F G H I J K L M N O P Q R S T U V W X Y Z

a) B N J H P ⟶ __ __ __ __ __

b) D F S F K B ⟶ __ __ __ __ __ __

c) Q F U F D B ⟶ __ __ __ __ __ __

d) F T U P K P ⟶ __ __ __ __ __ __

e) D P M F H B ⟶ __ __ __ __ __ __

f) B N P S B ⟶ __ __ __ __ __

- Agora, encontre essas palavras no quadro de letras.

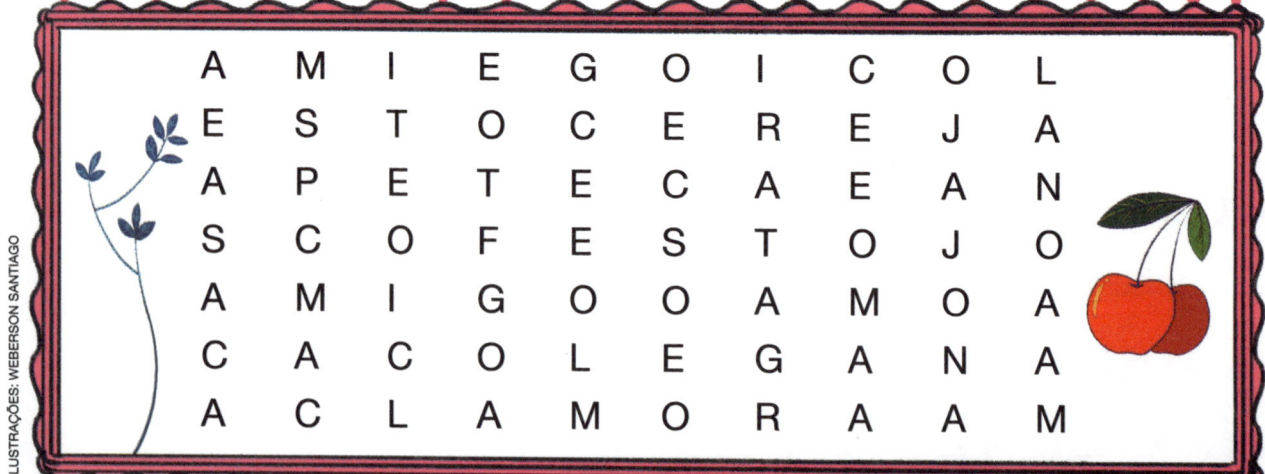

A	M	I	E	G	O	I	C	O	L
E	S	T	O	C	E	R	E	J	A
A	P	E	T	E	C	A	E	A	N
S	C	O	F	E	S	T	O	J	O
A	M	I	G	O	O	A	M	O	A
C	A	C	O	L	E	G	A	N	A
A	C	L	A	M	O	R	A	A	M

78

14. Copie as letras nos locais indicados e forme uma frase.

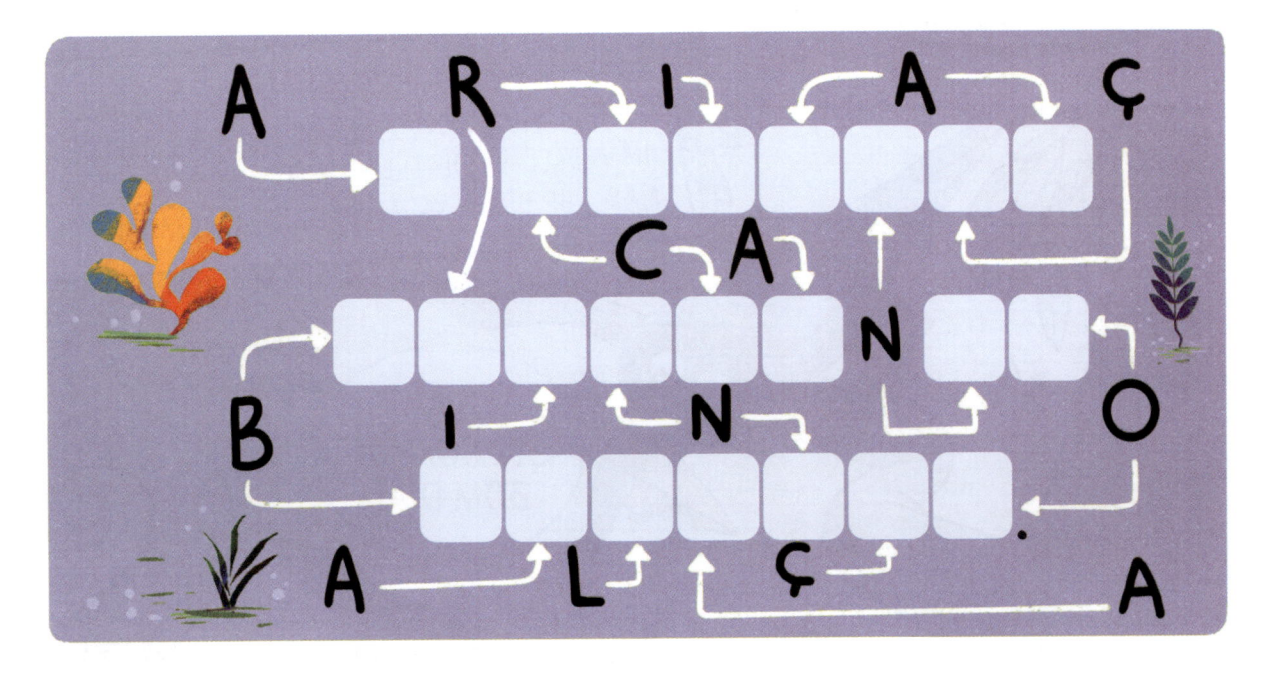

a) Leia a frase em voz alta.

b) Que palavras da frase têm encontro consonantal na mesma sílaba?

_____

c) Cole o adesivo da página 315 no local certo. Depois, acabe de pintar a cena.

Hora da história

A RAPOSA ANDAVA PELA FLORESTA PROCURANDO COMIDA QUANDO VIU O CORVO, NO ALTO DE UMA ÁRVORE, COM UM PEDAÇO DE QUEIJO NO BICO.
MAIS QUE DEPRESSA, APROXIMOU-SE PUXANDO CONVERSA.

— OLÁ, SR. CORVO! BOM DIA!

— SUAS BELAS PENAS DEIXAM O DIA MAIS BONITO!

— E SUA CAUDA É MARAVILHOSA!

OS ELOGIOS FORAM MEXENDO COM O CORVO, QUE PASSOU A ACREDITAR QUE REALMENTE ERA MUITO BONITO. A RAPOSA, ESPERTA, CONTINUAVA...

GOSTARIA TANTO DE OUVIR SUA LINDA VOZ! POR FAVOR, CANTE!

O CORVO, ORGULHOSO, EMPINOU O CORPO E ABRIU O BICO PARA CANTAR, DEIXANDO O QUEIJO CAIR... DIRETO NA BOCA DA RAPOSA!

ONDE FOI PARAR MEU QUEIJO??

O CORVO ACREDITOU NOS FALSOS ELOGIOS DA RAPOSA E, LEVADO PELA VAIDADE EXAGERADA, ACABOU SEM COMIDA.

Hora da história

Atividades

1. Observe os desenhos.

   a) Cole os adesivos da página 315 nas figuras certas.

   b) Pinte apenas os animais que são personagens da história.

2. Por que a raposa puxou conversa com o corvo?

   ☐ Porque ficou realmente impressionada com a beleza do corvo.

   ☐ Porque ficou interessada no queijo que o corvo tinha no bico.

3. Como o corvo reagiu ao ouvir os elogios da raposa?

   ☐ Logo percebeu que ela estava mentindo.

   ☐ Começou a achar que ela estava falando a verdade.

4. Complete o texto com as palavras a seguir.

vaidade   lindo   mentiras   queijo   maravilhosa

O corvo perdeu o _____

por causa da sua _____

exagerada. Ele acreditou nas _____

da raposa, que dizia que ele era _____

e tinha uma voz _____.

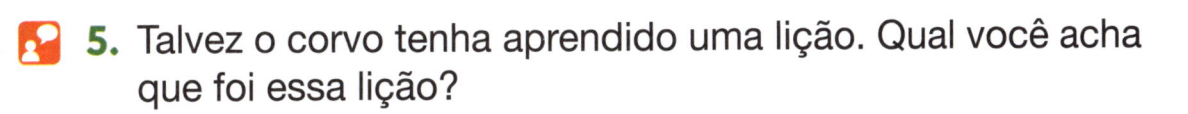

5. Talvez o corvo tenha aprendido uma lição. Qual você acha que foi essa lição?

6. Você acha que algumas pessoas podem se comportar como a raposa e o corvo dessa história? Converse com seus colegas sobre isso.

7. Que outro título você daria a essa história?

Vamos ler mais?

Na história que você leu, a raposa levou a melhor por causa da vaidade do corvo.

Em outra narrativa, a vaidade de um galo e de um pato provocou uma disputa entre eles pelo título de rei do terreiro onde viviam. Sabe como resolveram essa disputa? Você nem imagina! Para saber, leia *Vaidade no terreiro*, de Elias José.

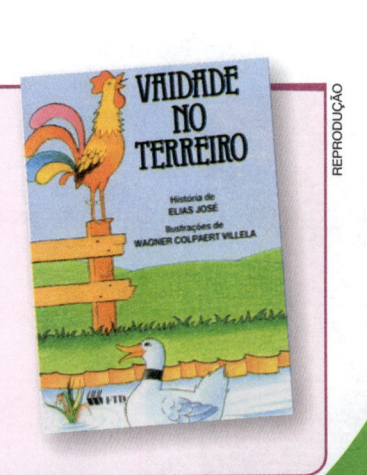

7

> **Til**

O leãozinho dorminhoco

O leãozinho
era muito preguiçoso!
Dormia tanto
que custava a acordar.
A mamãe disse
de um modo carinhoso:
dessa caminha
você tem de levantar!

Se você fica
nessa cama o dia inteiro,
não vai pra escola
e nem vai fazer lição!
Se dormir muito
desse jeito tão caseiro,
leão na cama
vai virar camaleão!

Pedro Bandeira. *Esses bichos maluquinhos*.
São Paulo: Moderna, 2017. p. 20.

mam**ã**e   li**ã**o   n**ã**o   le**ã**o

ã

Minidicionário

Leia o verbete **carinhoso**.

O sinal (~) chama-se **til**. Ele é colocado sobre as vogais **a** e **o** para indicar que o som é nasal, isto é, sai pela boca e pelo nariz. Perceba isso lendo em voz alta as seguintes palavras:

leão • mãe • coração • maçã

leões • mães • corações • maçãs

Atividades

1. Copie as palavras colocando **til** sobre a vogal certa.

COLEÇAO

_____

AVIAO

_____

COLEÇOES

_____

AVIOES

_____

- Agora, leia essas palavras em voz alta.

2. Junte as sílabas da mesma cor e forme palavras.

li   jão   me   mão   mões   lão   ma   ro

_____

- Pense no significado dessas palavras. Qual é a única palavra que não faz parte do grupo? _____

3. Vamos brincar com as sílabas e formar novas palavras?

limão	sabão	lampião	mamão	capitão
troque a última sílaba por **ção**	troque a última sílaba por **lão**	tire a primeira sílaba	troque a primeira sílaba por **ir**	troque as duas primeiras sílabas por **bo**

_____   _____   _____

_____   _____

4. Siga o caminho do quadro 1 no quadro 2 e descubra o nome de um órgão muito importante do corpo humano.

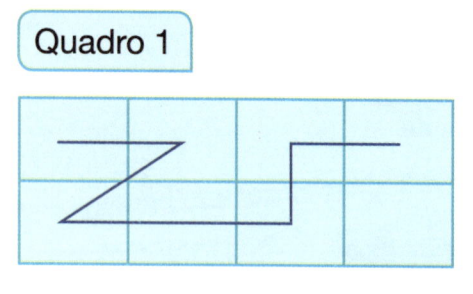

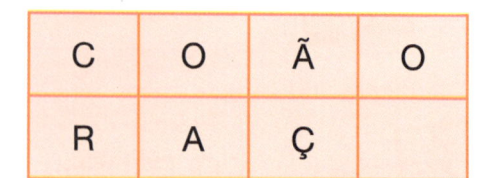

Quadro 1

Quadro 2

C	O	Ã	O
R	A	Ç	

a) Que palavra você descobriu? _____

b) Separe as sílabas dessa palavra.

☐☐☐ ☐☐☐ ☐☐☐

5. Quantas vezes a palavra **mãe** aparece no quadro de letras?

mãoemãemaiemãemnãemãenemãone

• Pinte a resposta.

1   2   3   4   5

6. Complete a frase com as palavras do quadro.

> chão   cão   pão

O _____ pegou o _____

que caiu no _____.

7. Leia.

um calç**ão** ⟶ dois calç**ões**

a) Agora, faça como o modelo.

um furacão ⟶ dois _____

uma invenção ⟶ duas _____

uma porção ⟶ duas _____

uma seleção ⟶ duas _____

b) Complete a frase com uma das palavras que você escreveu.

O computador e o telefone celular são duas _____ importantes de nossa época.

8. Decifre cada sílaba e descubra o que prejudica a natureza e os seres vivos.

– co ➕ – a ➕ – lha ➕ – c + ç

_____ _____ _____ _____

- Que palavra você formou?

_____

9. Complete as palavras com **ão** ou **ã**.

amanh_____   ded_____   hortel_____   cord_____   maç_____

- Agora, use três dessas palavras nas frases a seguir.

   a) Gosto de tomar chá de _____.

   b) Vou amarrar o _____ do tênis.

   c) A _____ é uma fruta gostosa.

10. Siga as indicações e forme o nome de um peixe que vive no mar.

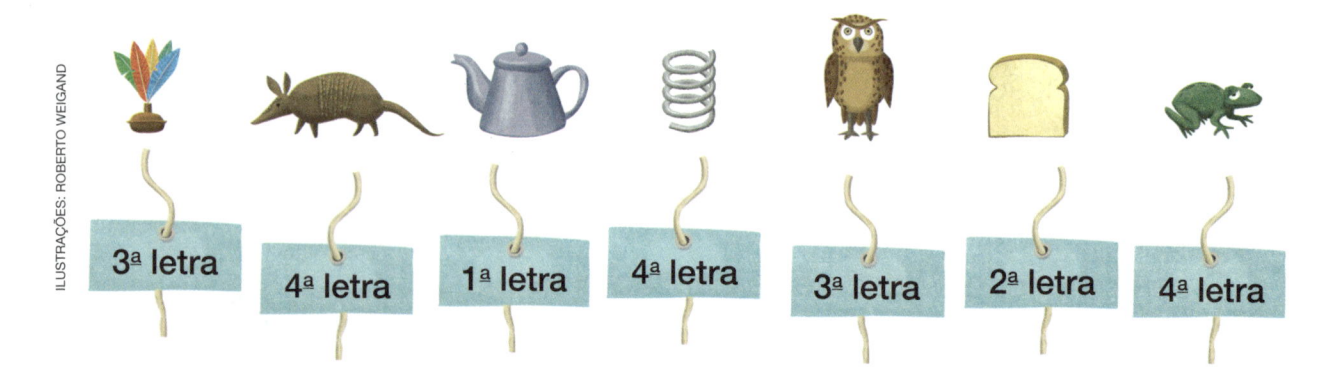

| 3ª letra | 4ª letra | 1ª letra | 4ª letra | 3ª letra | 2ª letra | 4ª letra |

_____ _____ _____ _____ _____ _____ _____

a) Que palavra você formou? _____

b) Circule a informação correta sobre essa palavra.

Começa com consoante e termina com vogal.

Começa e termina com consoante.   Começa e termina com vogal.

QUA, QUE, QUI

Bichinhos queridos

Quatro cachorrinhos sapecas,
Pequenos e bem peludinhos,
Sobem aqui, correm ali,
Nunca ficam quietinhos,
Parecem uns brinquedinhos...
E depois de brincar tanto,
Vão dormir lá no seu canto,
Felizes e bem juntinhos...

quatro   **que**ridos   a**qui**

qua   que   qui

Se depois de **qu** vier a letra **a**, o **u** é pronunciado: quatro.
Se depois de **qu** vierem as letras **e** ou **i**, em muitas palavras o **u** não é pronunciado: querido, aqui.

Veja mais exemplos.

- Palavras em que o **U** é pronunciado:

    enquanto • quando • quanto • quarenta

- Palavras em que o **U** não é pronunciado:

    pequeno • brinquedo • quilo • quietinhos

Atividades

1. Complete os espaços com **qua** e forme palavras. Depois, escreva as palavras formadas.

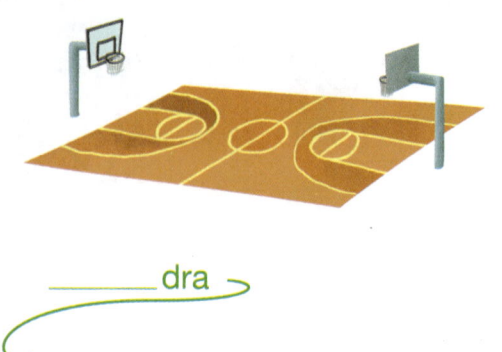

_____ dra

_____ dro

2. Junte as sílabas da mesma cor e forme palavras.

dra   ra   de   qua   qua   ta   li   do   da   qua

- Escreva as palavras que você formou.

_____

3. Desafio! Quem consegue ler depressa, em voz alta, sem errar?

Para ouvir o tique-taque,
Tique-taque, tique-taque,
Depois que um tique toca
É que se toca um taque.

TIQUE TAQUE

4. Leia em voz alta as palavras destacadas.

Quando?   **Quanto?**

- Agora, complete as frases com essas palavras.

_____ custa a revista?   _____ começa o jogo?

5. Copie as letras nos locais indicados e forme uma frase. Depois, leia a frase em voz alta.

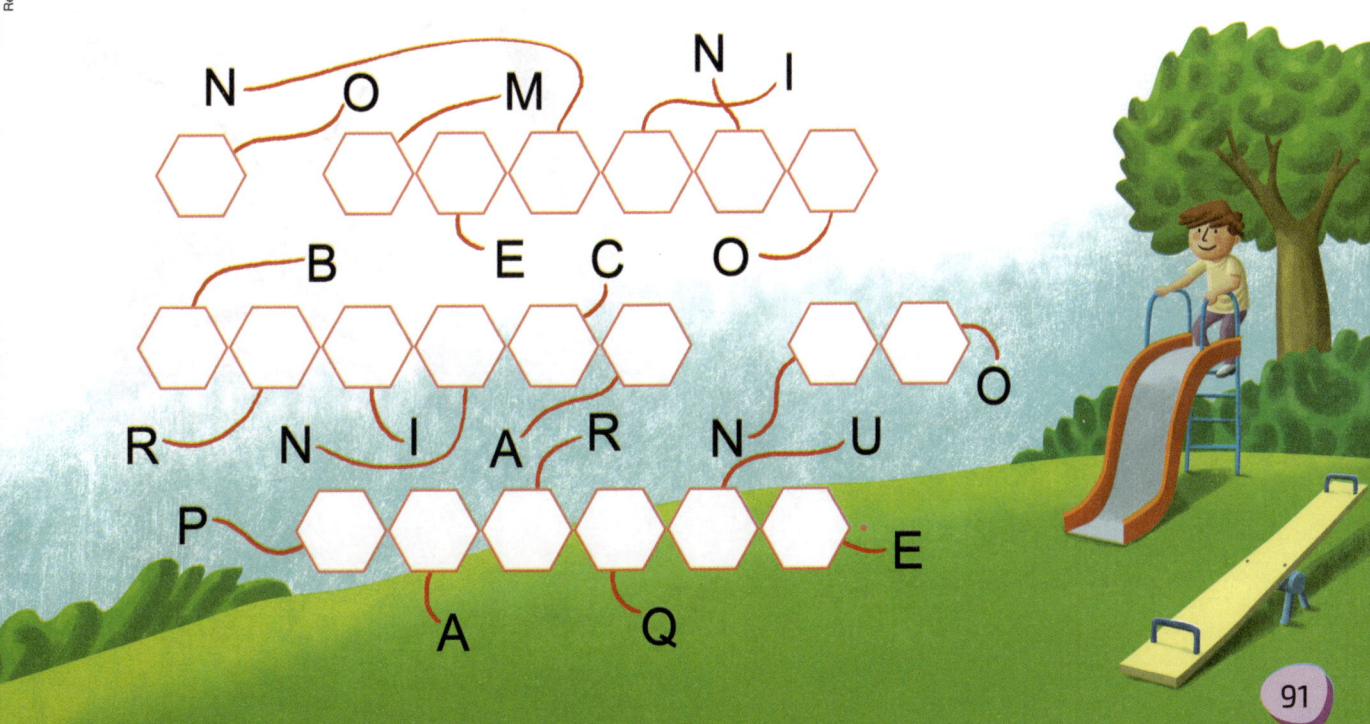

6. Complete as palavras com **que** ou **qui**.

a_____lo   a_____la   ca_____

par_____   peri_____to   es_____na

- Complete a frase com duas palavras que você formou.

Vimos um _____ no _____.

7. Complete os versos com as palavras do quadro.

> coqueiro   coquinho   macaquinho

Macaco bagunceiro

Era uma vez

um _____ bagunceiro,

gostava de jogar _____

lá do alto do _____!

Quem passava embaixo

Levava um susto e dizia:

— Eta macaco arteiro!

Minidicionário

Leia os verbetes **arteiro** e **bagunceiro**.

8. Escreva a primeira letra do nome de cada figura e forme uma palavra.

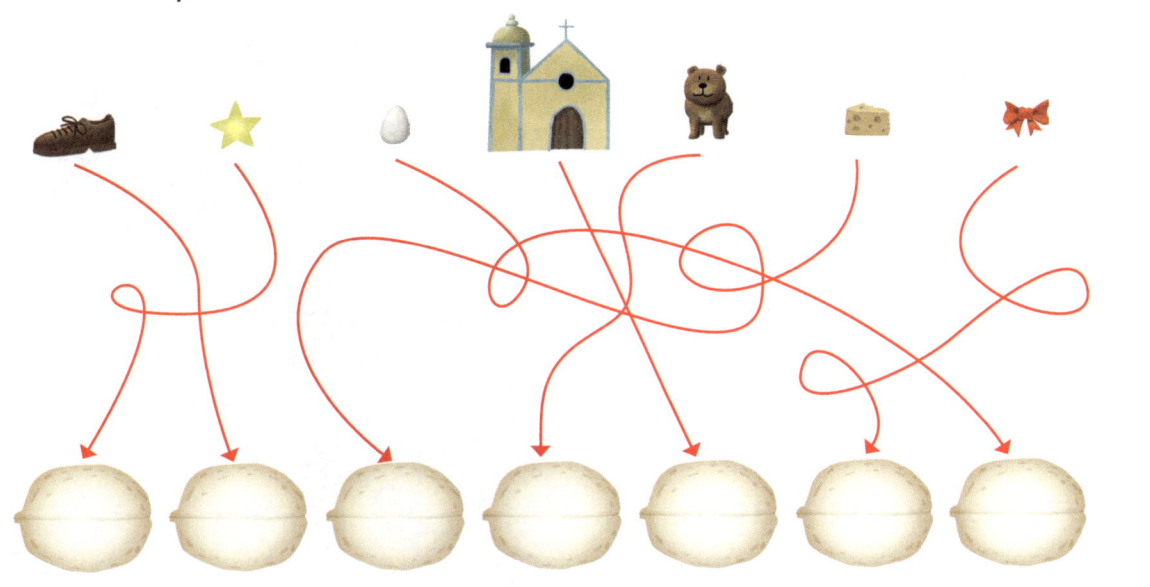

a) Complete a frase com a palavra que você formou.

O _____ é um pequeno roedor de cauda longa e peluda.

b) Agora, cole aqui o adesivo da página 315 que mostra esse animal.

8

▸ Acento agudo e acento circunflexo

Um sonho de viagem

Sonho que eu e você
somos astronautas
viajando pelo céu
num ônibus espacial...

Passamos pelos planetas,
passeamos pelas estrelas,
vamos atrás dos cometas...

E lá de cima, vemos a Terra,
nosso belo planeta azul!
Que viagem maravilhosa!

Ah! Pena que seja só um sonho!
Seria tão bom se fosse verdade,
você não acha?

Célia Siqueira. Texto escrito especialmente para esta obra.

c **é** u
|
acento agudo

v o c **ê**
|
acento circunflexo

O **acento agudo** (´) indica que a vogal tem som aberto.
O **acento circunflexo** (^) indica que a vogal tem som fechado.

Leia em voz alta estas palavras e perceba a diferença no som das vogais que levam acento.

Atenção! A vogal acentuada deve ser pronunciada com mais força que as outras.

Som fechado	Som aberto	Som fechado	Som aberto
Tânia	Fábio	você	café
vovô	vovó	mês	pés
ônibus	ótimo	Inês	André

Atividades

1. Junte as sílabas da mesma cor e forme palavras.

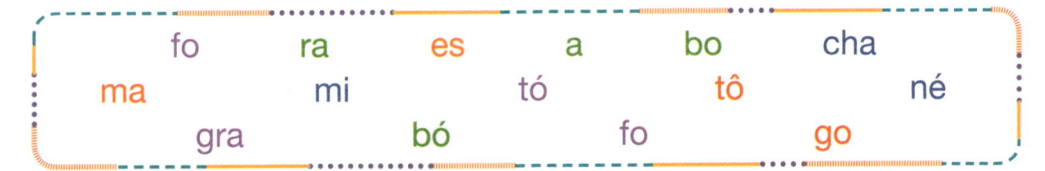

```
     fo      ra      es      a      bo      cha
ma           mi           tó          tô           né
     gra          bó          fo          go
```

a) Escreva as palavras que você formou.

_____

_____

b) Complete as frases com essas palavras.

Comi muito doce de _____ e tive dor de _____.

A fumaça sai pela _____.

O _____ fez uma boa foto do gol da seleção.

95

2. Leia em voz alta as palavras e observe como elas são escritas.

mês   nenê   boné   tricô   alô

a) Circule a palavra que não combina com as outras.

b) Explique por que ela não combina.

3. Complete as frases com **e** ou **é**.

Caio ____ seu pai foram ao parque ____ se divertiram.

Hoje ____ o Dia do Professor!

Eu ____ meus colegas vamos fazer uma festa para os professores.

4. Copie as letras nos locais indicados e forme dois nomes de meninas.

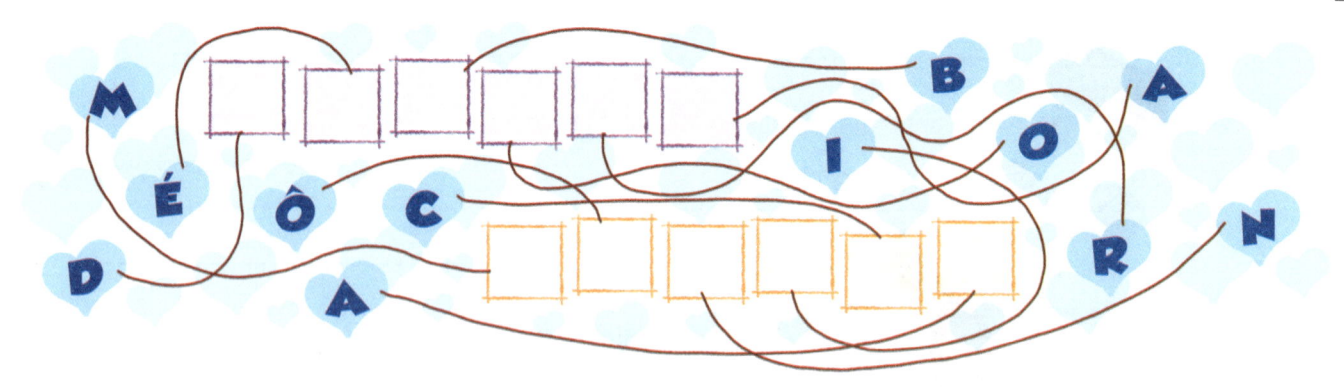

- Escreva os nomes que você formou.

nome com acento agudo
_____

nome com acento circunflexo
_____

5. Leia os títulos dos livros.

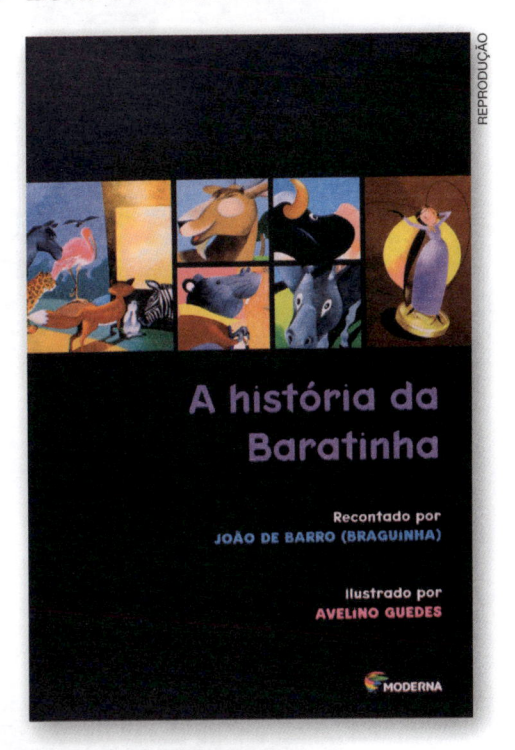

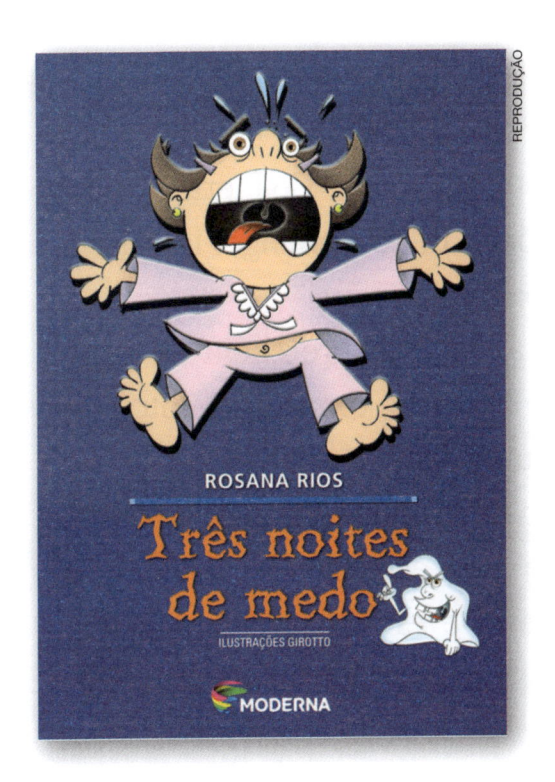

a) Qual palavra tem acento agudo?

_____

b) Qual palavra tem acento circunflexo?

_____

6. Troque o símbolo pela letra e solucione a adivinha.

O que é, o que é?

O que podemos quebrar dando apenas um gritinho?

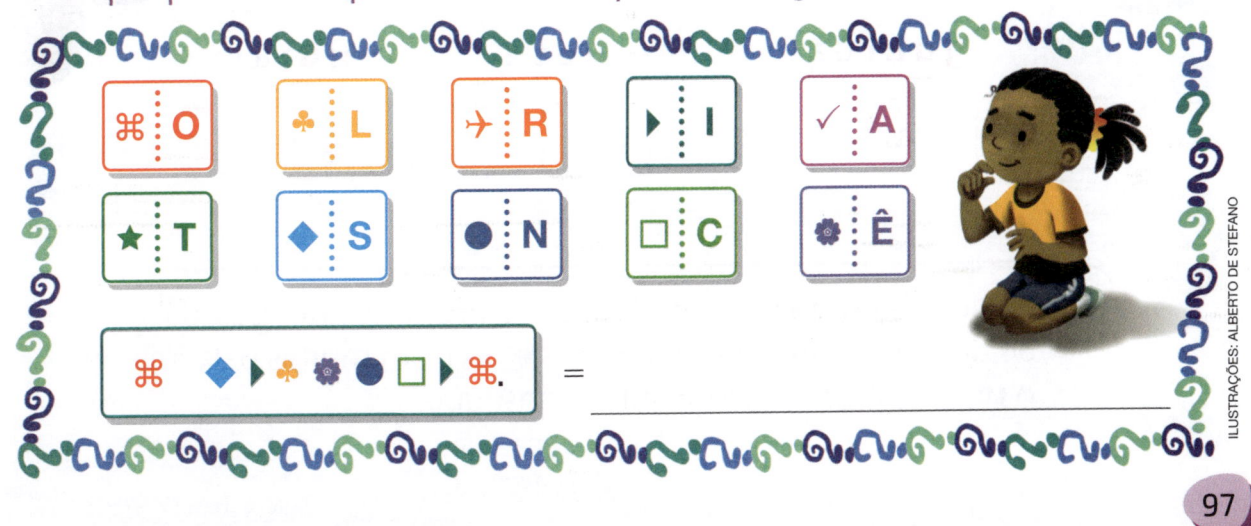

⌘ = O   ♣ = L   ✈ = R   ▶ = I   ✓ = A

★ = T   ♦ = S   ● = N   ☐ = C   ❁ = Ê

⌘ ♦ ▶ ♣ ❁ ● ☐ ▶ ⌘. = _____

GUA, GUE, GUI

Piloto de patinete

Durante a semana, Guilherme guarda sua patinete. E, no domingo, lá vai ele para o parque!

A pista está sempre cheia de gente, mas Guilherme é um bom piloto, sabe guiar muito bem.

Ele imagina que está num foguete, viajando pelo espaço e se desviando de cometas e estrelas!

E consegue se desviar de todo mundo.

ALBERTO DE STEFANO

guarda   fo**gue**te   **gui**ar

gua   gue   gui

Se depois do **gu** vier a letra **a**, o **u** é pronunciado: guarda.
Se depois do **gu** vierem as letras **e** ou **i**, em muitas palavras o **u** não é pronunciado: guiar, consegue.

Atividades

1. Escreva **gue** ou **gui** nos espaços e forme palavras.

   _____ tarra   san _____   en _____ çado

   caran _____ jo   pre _____ çoso   fre _____ sa

   - Escolha duas das palavras que você formou para completar as frases.

   Guiomar toca _____ em uma banda.

   O dono da loja atendeu a _____.

2. Use o código e descubra o nome de um bicho que se movimenta bem devagar e passa a maior parte do tempo agarrado aos galhos das árvores.

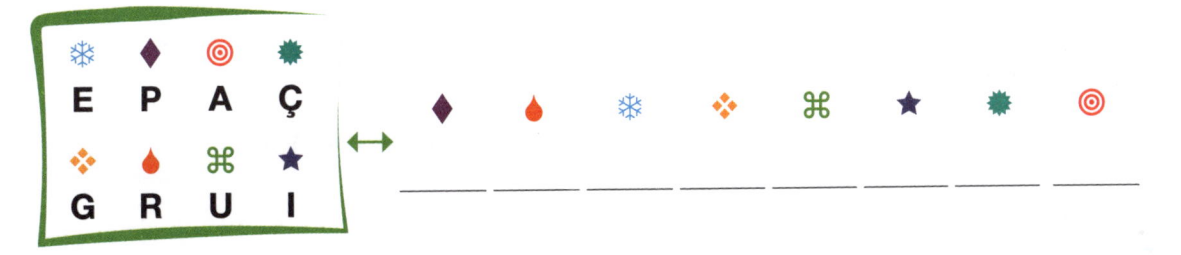

   a) Quantas sílabas tem a palavra que você descobriu? Circule a resposta.

   2   3   4   5

   b) Agora, pinte o desenho que representa esse animal.

3. Ordene as sílabas e forme palavras.

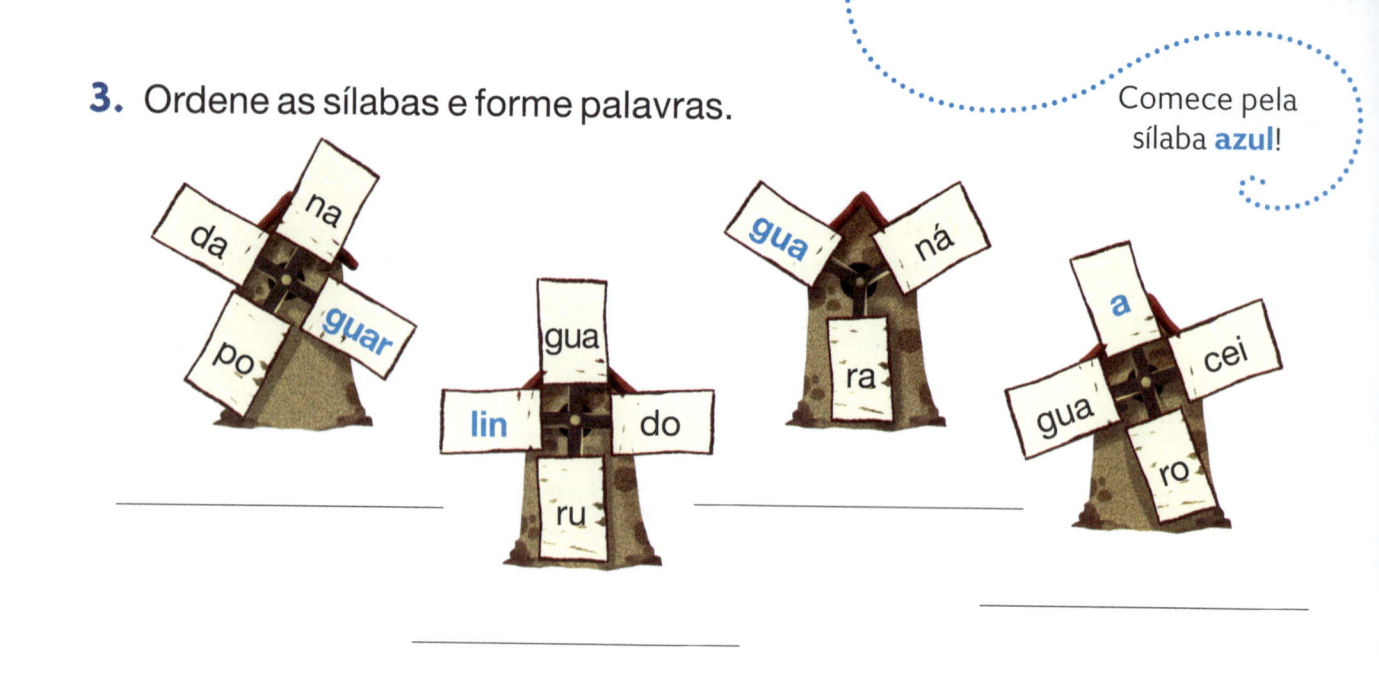

Comece pela sílaba **azul**!

da / na / guar / po → _____

gua / lin / do / ru → _____

gua / ná / ra → _____

a / cei / gua / ro → _____

4. Siga as instruções e forme duas novas palavras a partir da palavra dada.

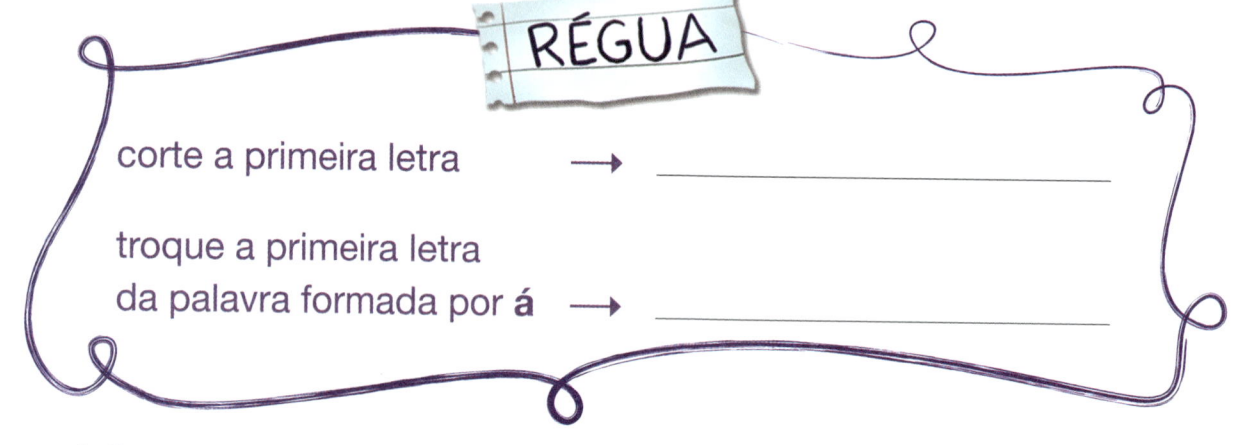

RÉGUA

corte a primeira letra → _____

troque a primeira letra da palavra formada por **á** → _____

a) Complete a frase com as palavras que você formou.

A _____ bebe _____ no rio.

b) Agora, termine de pintar a cena.

5. Leia as palavras.

> guarda • guerra • guiar • língua • guepardo • guache • águia
> sangue • sagui • buldogue • régua • açougue • guindaste

a) Organize essas palavras na tabela.

GUA	GUE	GUI

b) Agora, sublinhe apenas as palavras em que o **u** é pronunciado.

6. Forme quatro palavras com as sílabas da figura.

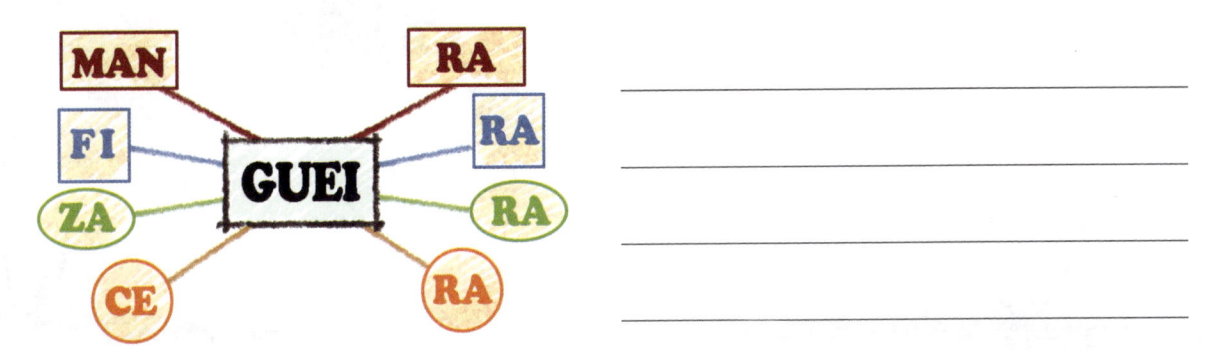

MAN • RA • FI • RA • GUEI • ZA • RA • CE • RA

_____
_____
_____
_____

7. Copie as letras nos locais indicados e forme o nome de um jogo!

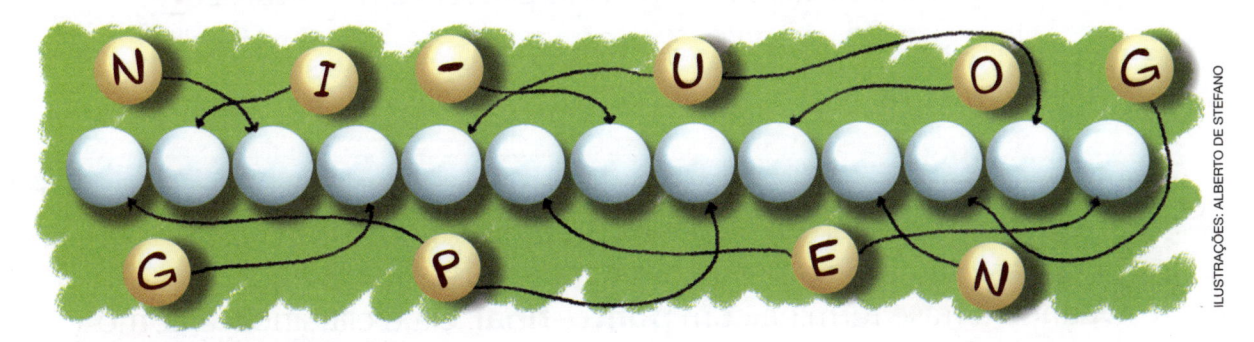

- Que palavra você formou? _____

9

Frase e ponto-final

Borboletas – um espetáculo colorido

Borboletas no jardim são uma festa de cores.
Elas parecem flores voadoras.
As borboletas são um lindo presente da natureza.

Minidicionário

Leia o verbete **colorido**.

frase

As borboletas são um lindo presente da natureza.

letra maiúscula   ponto-final

Frase é uma sequência de palavras com sentido completo.
Uma frase sempre começa com letra maiúscula.
Quando a frase termina com **ponto-final**, ela é classificada como **frase declarativa**.

Atividades

1. Forme quatro frases declarativas diferentes usando apenas as palavras do quadro.

   | menina | peteca | bola | parede |

   a) A _____ bate na _____.

   b) A _____ bate na _____.

   c) A _____ bate na _____.

   d) A _____ bate na _____.

2. Leia o texto.

   ### Arara

   A arara é uma linda ave colorida. Ela vive nas florestas da América do Sul.

   As araras costumam voar e também dormir em bandos.

   a) Quantas frases há nesse texto? Pinte o quadrinho com a resposta.

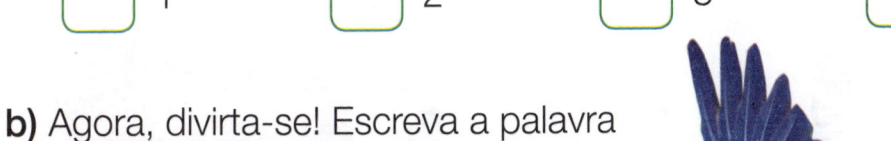

   ☐ 1   ☐ 2   ☐ 3   ☐ 4

   b) Agora, divirta-se! Escreva a palavra **ARARA** de trás para frente e veja o que acontece.

3. Ordene as palavras para formar frases declarativas.

> Inicie as frases com letra maiúscula e termine com ponto-final.

a) parque   no   crianças   as   brincam

_____

_____

b) história   uma   engraçada   professora   a   leu

_____

_____

c) muito   girassol   o   bonita   flor   uma   é

_____

_____

4. Separe as palavras com um traço.

lindas voam são borboletas rosas coloridas flores pelo as jardim

a) Ordene as palavras **azuis** e forme uma frase.

_____

b) Agora, ordene as palavras **vermelhas** e forme outra frase.

_____

Atenção!
Lembre-se de usar a letra maiúscula e o ponto-final.

Parágrafo

O cisne

   Com seu pescoço longo e fino, o cisne é uma das mais bonitas aves aquáticas. Costuma viver em grupo e é um lindo espetáculo ver um bando de cisnes deslizando juntos na água.
   Quase todas as espécies de cisne são brancas. Mas, em alguns países, existe uma espécie de cisne negro, com bico vermelho e manchas brancas nas asas.

O texto é composto de duas partes. Cada parte é chamada de **parágrafo**. Cada parágrafo começa em uma nova linha. A primeira frase do parágrafo começa um pouco afastada da margem esquerda da página. O texto O cisne tem, assim, dois parágrafos.

Atividades

1. Leia o texto.

O canguru

O canguru não caminha, mas salta. Ele tem grandes patas traseiras e pés compridos.

O canguru vive em grupos e se alimenta de ervas e raízes.

Os filhotes nascem bem pequenos e logo sobem na barriga da mãe, onde ficam em uma espécie de bolsa de pele. Lá eles ficam protegidos e podem mamar. Só saem da bolsa quando já estão mais crescidos e podem começar a viver sozinhos.

a) Quantos parágrafos tem o texto? Circule a resposta.

2   3   4   5   6

b) Conte os pontos-finais e marque quantas frases tem o texto.

☐ 4   ☐ 5   ☐ 6   ☐ 7

2. Responda às perguntas abaixo no caderno. Cada vez que escrever uma resposta, inicie um parágrafo.

a) Qual é o seu nome?

b) Em que dia você nasceu?

c) Quanto anos você tem?

d) De que você gosta de brincar?

M antes de B e P

Quem tem medo?

Você tem medo de chuva,
tromba d'água e tempestade?
E de raio e trovão?
Pois eu nunca tenho medo,
se a mamãe está por perto
segurando minha mão...

tro**mb**a
m antes de **b**

te**mp**estade
m antes de **p**

Antes de **b** e **p**, usamos sempre **m**: tromba, tempestade.
Antes das outras consoantes, usamos sempre **n**: nunca, mundo, segurando.

Atividades

1. Complete as palavras com **m** ou **n**.

po ___ bo   ca ___ po   ge ___ te   te ___ poral

sa ___ ba   li ___ do   li ___ po   ba ___ bu

a) Sublinhe de **azul** as palavras em que o **m** vem antes de **b**.

b) Sublinhe de **vermelho** as palavras em que o **m** vem antes do **p**.

2. Veja como dividimos as sílabas destas palavras.

bomba ⟶ bom-ba   onda ⟶ on-da

Observe que o **m** e o **n** ficam na mesma sílaba da vogal que vem antes deles.

- Agora é com você! Divida as sílabas destas palavras.

banda   tempo

3. O que é, o que é?

Passa pela água e não se molha, passa pelo fogo e não se queima?

- Para descobrir, escreva a letra inicial dos nomes das figuras nos locais indicados.

4. Troque as letras azuis pela letra **b** ou **p** e forme novas palavras.

Dica! Atenção com o uso do **m**!

canto → _____

tonto → _____

tanta → _____

banda → _____

- Agora, complete as frases com algumas das palavras que você formou.

A pomba voa pelo _____.

A _____ da caneta caiu no chão.

Beto escorregou e levou um _____.

109

5. Coloque **n** antes da letra **azul** e forme novas palavras. Veja o exemplo.

mato ⟶ ma**n**to

pote ⟶ _____

nuca ⟶ _____

mudo ⟶ _____

bode ⟶ _____

grade ⟶ _____

logo ⟶ _____

- Leia em voz alta as palavras que você formou.

6. Leia esta quadrinha popular.

Trinta dias têm novembro,
abril, junho e setembro.
Vinte e oito só tem um.
E os demais têm trinta e um.

Da tradição popular.

Quadra ou quadrinha é um conjunto de quatro versos rimados.

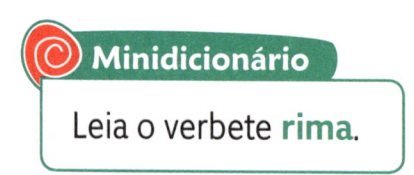

Minidicionário

Leia o verbete **rima**.

a) Passe um **traço vermelho** embaixo das palavras que têm **m** antes de **b**.

b) Passe um **traço azul** embaixo das palavras que têm **n** antes de outras consoantes.

c) Quem consegue decorar e recitar os versos diante da classe?

M e N em final de palavra

A comida de cada um

Ao macaco, amendoim,
Pólen para a abelhinha,
Come madeira o cupim,
O milho é para a galinha.

O burro come capim,
Cada um come o que tem.
Eu quero é comer pudim.
Você vai querer também?

Renata Siqueira.
Texto escrito especialmente para esta obra.

Minidicionário

Leia o verbete **pólen**.

capi**m**   tambโ©**m**

No final das palavras, usamos **m**. Só em poucos casos usamos **n**, como na palavra pólen.

Atividades

1. Ordene as letras e forme palavras.

Comece sempre com a letra azul.

E V M U N → _____

T M O B A → _____

M B O B M O → _____

T M N E O → _____

2. Vamos formar palavras trocando as letras de cada grupo por aquelas que vêm **antes** na ordem alfabética. Veja um exemplo.

G J N ⟶ F I M

U S F N → _____

P S E F N → _____

J N B H F N → _____

3. Encontre, no quadro de letras, cinco das palavras abaixo.

| samba | conta | capim | tempo | nuvem | vento |

Elas podem estar escritas na horizontal ou na vertical.

S	T	B	A	V	E	N	T	A	F	V	N
E	E	O	N	E	A	L	A	T	E	A	R
G	M	N	A	N	F	V	O	M	A	C	S
F	P	M	F	T	N	L	A	P	I	O	S
B	O	Z	E	O	R	A	V	E	M	N	M
N	C	A	P	I	M	T	E	R	A	T	B
A	T	E	B	T	A	S	A	M	B	A	U

a) Escreva as palavras que você encontrou.

_____

b) Crie uma frase com a palavra que você **não** encontrou.

_____

_____

c) Agora, ilustre a frase que você escreveu.

10

Ponto de interrogação

Mauricio de Sousa. *Turma da Mônica*, n. 19, nov. 2016. p. 82.

Cebolinha, o que fez com o seu cabelo**?**

ponto de interrogação

> O sinal (**?**) é um **ponto de interrogação**. Ele é usado na escrita quando fazemos uma pergunta.
> A frase que termina com ponto de interrogação é chamada de **frase interrogativa**.

Atividades

1. Qual frase é declarativa (**D**) e qual é interrogativa (**I**)?

   O vento está forte. ☐   O vento está forte? ☐

   Mônica fechou a janela? ☐   Mônica fechou a janela. ☐

2. Troque o ponto-final pelo ponto de interrogação e transforme as frases declarativas em frases interrogativas.

a) Beto saiu da sala. ⟶ Beto saiu da sala ____

b) Agora é minha vez. ⟶ Agora é minha vez ____

c) A professora chegou. ⟶ A professora chegou ____

d) Está chovendo. ⟶ Está chovendo ____

- Leia as frases em voz alta.

3. Imagine uma conversa e escreva perguntas para as respostas. Veja o exemplo.

São dez horas. ⟶ Que horas são?

a) Hoje é domingo.

_____

b) Moro nessa casa.

_____

c) Esse menino é meu irmão.

_____

d) Não estou com fome.

_____

4. Escreva as frases que a professora vai ditar.

1. _____

2. _____

3. _____

4. _____

5. _____

6. _____

- Circule o número das frases nas quais você usou ponto de interrogação.

1 2 3 4 5 6

5. Complete as frases com **ponto-final** ou **ponto de interrogação**.

Chorando de alegria

Você sabia que podemos chorar de felicidade ☐

É isso mesmo ☐ E sabe por quê ☐ Porque quando ficamos muito emocionados precisamos de um alívio ☐

Uma emoção muito forte também pode nos fazer mal ☐ O choro pode ajudar o corpo a relaxar ☐ Depois de chorar, a gente se acalma ☐

Você já chorou de felicidade ☐ Quando ☐

Atletas choram ao ganhar medalha de ouro nos Jogos Olímpicos de 2016, no Brasil.

6. Leia a tirinha do Armandinho.

ARMANDINHO — ALEXANDRE BECK

— JÁ ESTAMOS CHEGANDO?
— FALTA MUITO?
— QUANTOS MINUTOS?
— QUANTOS QUILÔMETROS?
— TÔ MUITO APURADO!
— PRECISO IR NO BANHEIRO!

a) Quantas frases interrogativas há na tirinha?

☐ 4   ☐ 5   ☐ 6   ☐ 7

b) Como você descobriu isso?

ZA, ZE, ZI, ZO, ZU

Zum-zum no elevador

Dona Zica, a zeladora,
Ficou muito zangada:
Tinha um bicho voando
E fazendo zum-zum
Dentro do elevador!
Que horror!

Zeca, o porteiro, ficou até zonzo
Tentando pegar o bicho.
Zezé, o carteiro, ficou de zagueiro,
Mas nem viu o bichinho,
Que voou em zigue-zague
E escapou rapidinho!

Minidicionário

Leia os verbetes **zagueiro**, **zigue-zague**, **zonzo**, **zum-zum**.

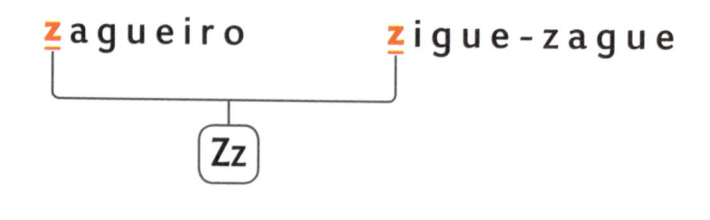

zagueiro   **z**igue-zague

Zz

za	ze	zi	zo	zu
ZA	ZE	ZI	ZO	ZU

Atividades

1. Complete com **za**, **ze**, **zi**, **zo**, **zu** para formar palavras.

gentile _____   bele _____   _____ bra

bu _____ na   _____ ro   bati _____ do

a _____ lejo   limpe _____   juí _____

- Use três das palavras que você formou nas frases.

O zelador está fazendo a _____ da sala.

O meu desenho ficou uma _____!

A _____ do palhaço era engraçada.

2. Quantas vezes podemos escrever a palavra **zero** com as letras do balão?

_____

3. Leia em voz alta a palavra que aparece na cena.

a) Copie as consoantes da palavra que você leu. _____

b) Corte essas consoantes do conjunto de letras abaixo.

C A L S M C I L Z S A D C E

c) Que palavra apareceu?

_____

d) Quantas sílabas tem essa palavra?

☐ 3   ☐ 4   ☐ 5   ☐ 6

e) Circule a sílaba que aparece na palavra que você encontrou.

ZE   ZO   ZU   ZA   ZI

4. Ligue as colunas.

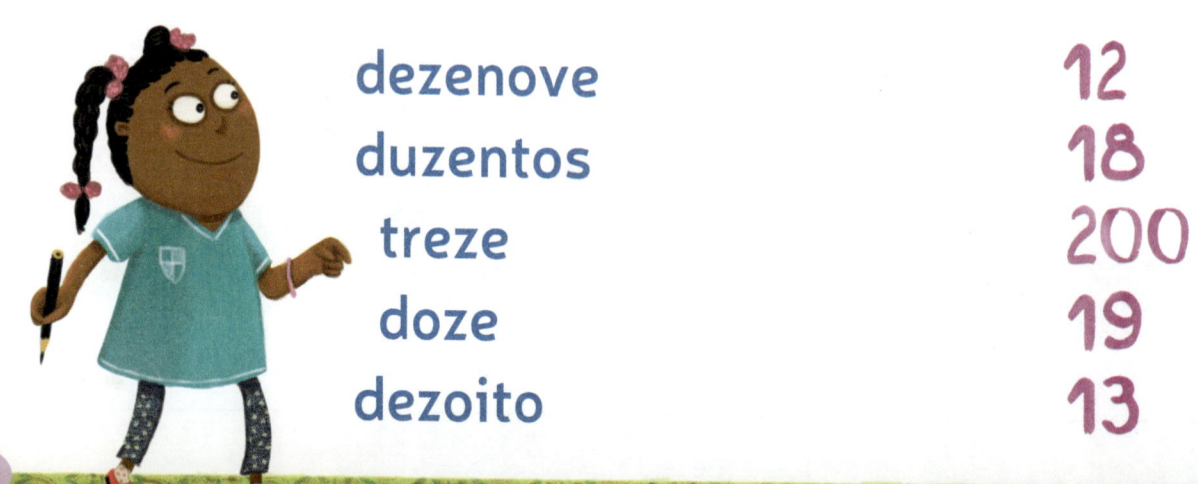

dezenove   12
duzentos   18
treze   200
doze   19
dezoito   13

5. Copie as letras nos locais indicados e forme uma frase declarativa.

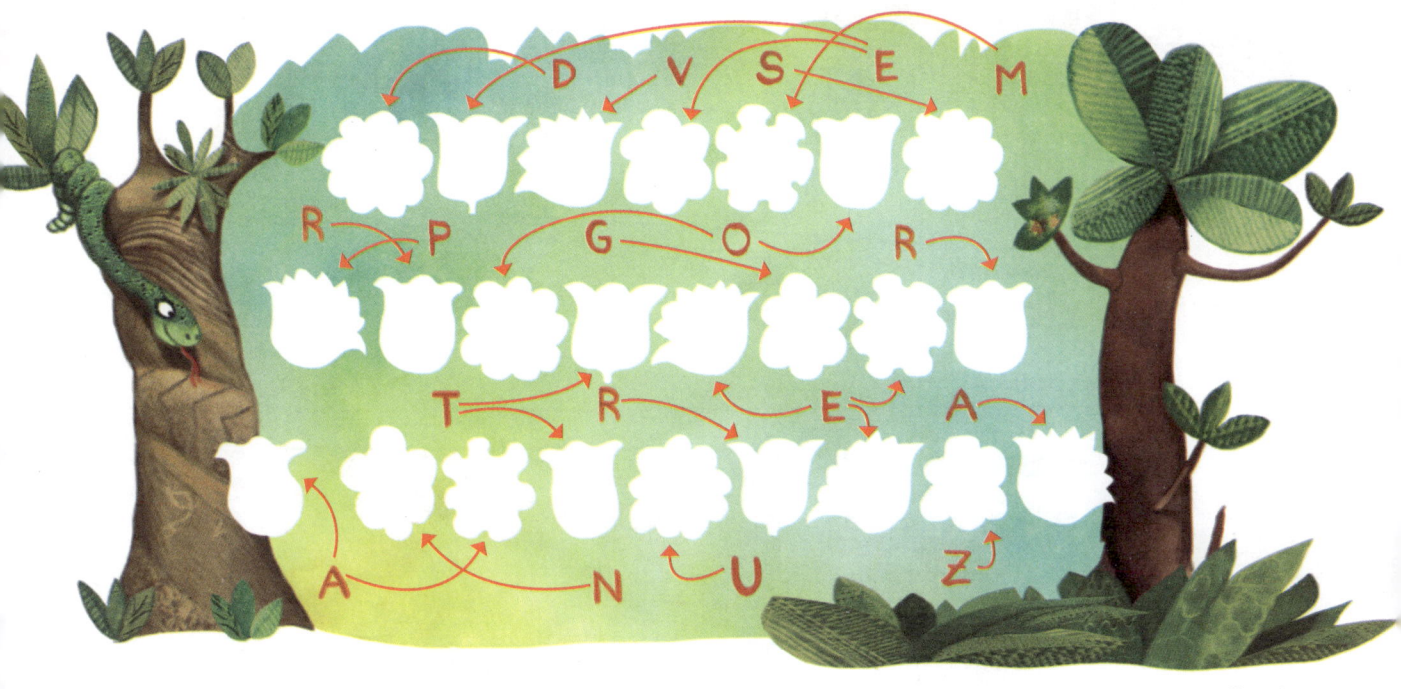

a) Escreva a frase que você formou. Use letra inicial maiúscula e ponto-final.

_____

_____

b) Agora, acabe de pintar a cena.

Ponto de exclamação

TURMA DA MATA Mauricio de Sousa

TURMA DA MATA ESTRELANDO TARUGO O DEVAGAR

— ASSIM NÃO DÁ, TARUGO!
— VOCÊ É MUITO DEVAGAR!

— DEVAGAR É VOCÊ!

FIM

Assim não dá, Tarugo! Você é muito devagar! Devagar é você!

ponto de exclamação

Todas essas frases mostram que as personagens da historinha estão irritadas, impacientes. Por isso, o autor usou um ponto de exclamação no final de cada uma delas. Além disso, observe que na última frase as letras são maiores e têm traços mais grossos para indicar que a personagem está gritando de raiva.

> Na escrita, usamos o ponto de exclamação (!) quando queremos expressar alegria, raiva, espanto, impaciência, medo, entusiasmo ou outro sentimento. A frase que termina com ponto de exclamação recebe o nome de **frase exclamativa**.

Atividades

1. Copie as frases nos balões de fala, mas antes observe as figuras!

Que delícia!   Que belo dia de sol!   Que chuva!

2. Transforme as frases declarativas em frases exclamativas. Veja o exemplo.

> Esse bolo é gostoso. → Que bolo gostoso!
> frase declarativa   frase exclamativa

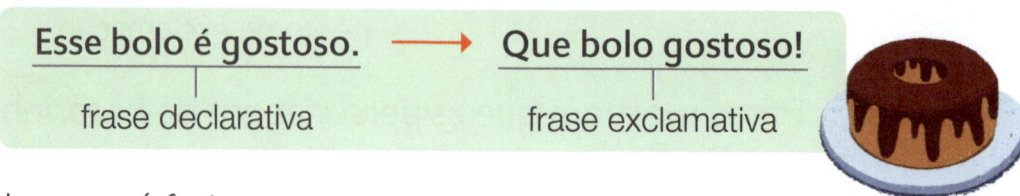

a) Esse homem é forte.

_____

b) O dia está quente.

_____

c) Essa roupa é bonita.

_____

3. Junte-se a um colega e façam uma leitura, em voz alta, do diálogo da tirinha.

MENINO MALUQUINHO — Ziraldo

Quadrinho 1: — MALUQUINHO! SOU UM GÊNIO! ACERTEI OS NÚMEROS DA SENA!

Quadrinho 2: — BOCÃO! VOCÊ TÁ MILIONÁRIO! BILIONÁRIO!!! — QUE SORTE, CARA! — NÃO VAI ESQUECER DOS AMIGOS, HEM?

Quadrinho 3: — MAS QUEM DISSE QUE EU JOGUEI?

- Por que o autor usou três pontos de exclamação em uma das frases do segundo quadrinho?

4. Esqueceram de colocar ponto-final, ponto de exclamação e ponto de interrogação neste cartaz. Leia-o com atenção e coloque os sinais necessários.

FESTA DO DIA DA CRIANÇA

VOCÊ GOSTA DE SE DIVERTIR ___

ENTÃO, VENHA À NOSSA FESTA ___

AMANHÃ, ÀS 10 HORAS,

NO PÁTIO DA ESCOLA ___

NÃO PERCA ___

5. Troque os símbolos pelas vogais e descubra uma frase interrogativa e uma frase exclamativa.

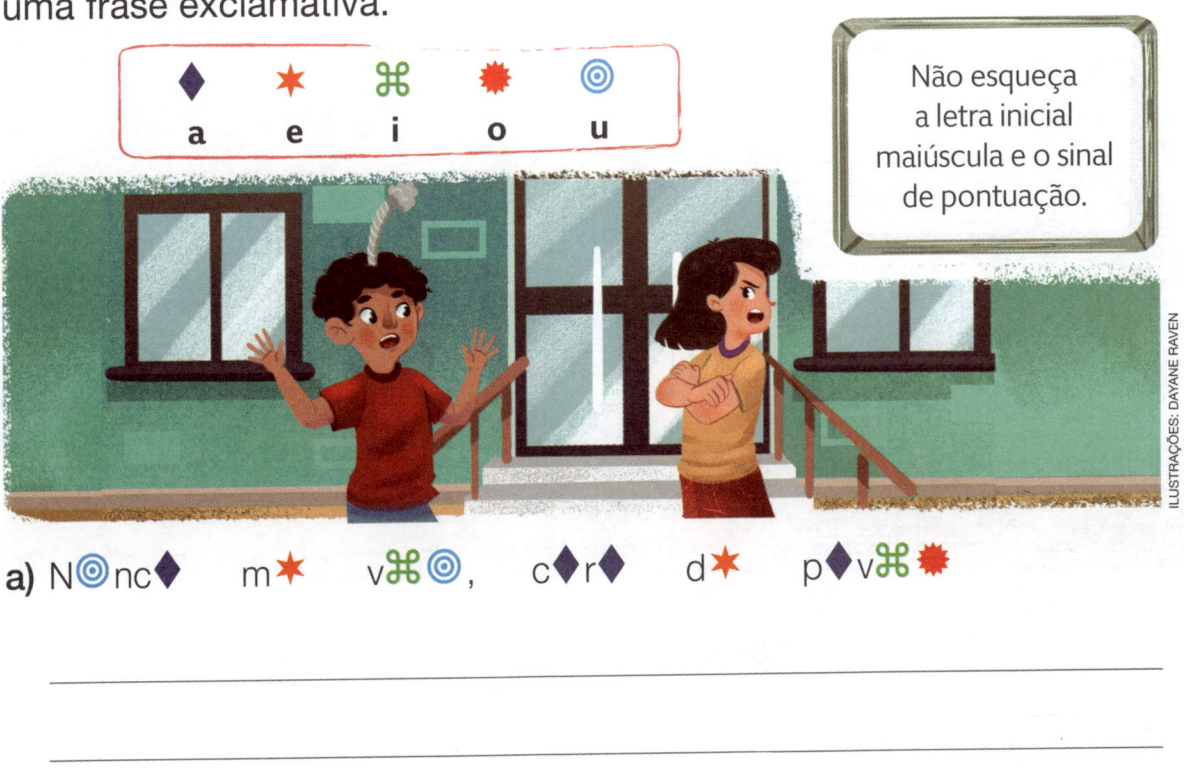

♦ ✶ ⌘ ✹ ◎
a e i o u

Não esqueça a letra inicial maiúscula e o sinal de pontuação.

a) N◎nc♦ m✶ v⌘◎, c♦r♦ d✶ p♦v⌘✹

_____

_____

b) S✶mpr✶ t✶ v✶j✹, c♦r♦ d✶ p✶rc✶v✶j✹

_____

_____

S, ss

Olhando as nuvens

Lá no céu passa uma nuvem
passa outra e mais outra...
Uma lembra um carneirinho,
outra lembra um leão!
Uma forma um passarinho,
outra forma um avião!
Essa parece um sapinho,
aquela parece um dragão!

Mas o vento leva as nuvens
pra bem longe, muito longe!
Lá vão elas, vão sumindo...
Agora parecem mãos
que lá vão se despedindo...

DAYANE RAVEN

sapinho — s

pa**ss**arinho — ss

O **ss** usado entre vogais representa o mesmo som do **s** usado no início de uma palavra: **s**apinho, pa**ss**arinho. Nunca começamos uma palavra com **ss**.

Atividades

1. Vamos brincar de formar novas palavras?

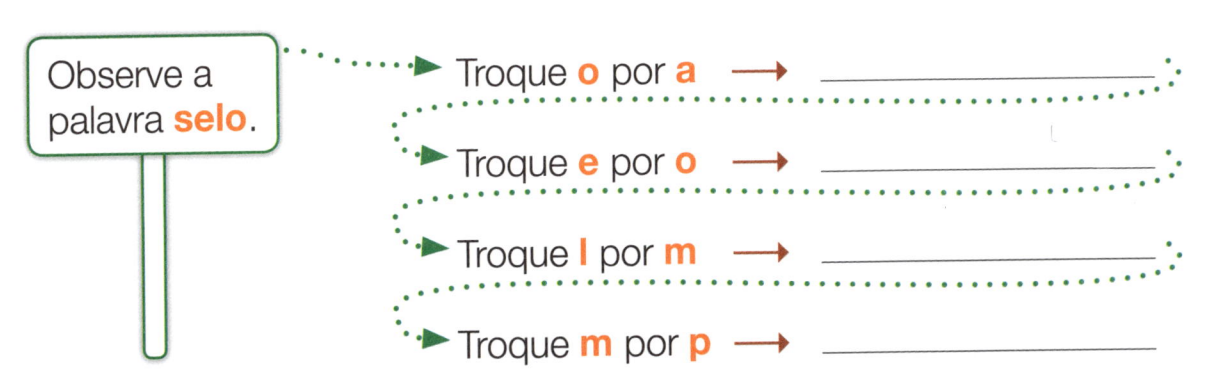

   Observe a palavra **selo**.

   ▶ Troque **o** por **a** → _____

   ▶ Troque **e** por **o** → _____

   ▶ Troque **l** por **m** → _____

   ▶ Troque **m** por **p** → _____

   • Complete as frases com algumas das palavras que você formou.

   A _____ do sapato está furada.

   A _____ desse cavalo está suja.

   Sueli gosta de tomar _____ de legumes.

2. Forme palavras usando **s** ou **ss**.

   ___alada   depre___a   ___emana   trave___eiro   ___ilêncio

   ___ono   va___oura   ___ubir   a___inatura   a___unto

   a) Leia as palavras em voz alta.

   b) O **s** usado no início das palavras tem o mesmo som do **ss** usado entre vogais.

   ☐ certo   ☐ errado

127

3. Complete com **ss** e leia as palavras em voz alta.

ama ____ ado   pa ____ ado   pa ____ eio

pe ____ oa   cla ____ e   so ____ egado

- Colocando essas palavras na ordem alfabética, quais devem ser as duas primeiras?

_____

Veja como separamos as sílabas das palavras com **ss**.

passo → p a | s s o

4. Separe as sílabas das palavras.

a) tosse →

b) passagem →

c) assobiar →

d) osso →

e) pássaro →

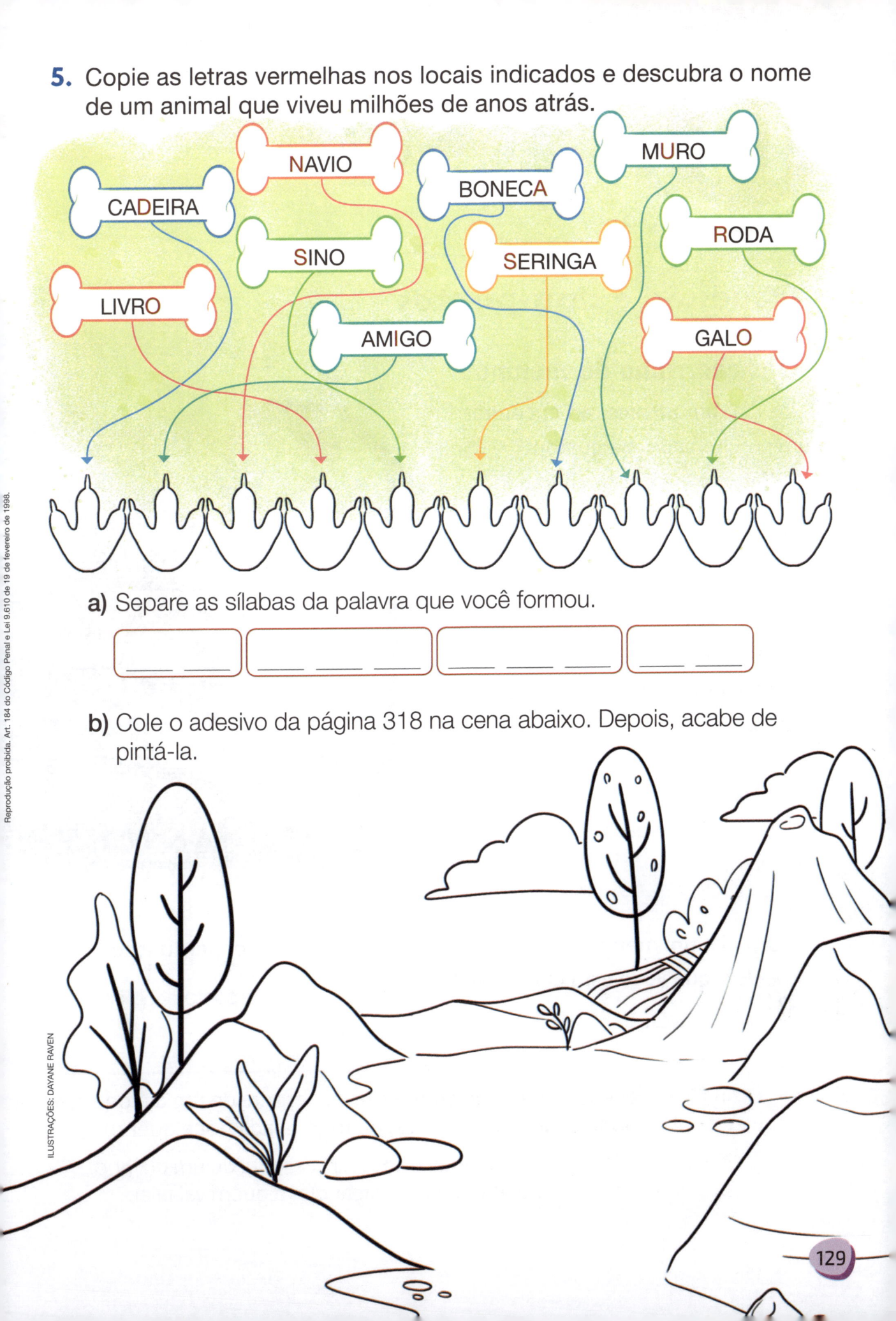

5. Copie as letras vermelhas nos locais indicados e descubra o nome de um animal que viveu milhões de anos atrás.

CADEIRA — NAVIO — BONECA — MURO — SINO — SERINGA — RODA — LIVRO — AMIGO — GALO

Palavra formada: **DINOSSAURO**

a) Separe as sílabas da palavra que você formou.

| DI | NOS | SAU | RO |

b) Cole o adesivo da página 318 na cena abaixo. Depois, acabe de pintá-la.

12

▸ Travessão e dois-pontos

O cachorrinho do menino

Um dia, um menino, ao encontrar o amigo chorando, perguntou:

— Por que você está chorando?

— Eu perdi meu cachorrinho — respondeu ele.

— Calma, a gente pode fazer alguma coisa para tentar encontrá-lo.

— O quê?

— Podemos colocar um anúncio no jornal.

— Não vai adiantar!

— Mas por que não vai adiantar?

— Porque meu cachorrinho não sabe ler...

Um dia, um menino, ao encontrar o amigo chorando, perguntou**:**
— Por que você está chorando?

travessão

dois-pontos

> O sinal (—) recebe o nome de **travessão**. Na escrita de um diálogo, esse sinal de pontuação é usado antes da frase falada por alguém.
>
> O sinal (:) recebe o nome de **dois-pontos**. Na escrita de um diálogo, esse sinal de pontuação é usado para indicar que alguém vai falar.

Recordando...
Até agora, você já aprendeu os seguintes sinais de pontuação.

. ponto-final ? ponto de interrogação

! ponto de exclamação : dois-pontos — travessão

Atividades

1. Observe a cena e leia o balão de fala.

Que cavalo bonito!

a) Agora, observe os sinais de pontuação e veja como a fala do homem pode ser reproduzida:

> O homem disse:
> — Que cavalo bonito!

b) Faça o mesmo com estas cenas.

Que bolo maravilhoso!

Ganhamos o jogo!

_____ _____

_____ _____

_____ _____

2. Coloque os sinais de pontuação que estão faltando.

Um amigo fala para o outro ▢

▢ Você sabia que lançaram um dicionário só para gente bagunceira ▢

▢ É mesmo ▢ Puxa, que incrível ▢ E como é esse dicionário ▢

▢ É como os outros, só que as palavras estão fora da ordem alfabética ▢

3. Leia a conversa do Armandinho com a mãe.

Alexandre Beck. *Armandinho zero*. Florianópolis: A.C. Beck, 2013. p. 19

- Agora, copie as falas do Armandinho usando os sinais de pontuação.

— Filho, deixa de ser teimoso e põe o uniforme!

_____

— Tá bom, tá bom...

_____

S com som de Z

MÔNICA — Mauricio de Sousa

— ME DÁ UM BEIJO E EU VIRO O SEU PRÍNCIPE!

SMAC!

— MINHA PRINCESA!!

prince**s**a

s com som de **z**

O **s** usado entre vogais tem som de **z**. Veja outros exemplos:

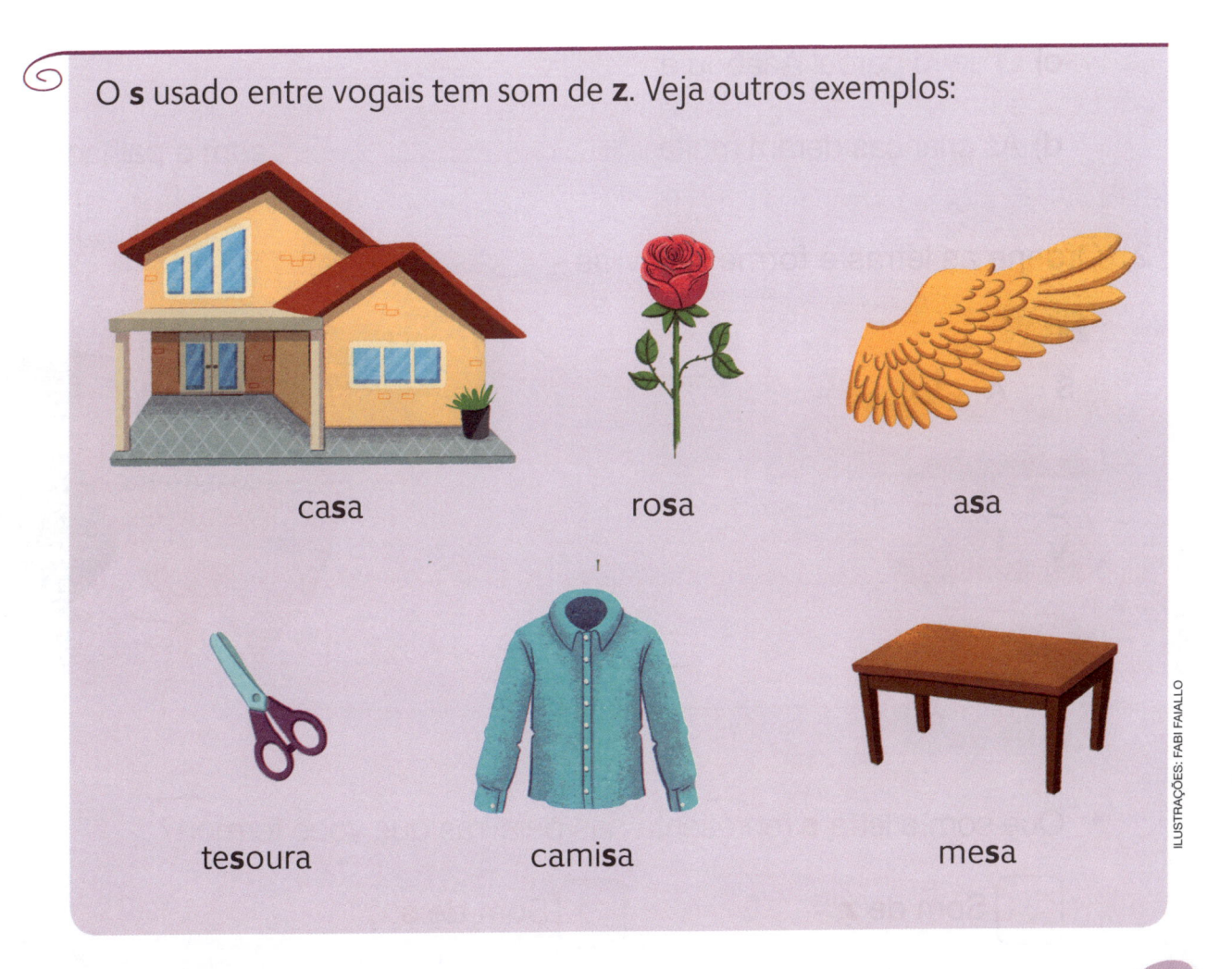

ca**s**a

ro**s**a

a**s**a

te**s**oura

cami**s**a

me**s**a

Atividades

1. Complete as palavras com **s** ou **ss**.

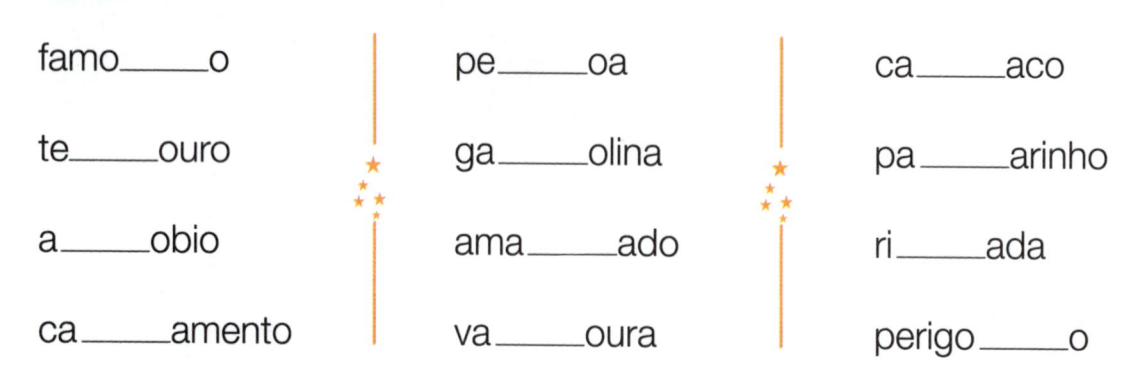

famo____o   pe____oa   ca____aco

te____ouro   ga____olina   pa____arinho

a____obio   ama____ado   ri____ada

ca____amento   va____oura   perigo____o

- Complete as frases com quatro palavras que você formou.

   a) Monteiro Lobato é um escritor _____.

   b) Vou usar essa _____ para varrer a sala.

   c) O carro parou! Acabou a _____.

   d) As crianças deram muita _____ com o palhaço.

2. Ordene as letras e forme palavras.

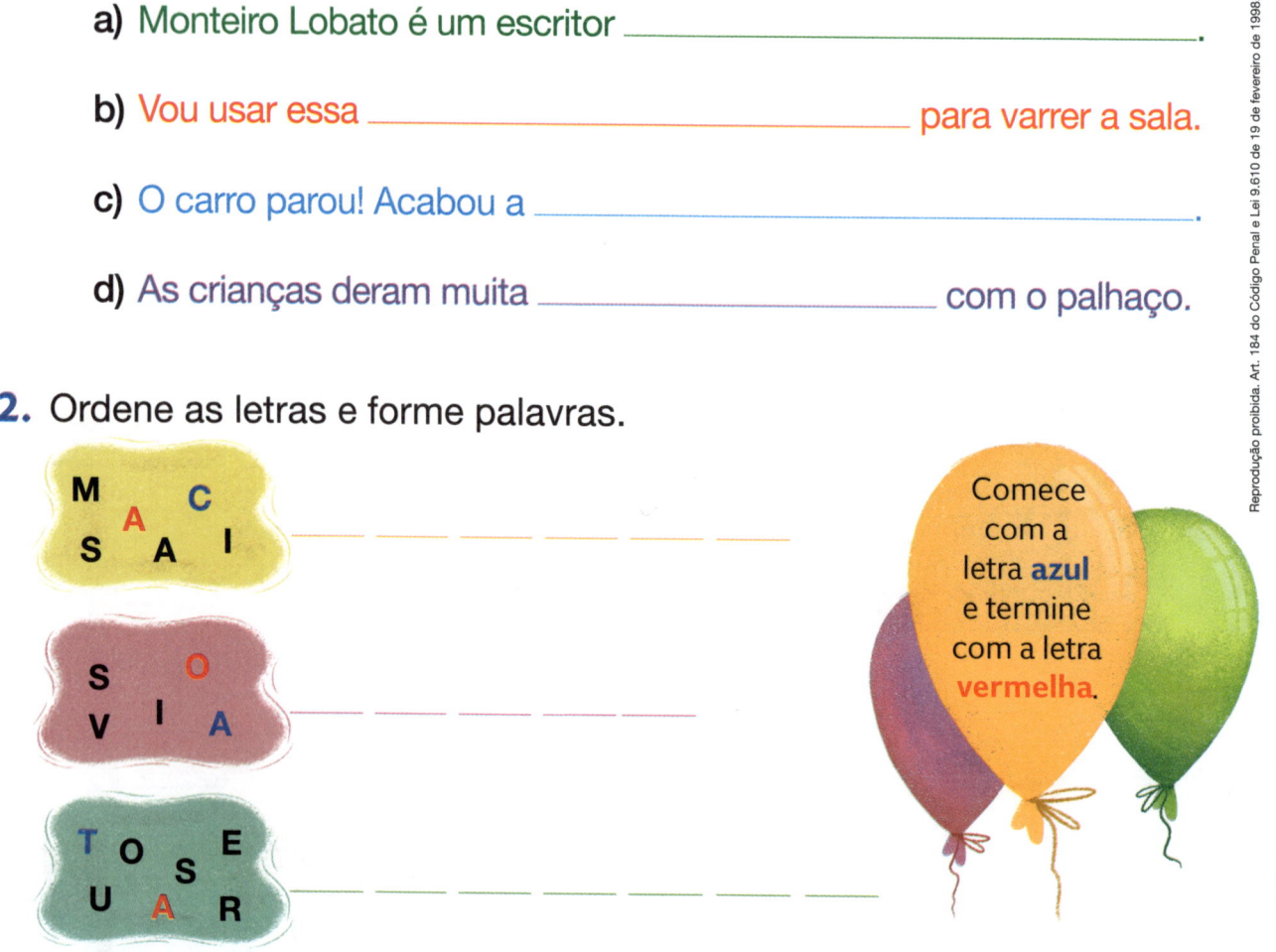

M A C
S A I

S O
V I A

T O S E
U A R

Comece com a letra **azul** e termine com a letra **vermelha**.

- Que som a letra **s** representa nas palavras que você formou?

  ☐ Som de **z**.   ☐ Som de **s**.

3. Leia as palavras em voz alta.

vaso • casa • blusa • brasa • liso • riso • coisa

- Seis dessas palavras estão escondidas no quadro de letras. Você consegue achá-las? Elas podem estar na horizontal ou na vertical.

L C O T C A S A A B A S B R A S A T V
I S M A S S O L V W R C D I F U K G A
S R A G B B L U S A E I U S P P T Z S
O A T S I R R S T O A U Q O X Q U L O

- Escreva em ordem alfabética as seis palavras que você achou.

1. _____ 2. _____ 3. _____

4. _____ 5. _____ 6. _____

4. Copie as letras nos locais indicados e forme uma frase declarativa.

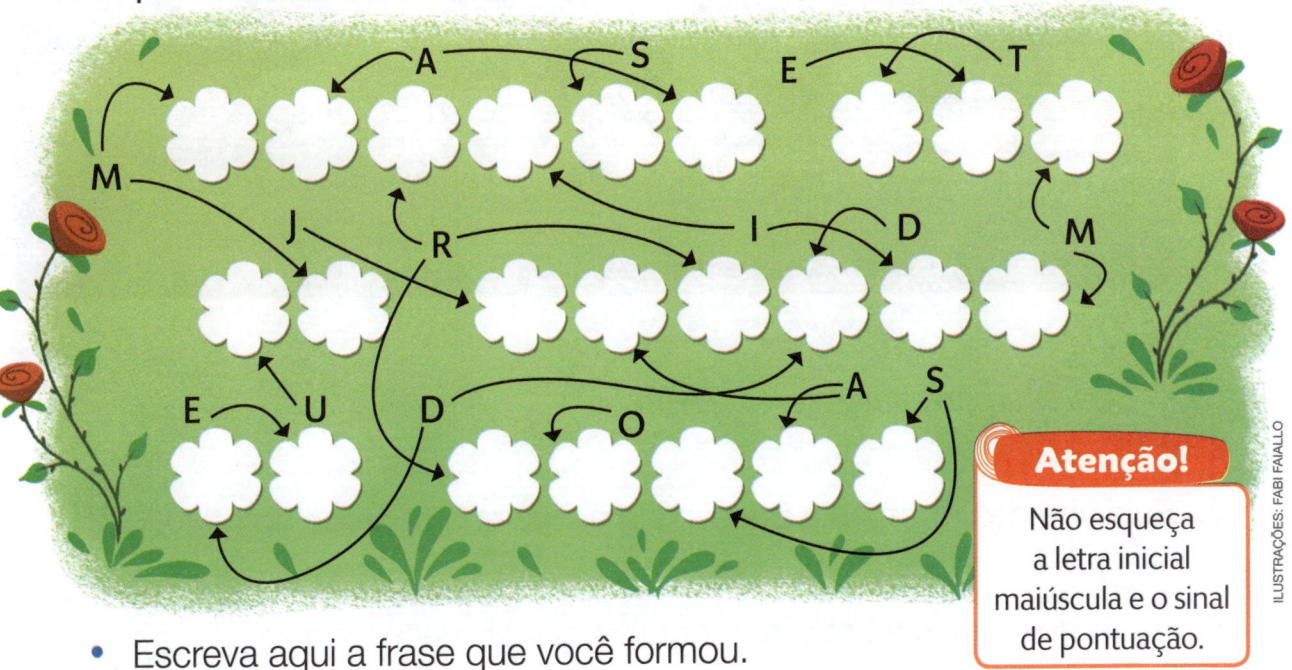

Atenção!

Não esqueça a letra inicial maiúscula e o sinal de pontuação.

- Escreva aqui a frase que você formou.

_____

Revisão

1. Leia o texto.

Gato gosta de limpeza

Você já reparou que os gatos vivem se lambendo? Eles passam boa parte do tempo se limpando e cuidando de seu corpo.

A língua dos gatos é áspera, parece até uma lixa! Ela serve como uma espécie de escova para o gato arrancar os pelos mortos e pentear os outros. E a saliva ajuda a manter os pelos brilhantes e macios.

Depois de sua sessão de higiene e beleza, os gatinhos se ajeitam e tiram uma boa soneca.

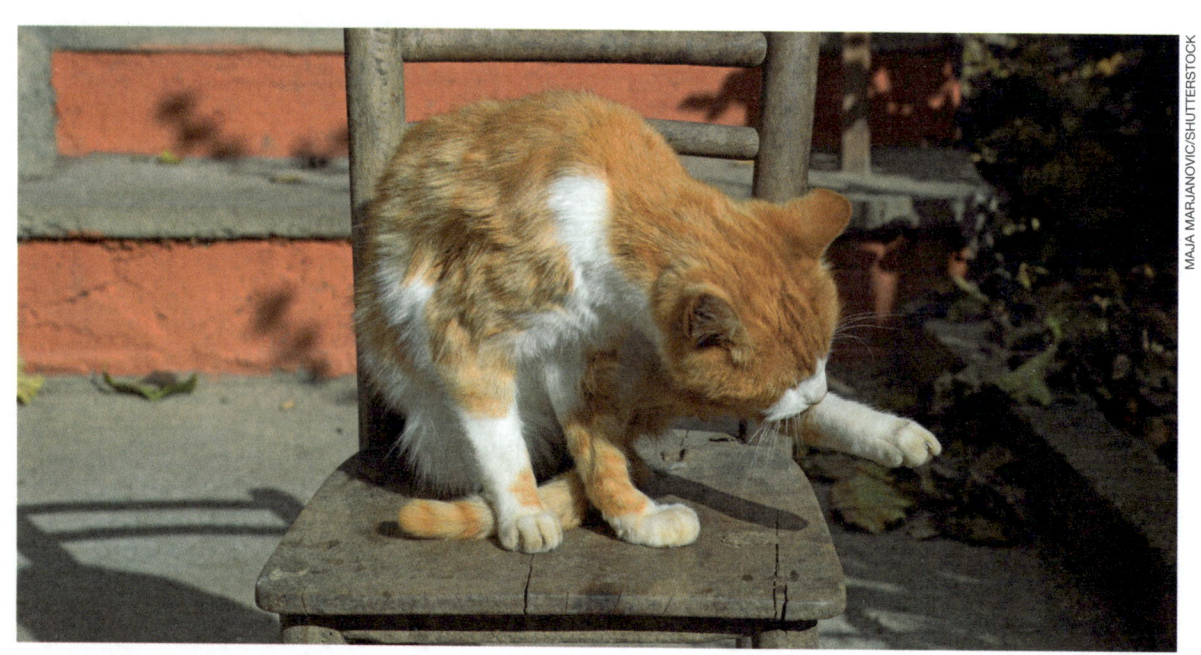

- Quantos parágrafos tem o texto? ☐

2. Sublinhe de vermelho a frase exclamativa que aparece no texto.

3. Sublinhe de azul a frase interrogativa que aparece no texto.

4. Circule os pontos-finais usados no texto.

5. Separe as sílabas das palavras.

sessão

corpo

6. Copie do texto:

a) uma palavra com acento circunflexo.

_____

b) duas palavras com acento agudo.

_____

7. Numere as palavras de acordo com a ordem alfabética.

gato   beleza   soneca   higiene   escova

- Qual dessas palavras foi usada mais de uma vez no texto?

_____

8. Complete as palavras com as letras dos quadros. Veja o exemplo.

colega ---------- o g

a) g__i__a__ra ------- t r u

b) __s__ação ---------- t e

c) p__r__g__ --------- i e o

d) ce__o__r__ --------- a u n

Revisão

9. Copie as letras nos locais indicados e forme o nome de um animal bastante lento.

R Ç A P E G U I

a) Complete a frase com a palavra que você formou.

A _____ é um animal muito vagaroso.

b) Quantas sílabas têm as palavras a seguir?

preguiça ☐   vagaroso ☐

10. Leia as palavras em voz alta.

| cedo | lenço | especial | lição | açúcar |
| tolice | pedaço | macio | moça | torcida |

- Coloque **ç** nas palavras sempre que necessário.

138

11. Ordene as palavras e forme uma frase exclamativa.

> Não esqueça a letra inicial maiúscula e o sinal de pontuação.

circo   do   engraçado   palhaço   o   muito   é

_____

_____

12. Leia as palavras em voz alta.

água   sangue   guitarra   guarda

quente   quarto   quilo   aqui

a) Circule as palavras em que o **u** é pronunciado.

b) Complete a frase com duas das palavras que você circulou.

O _____ do _____ é pequeno.

13. Ordene as letras e forme palavras.

I O **L** P M → ___ ___ ___ ___ ___

A P M **T** A → ___ ___ ___ ___ ___

N E T **D** E → ___ ___ ___ ___ ___

O T N **V** E → ___ ___ ___ ___ ___

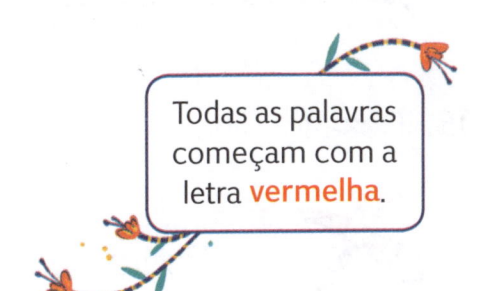

> Todas as palavras começam com a letra **vermelha**.

- Copie em ordem alfabética as palavras que você formou.

1. _____   2. _____

3. _____   4. _____

14. Vamos brincar de formar palavras! Troque a letra azul por z e forme novas palavras.

D O C E → ___ ___ ___ ___

J A N G A D A → ___ ___ ___ ___ ___ ___ ___

R E M A R → ___ ___ ___ ___ ___

C I N T A → ___ ___ ___ ___ ___

V A D I O → ___ ___ ___ ___ ___

P O E I R A → ___ ___ ___ ___ ___ ___

a) Leia em voz alta as palavras que você formou.

b) Complete as frases com três palavras que você formou.

Zélia ficou _____ com aquela brincadeira.

O ano tem _____ meses.

O armário da cozinha está _____.

15. Desafio! Quem consegue ler depressa em voz alta sem errar?

Pedro pegou um prego e o pregou na parede.

Bruna brincou com o brinco branco da sobrinha.

Um grande grilo subiu na grade da garagem.

16. Junte as sílabas da mesma cor e forme palavras.

za   co   ti   ge   gem   gen
gan   la   te   do   ra   le   gi

_____

_____

- Qual dessas palavras tem mais sílabas? _____

17. Leia o texto abaixo e coloque os sinais de pontuação.

Conversinha maluca

Um sujeito estava escrevendo uma carta ☐

Um amigo viu e perguntou ☐

☐ O que você está fazendo ☐

☐ Escrevendo uma carta ☐

☐ Pra quem ☐

☐ Pra mim mesmo ☐

☐ Pra você mesmo ☐ E o que diz a carta ☐

☐ Não sei ☐ Ainda não recebi ☐

Hora da história

O jardim

Era uma vez um homem que morava sozinho numa casa com enorme jardim, do qual ele cuidava muito bem. O lugar era bonito, cheio de belas flores e de árvores altas, onde os passarinhos iam fazer seus ninhos e cantar. As crianças que viviam ali perto ficavam curiosas, queriam conhecer o jardim, mas ele não permitia que ninguém entrasse. Era cercado por um muro, e o portão estava sempre fechado. Aquela beleza era só dele.

Certa vez, o homem teve que viajar. No tempo em que ficou fora, as crianças pulavam o muro e entravam no jardim para brincar. Elas corriam e riam entre as flores, subiam nas árvores e dormiam na grama nas tardes de verão. Aos poucos, foram surgindo novas flores e tudo ficou muito mais bonito, ficou maravilhoso!

Um dia, o dono retornou e encontrou o jardim lotado de crianças. Ficou zangado e, gritando muito, expulsou todas elas, que correram assustadas e chorando.

Aliviado por estar novamente sozinho em seu local preferido, o homem notou que um menininho havia ficado por ali. Ele havia espetado o dedo num espinho e chorava muito. Quando viu o espinho na mão do garoto, sem pensar muito, retirou-o com delicadeza.

O garoto, agradecido, deu-lhe um abraço e saiu correndo. Mesmo emocionado pelo abraço inesperado, o homem levantou mais ainda o muro. Agora, nenhuma criança conseguiria entrar: o espaço era novamente só dele.

O tempo passou e os dias foram ficando cinzentos. O homem, sozinho em seu jardim, nunca mais viu o sol brilhar. Era um inverno sem fim, com muito frio, neve e ventos gelados. As flores se esqueceram da primavera e nunca mais floriram. As árvores perderam suas folhas e os passarinhos foram embora. O jardim havia caído num sono profundo e o homem estava cercado de tristeza e melancolia. Ele percebeu então que, na verdade, o que faltava era o riso das crianças, as brincadeiras, o canto dos passarinhos que tanto alegravam o dia. Sozinho e triste como seu dono, o jardim sofria de saudade.

O homem então derrubou o muro com as próprias mãos. Na mesma hora, o sol voltou a brilhar, o vento cessou e a neve derreteu. Ele viu as crianças se aproximando, com um pouco de medo, mas curiosas.

— Venham, crianças! — chamou ele. — Podem brincar no meu jardim! Nunca mais farei um muro aqui!

Ouvindo isso, entraram todas correndo e rindo e com elas uma brisa quente de verão. As flores, adormecidas, voltaram a florir. As árvores se cobriram de folhas, projetando sombras frescas para as sonecas da tarde. Os risos se misturavam ao canto dos passarinhos, que já faziam seus ninhos nos galhos mais altos.

O homem procurou então o menino que havia lhe dado aquele abraço. Ele nunca tinha esquecido aquele gesto tão puro e carinhoso e sentia saudade. Andou até o canteiro das rosas e, para sua surpresa, ali estava novamente o menino, fazendo buracos na terra e plantando mais flores.

Ele ficou tão feliz em ver o garoto que, pela primeira vez em muitos e muitos anos, sorriu. E, com seu sorriso, caiu na terra uma lágrima de felicidade, que o jardim entendeu como a semente de uma nova vida, agora cheia de amor, companheirismo e amizade.

Renata Tufano. Texto escrito especialmente para esta obra.

Hora da história

Atividades

1. Ao voltar da viagem, o homem levantou ainda mais o muro que cercava o jardim. Por quê?

   ☐ Porque viu que as crianças estavam destruindo o jardim.

   ☐ Porque queria ter o jardim só para si.

2. Circule a cena que mostra como ficou o jardim sem as crianças.

3. Numere as cenas de 1 a 4, de acordo com o final da história.

4. Você acha que o homem aprendeu uma lição no fim da história? Diga sua opinião.

5. Complete o texto com as palavras a seguir.

maravilhoso   jardim   felicidade   beleza   egoísta   felizes

O texto conta uma história de transformação. No começo, o homem era muito _____, queria a beleza do _____ só para ele. Mas, sem as crianças, o jardim, que era _____, foi perdendo a _____ e a alegria. No fim da história, o homem entendeu que a _____ está em ser gentil e carinhoso com os outros e que ver outras pessoas _____ também nos deixa felizes.

6. Que outro título você daria a essa história?

Vamos ler mais?

O homem da história que você leu vivia em um jardim maravilhoso, mas era sozinho e triste... Essa condição nos faz refletir sobre o que precisamos para sermos felizes.

Então, conheça a história de outro homem: astronauta, ele foi enviado para um planeta recém-descoberto. O combustível, porém, só foi suficiente para a viagem de ida. Ele tinha, assim, o planeta todo para si; no entanto, estava se sentindo sozinho, tão sozinho que gritou por socorro e... a Terra toda escutou!! O que será que ele pediu?

Descubra em *O pequeno planeta perdido*, de Ziraldo.

13

▸ Vírgula

O espetáculo vai começar!

Senhoras e senhores!
O espetáculo do circo vai começar!
E lá vêm nossos artistas: a malabarista, o mágico, a equilibrista, o trapezista, o palhaço.
Palmas para eles!

E lá vêm nossos artistas:
a malabarista, o mágico, a equilibrista, o trapezista, o palhaço.

vírgula

Observe que o apresentador chamou os artistas um por um. Ele fez uma **enumeração**.

> A vírgula (**,**) é um sinal de pontuação que indica uma pequena pausa na leitura.
> Ela é usada para separar os elementos de uma enumeração ou de uma lista. Veja outro exemplo.
>
> **Comprei dois lápis, uma caneta, uma borracha, um estojo.**
>
> enumeração
>
> Observe que a vírgula deve ser escrita bem ao lado da palavra que vem antes, não há espaço entre elas.
> Nunca se começa uma linha com vírgula.

Atividades

1. Coloque as vírgulas que estão faltando nas frases.

   a) Havia camiseta tênis chuteira bola na loja de esportes.

   b) No bosque vimos pássaros flores borboletas crianças.

2. Observe a ilustração.

   - Agora, complete a frase com os nomes das frutas.

     O feirante estava vendendo _____

   Atenção para o uso da vírgula e do ponto-final!

Leia a historinha.

ARMANDINHO — ALEXANDRE BECK

— Macaxeira, mandioca e aipim são nomes diferentes para a mesma planta!
— Esse toco aí?
PLOCT!

Releia a fala do homem no primeiro quadrinho:

— Macaxeira, mandioca e aipim são nomes diferentes para a mesma planta!

Observe que ele fez uma enumeração dos nomes da planta. Ele disse um por um. Mas antes do último ele usou **e**. Em casos assim, não devemos usar vírgula antes do **e**.

> Numa enumeração, **não** usamos vírgula antes do **e**.

3. Leia as frases e coloque vírgulas se necessário.

a) Comemos arroz feijão salada e batata frita.

b) Professores pais e alunos fizeram uma bela festa.

c) Pegue o lápis a régua o caderno e o livro.

Quando escrevemos uma data, a **vírgula** é usada para separar o nome da cidade.

São Paulo, 10 de abril de 2020.
nome da cidade — data

4. Escreva o nome de sua cidade e a data de hoje.

_____

_____

5. Escreva a data completando a frase de acordo com o calendário.

a) Salvador _____.

b) Rio de Janeiro _____.

6. Rafael escreveu este bilhete para sua irmã, mas se esqueceu de colocar alguns sinais de pontuação. Coloque-os.

> Bia
> O tênis a camiseta e a mochila estão na sala.
> Pegue também o sanduíche a fruta e o suco.
> Estão em cima da mesa. Não esqueça
> Hoje à noite vamos ao cinema.
> Combinado
>
> Rafael

7. Observe o quarto de Ana.

- Escreva o nome dos objetos que ela pode levar à escola.

Ana pode levar à escola _____

_____

_____

b) Agora, pinte a cena.

R forte, R brando, RR

Quadrinha carinhosa

Marina é minha amiguinha,
Ricardo é meu amigão.
O lindo sorriso deles
Alegra o meu coração!

Ricardo — R

Marina — r

sorriso — rr

O **r** representa:
- som forte quando está no começo da palavra: **R**icardo.
- som brando ou fraco quando está entre vogais: Ma**r**ina, co**r**ação.

O **rr** representa somente som forte. É empregado sempre entre vogais: so**rr**iso.

Leia a frase em voz alta e perceba bem a diferença.

Esse ca*rr*o é ca*r*o.

som forte entre vogais ——— som fraco entre vogais

Atividades

1. Complete com **r** ou **rr** formando palavras.

co_____ajoso   te_____eno   pe_____igo   co_____ida

co_____eta   ba_____igudo   co_____uja   ca_____amelo

• Complete as frases com quatro palavras que você formou.

a) Vi uma _____ naquele _____.

b) O homem era _____ e enfrentou o _____.

c) Sua resposta está _____. Parabéns!

2. Complete as frases com os nomes das figuras.

a) Vamos montar a _____ nessa praia.

b) A _____ do castelo é alta.

c) Vovó ganhou um _____ de flores.

d) Gosto muito de comer _____.

e) Vou abrir uma _____ de suco de laranja.

Veja como separamos as sílabas das palavras com **rr**.

carroça → | c a r | r o | ç a |

3. Separe as sílabas das palavras.

terreno →

carrapato →

socorro →

4. Siga as instruções e forme uma palavra.

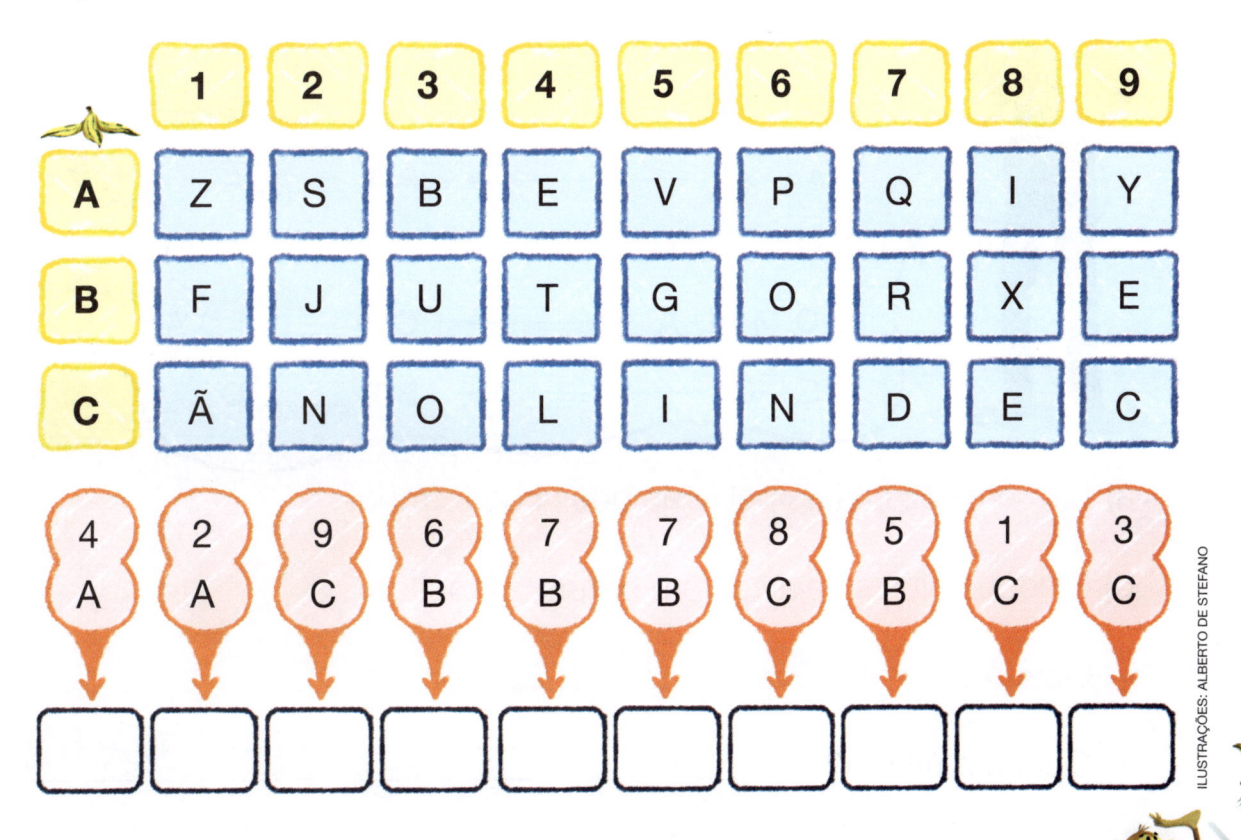

	1	2	3	4	5	6	7	8	9
A	Z	S	B	E	V	P	Q	I	Y
B	F	J	U	T	G	O	R	X	E
C	Ã	N	O	L	I	N	D	E	C

4A — 2A — 9C — 6B — 7B — 7B — 8C — 5B — 1C — 3C

- Separe as sílabas da palavra que você formou.

153

5. Ordene as palavras e forme frases.

   a) Uma frase declarativa.

   barro o derrapou carro no

   _____

   b) Uma frase interrogativa.

   amarelo gorro parar meu onde foi

   _____

6. Troque as letras azuis por **rr** e forme novas palavras. Veja o exemplo.

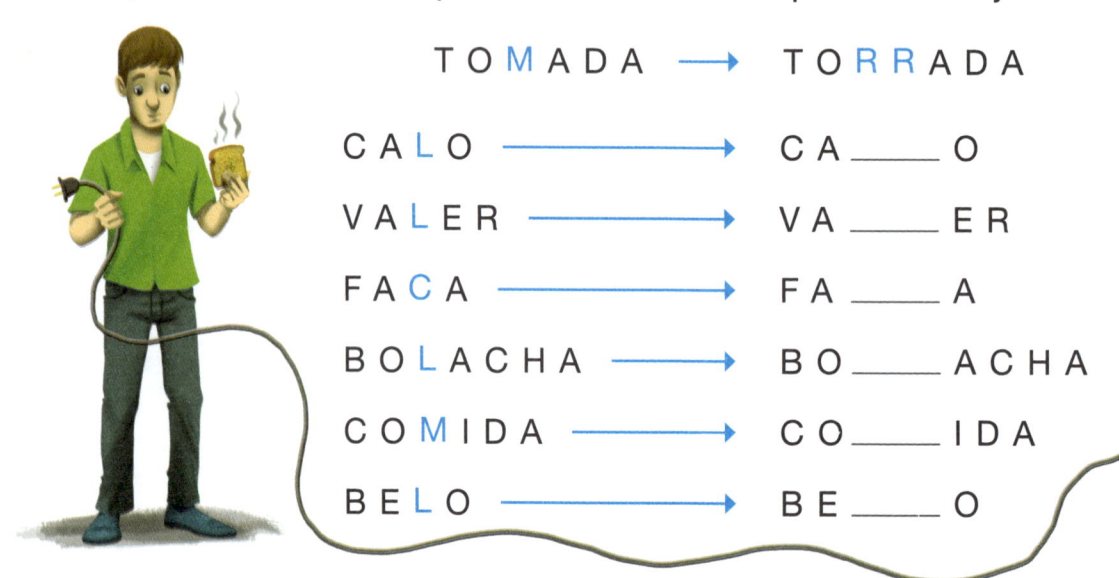

TOMADA ⟶ TO**RR**ADA

CALO ⟶ CA _____ O

VALER ⟶ VA _____ ER

FACA ⟶ FA _____ A

BOLACHA ⟶ BO _____ ACHA

COMIDA ⟶ CO _____ IDA

BELO ⟶ BE _____ O

a) Leia em voz alta as palavras que você formou.

b) Coloque essas palavras em ordem alfabética.

Qual é a primeira? _____

Qual é a última? _____

7. Consulte o **Minidicionário** e copie a única palavra da letra **s** que se escreve com **rr**.

_____

8. Desafio! Quem consegue ler esta frase bem rápido e em voz alta sem errar?

> Como a aranha arranha o jarro se a aranha não pode arranhar?

9. Copie as letras nos locais indicados e forme duas palavras.

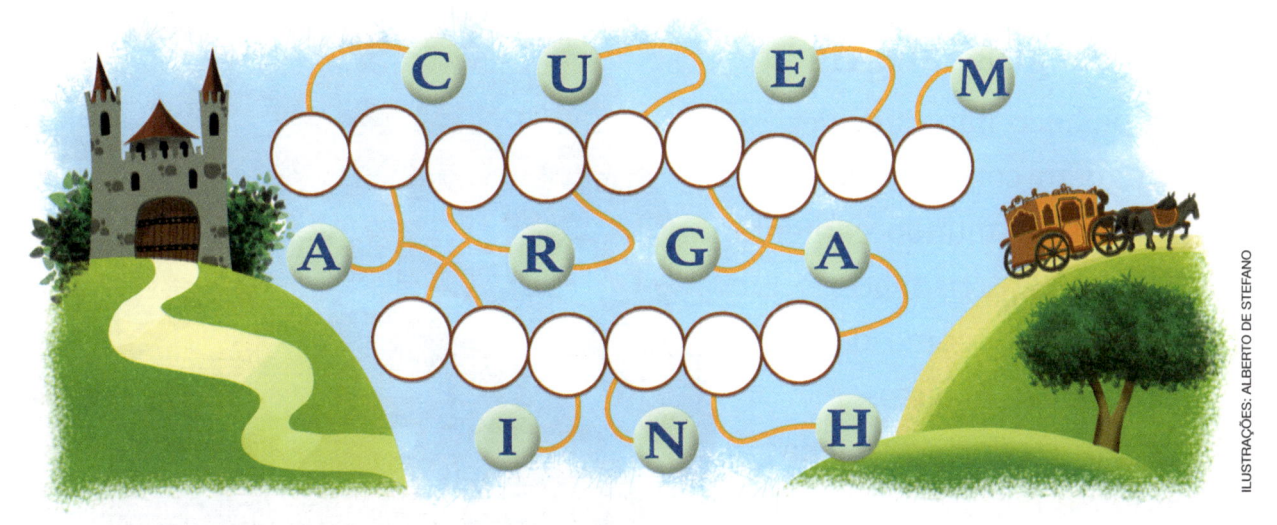

C U E M
A R G A
I N H

a) Complete a frase com as palavras que você formou.

Lá vai a _____ na sua _____.

b) Agora, cole aqui o adesivo da página 318 e acabe de pintar a cena.

14

▶ Sinônimos

Alegria, alegria

O palhaço não quer ver
ninguém com cara de triste.
Quer todo mundo contente,
feliz, alegre, risonho.
Pula e salta como doido,
até parece maluco,
só pra ouvir a criançada
gritar e dar gargalhada!

contente — **alegre**
sinônimos

doido — **maluco**
sinônimos

Sinônimos são palavras que têm significados muito parecidos.

Atividades

1. Ligue cada palavra a seu sinônimo.

   PULAR   ACABAR   BELO   RUÍDO   ACHAR

   encontrar   bonito   saltar   terminar   barulho

   - Agora, complete os espaços com os sinônimos que você ligou.

     a) Fiz um belo desenho. → Fiz um _____ desenho.

     b) Vou acabar a lição. → Vou _____ a lição.

     c) Ouvi ruído na sala. → Ouvi _____ na sala.

     d) O palhaço sabe pular. → O palhaço sabe _____.

     e) Preciso achar o livro. → Preciso _____ o livro.

2. Siga as indicações e encontre um sinônimo da palavra **divertido**.

   👍 = D   🎭 = E   🎉 = R   🎂 = O   ⭐ = N   🍦 = A   🏐 = G   🎮 = Ç

   _____

3. Substitua as palavras destacadas por seus sinônimos.

a) Esse sorvete é **gostoso**!

_____

b) A tartaruga anda **lentamente**.

_____

c) O pescoço da girafa é **comprido**.

_____

Consulte o baú de palavras!

DEVAGAR • DELICIOSO • LONGO

4. Leia o texto.

> O guepardo é um animal muito veloz. Em distâncias curtas, pode chegar a 100 quilômetros por hora, a mesma velocidade de um automóvel!

a) Agora, siga as indicações e forme duas palavras.

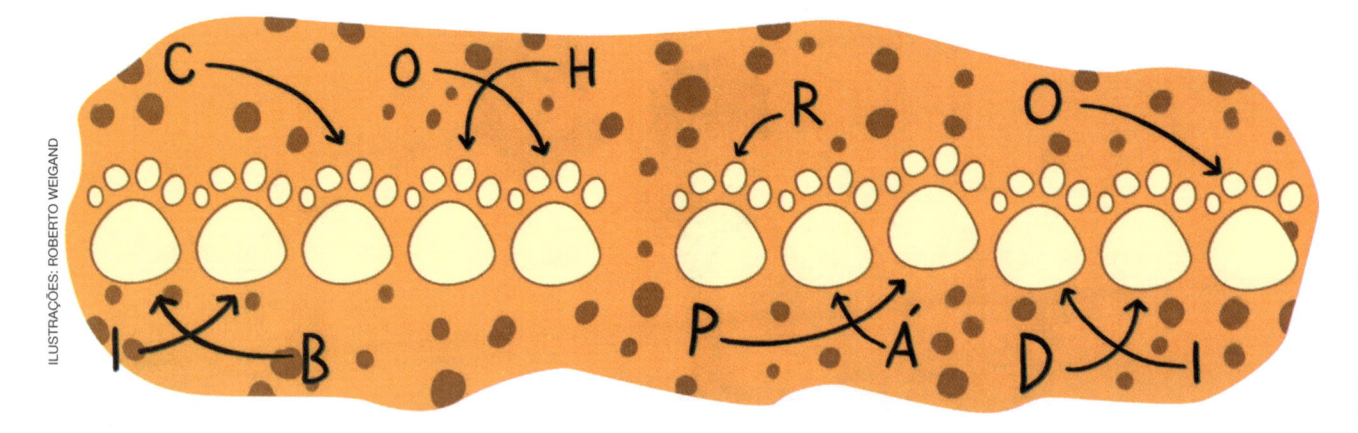

b) Que palavras do texto são sinônimos das duas palavras que você formou?

_____

A importância do dicionário

Saber sinônimos é importante para você desenvolver seu vocabulário e poder se expressar melhor, tanto escrevendo como falando. Além disso, conhecer sinônimos ajuda você a entender melhor os textos que lê.

Dependendo da frase, uma palavra pode ter diferentes sinônimos, isto é, pode apresentar vários sentidos. Por isso, o dicionário é importante, pois ele nos ajuda a escolher o melhor sinônimo de uma palavra, aquele que é mais adequado em determinada situação. Em um verbete de dicionário, os vários sinônimos de uma palavra vêm numerados.

Veja este verbete.

ganhar
1. Receber: *Ela ganhou um presente do irmão.*
2. Vencer: *Meu time ganhou a partida.*

Você aprendeu que **ganhar** pode ter dois sinônimos, com sentidos diferentes – **receber** e **vencer**. Lendo as frases de exemplo, percebeu que não é possível trocar um sinônimo pelo outro. Não se pode dizer: *ela "venceu" um presente* nem *meu time "recebeu" a partida*.

5. Agora é sua vez! Leia este verbete.

partir
1. Cortar: *Ele partiu o bolo em várias fatias.*
2. Sair: *O avião partiu hoje de manhã.*

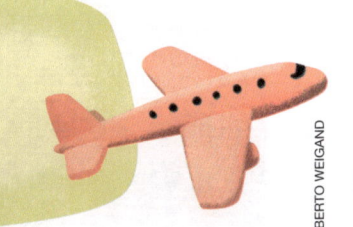

- Com base no verbete, escreva o sinônimo de **partir** nestas frases.

   a) O trem vai **partir** da estação ao meio-dia.

   _____

   b) Vou **partir** a maçã ao meio.

   _____

AR, ER, IR, OR, UR

Desenhos pelo corpo

Os indígenas costumam pintar o corpo. Eles fazem verdadeiras obras de arte sobre a pele. Essas pinturas dizem muito sobre a vida de quem as usa: podem indicar o papel de uma pessoa na aldeia, o seu casamento, o nascimento de um filho...

Cada povo tem suas cores e seus motivos preferidos. São as mulheres que fabricam as tintas e fazem as pinturas. Para conseguir o vermelho, usam uma semente chamada urucum. Com a fruta do jenipapo, preparam o azul-escuro e, com a argila, o branco. O preto é extraído do carvão.

Mauricio de Sousa. *Manual do índio do Papa-Capim.* São Paulo: Globo, 2003. p. 54-55.

Sementes de urucum e jenipapo.

argila **ar**te
ar

O **r** pode se juntar a uma vogal que vem antes dele e formar uma sílaba.
argila → ar-gi-la

Veja outros exemplos.

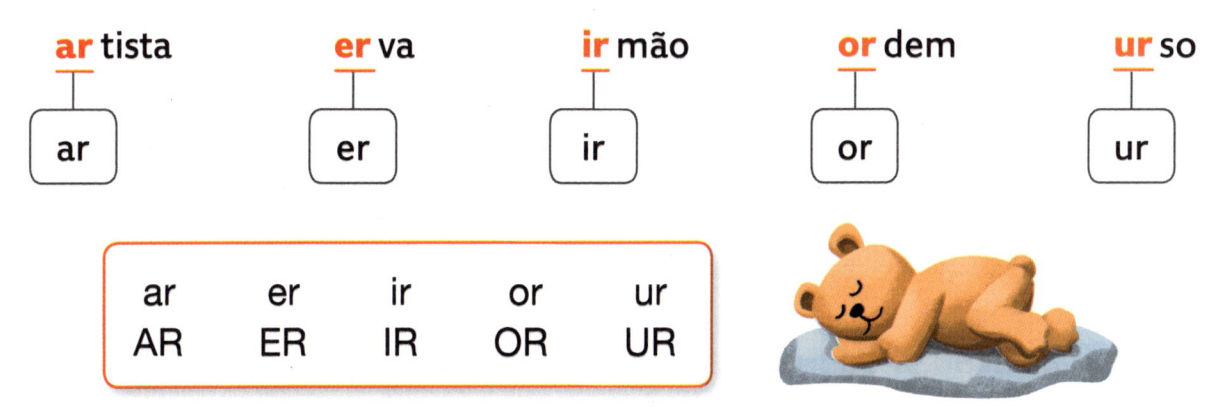

ar tista → ar

er va → er

ir mão → ir

or dem → or

ur so → ur

ar	er	ir	or	ur
AR	ER	IR	OR	UR

Em muitas palavras, há uma consoante antes de **ar**, **er**, **ir**, **or**, **ur**, formando uma só sílaba. Isso pode acontecer no início, no meio ou no fim da palavra. Veja.

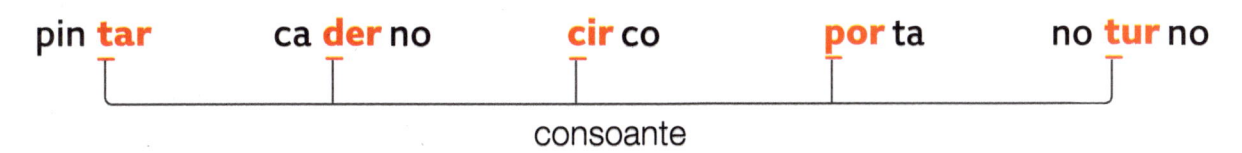

pin **tar**   ca **der** no   **cir** co   **por** ta   no **tur** no

consoante

Atividades

1. Escreva o nome das figuras.

_____   _____   _____

_____   _____   _____

- Das palavras que você escreveu, qual delas tem mais sílabas?

_____

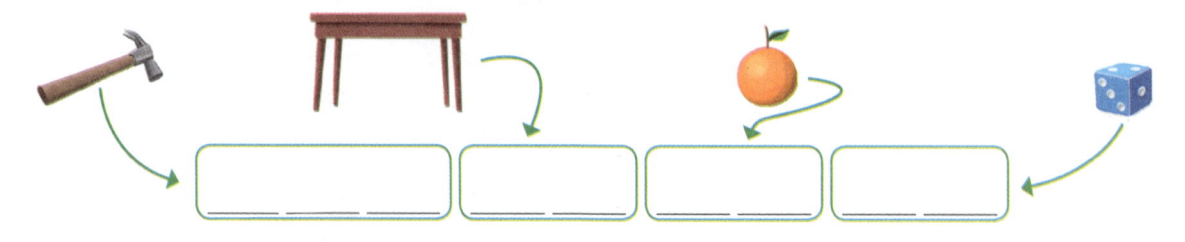

2. Escreva a primeira sílaba do nome de cada figura e descubra o nome de um doce.

3. Junte as sílabas da mesma cor e forme palavras.

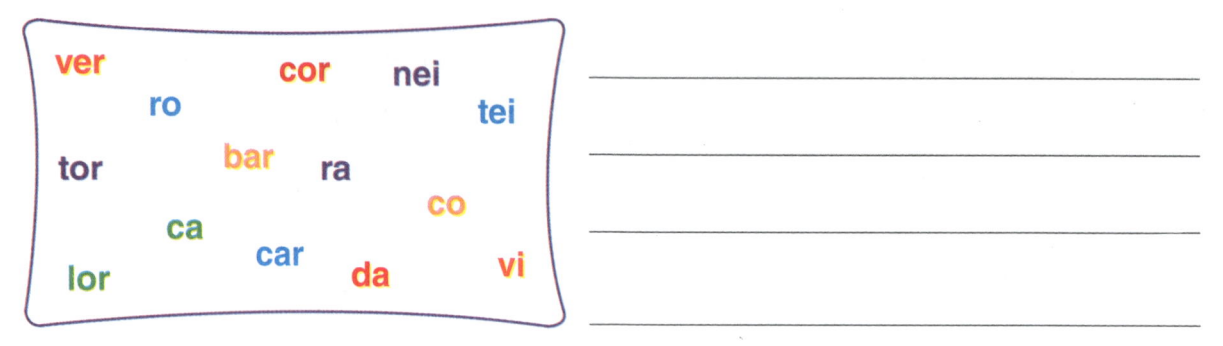

ver   cor   nei
   ro   tei
tor   bar   ra
         co
   ca
      car   da   vi
lor

- Agora, copie as palavras que apresentam encontro vocálico.

4. Escreva a letra inicial do nome de cada figura nos locais indicados e descubra o nome de um inseto que tem lindas asas coloridas.

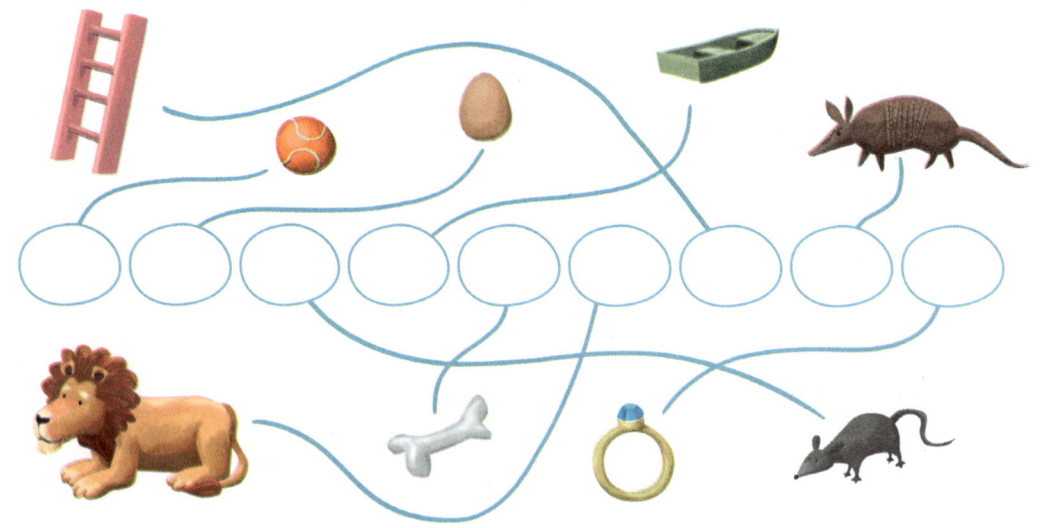

- Separe as sílabas da palavra que você formou.

5. Quantas vezes a palavra **amor** aparece no quadro de letras?

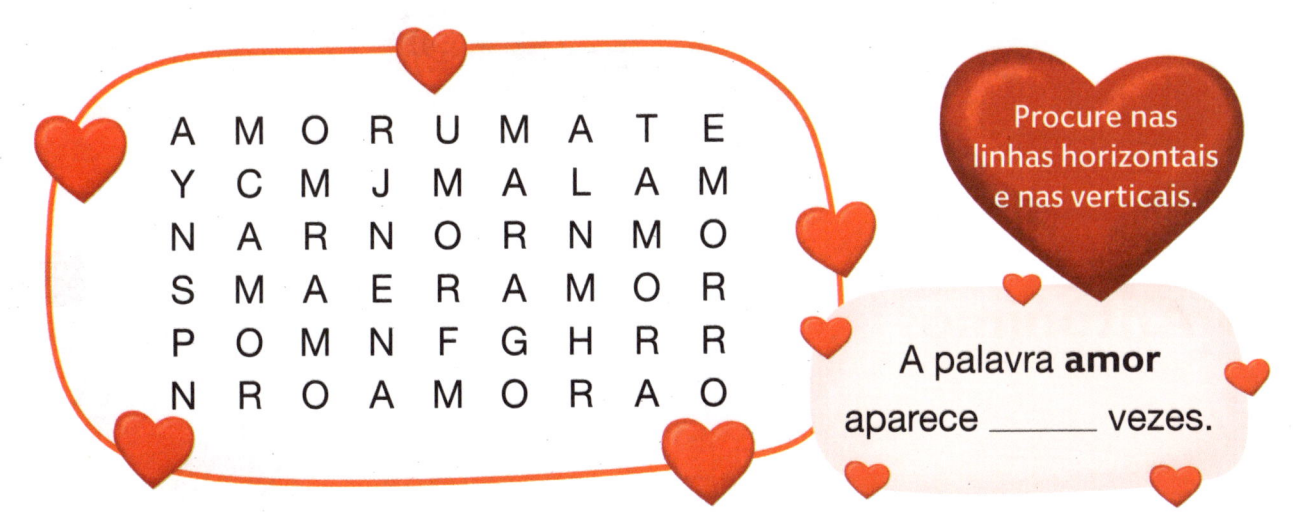

```
A M O R U M A T E
Y C M J M A L A M
N A R N O R N M O
S M A E R A M O R
P O M N F G H R R
N R O A M O R A O
```

Procure nas linhas horizontais e nas verticais.

A palavra **amor** aparece _____ vezes.

6. Vamos brincar de formar palavras!

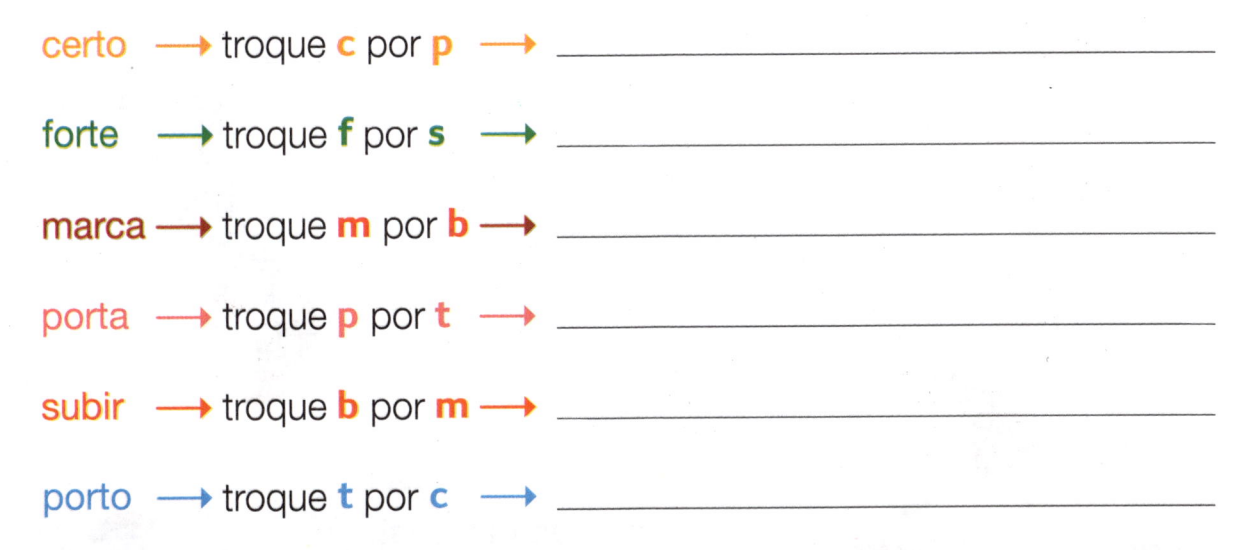

certo ⟶ troque **c** por **p** ⟶ _____

forte ⟶ troque **f** por **s** ⟶ _____

marca ⟶ troque **m** por **b** ⟶ _____

porta ⟶ troque **p** por **t** ⟶ _____

subir ⟶ troque **b** por **m** ⟶ _____

porto ⟶ troque **t** por **c** ⟶ _____

- Colocando em ordem alfabética as palavras que você formou, qual é a primeira?

_____

7. Desafio! Quem consegue ler em voz alta sem errar?

Lá está o lagarto todo largado na larga praça ensolarada.

15

▶ Antônimos

Mundo de contrários

Este mundo é engraçado.
Tem gente de todo tipo:
alto, baixo, magro, gordo,
sem bigode, bigodudo,
careca e cabeludo.
Tem gente que é sempre séria
e gente que é sorridente.

Porém, o mais importante
é que todos vivam bem,
em muita paz e harmonia,
brincando com seus amigos,
sempre com muita alegria!

ALBERTO DE STEFANO

Minidicionário

Leia os verbetes **sorridente** e **harmonia**.

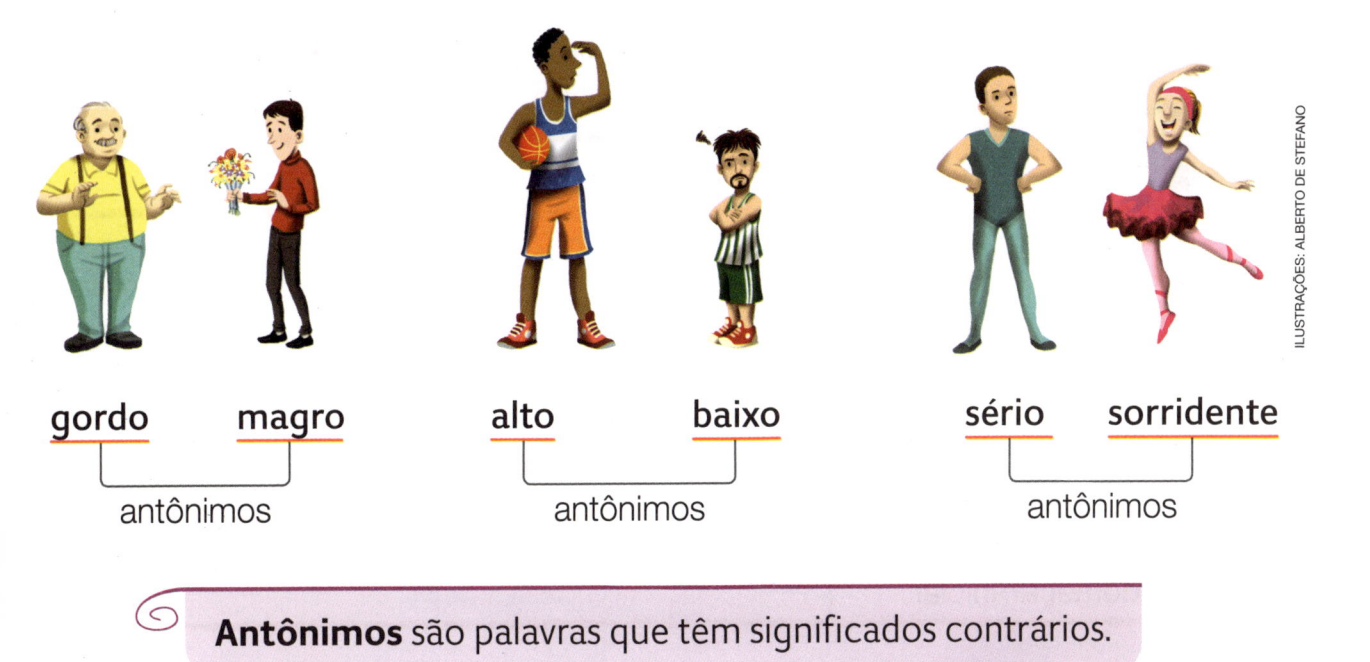

gordo — magro	alto — baixo	sério — sorridente
antônimos	antônimos	antônimos

> **Antônimos** são palavras que têm significados contrários.

Atividades

1. Ligue cada palavra a seu antônimo.

bonito   escuro   corajoso   alto   comprido

baixo   curto   feio   claro   covarde

- Agora, complete as frases com os antônimos das palavras destacadas.

   a) Esse desenho não está **bonito**, está _____.

   b) Hoje o dia não está **escuro**, está _____.

   c) Esse homem foi **corajoso**, e não _____.

   d) Meu irmão não é **alto**, é _____.

   e) O cabelo dessa menina não é _____, é **comprido**.

2. Leia os pares de palavras e marque se elas são **sinônimas** ou **antônimas**.

	Sinônimas	Antônimas
caro/barato		
limpo/sujo		
bonito/belo		
nervoso/calmo		
entrar/sair		
começar/iniciar		

3. Siga as indicações e forme uma palavra.

a) Que palavra você formou?

_____

b) Circule, na frase a seguir, o **antônimo** da palavra que você formou.

O menino, embora corajoso, se assustou com os morcegos.

Antônimos com IM, IN

Em muitos casos, podemos formar o antônimo de uma palavra escrevendo **im** ou **in** antes dela. Veja.

possível   **im**possível   feliz   **in**feliz
     antônimos   antônimos

> Usamos **im** sempre que a palavra começa por **p** ou **b**.
> Quando a palavra começa por qualquer outra letra, usamos **in**.

4. Forme o antônimo destas palavras usando **im** ou **in**.

a) correta ⟶ _____

b) justo ⟶ _____

c) completo ⟶ _____

d) puro ⟶ _____

- Complete as frases com os antônimos que você formou.

    Faltam figurinhas no meu álbum, ele está _____.

    Sua resposta não está correta, está _____.

    Nessa cidade poluída, o ar é _____.

    Ele não era culpado de nada. Isso foi _____.

Antônimos no dicionário

Além de sinônimos, muitos dicionários também registram os antônimos das entradas. Veja, por exemplo, este verbete.

> **tristonho** tris.**to**.nho (adjetivo)
> Triste. Que mostra tristeza: *Ele está tristonho hoje.*
> **Antônimo**: alegre.

Lendo o verbete, vemos que ele mostra um sinônimo (triste) e um antônimo (alegre) da palavra **tristonho**.

Conhecer antônimos é importante para enriquecer o vocabulário e se expressar melhor, escrevendo ou falando. No **Minidicionário**, você vai encontrar o antônimo de muitas palavras.

5. Agora, é a sua vez! Vamos ampliar o vocabulário conhecendo antônimos?

1. Antônimo de fundo.
2. Antônimo de começar.
3. Antônimo de lento.
4. Antônimo de frio.
5. Antônimo de enorme.
6. Antônimo de fraco.

Consulte o **Minidicionário**!

AS, ES, IS, OS, US

Os espertos esquilos

Os esquilos vivem nos galhos das árvores dos bosques.

Eles são muito espertos: guardam frutos secos e cogumelos para comer na época do frio.

Você já viu um esquilo? Eles são engraçadinhos e estão sempre correndo para cá e para lá procurando comida.

esquilo **es**perto
es

esquilo → e s | q u i | l o

| as | es | is | os | us |
| AS | ES | IS | OS | US |

O **s** pode se juntar a uma vogal que vem antes dele e formar uma sílaba. Em muitas palavras, há uma consoante antes de **as**, **es**, **is**, **os**, **us**, formando uma só sílaba. Essa sílaba pode aparecer no começo, no meio ou no fim da palavra.

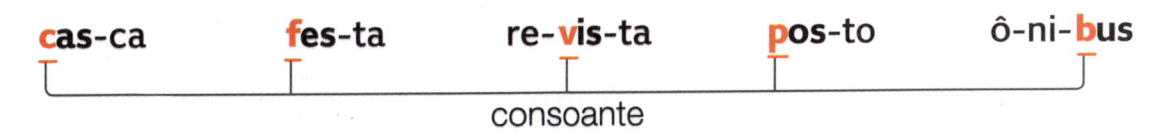

cas-ca **f**es-ta re-**v**is-ta **p**os-to ô-ni-**b**us

consoante

Atividades

1. Escreva o nome das figuras.

   _____   _____   _____

   _____   _____

   - Das palavras que você escreveu, qual tem menos sílabas?

   _____

2. Vamos brincar de formar palavras!

   a) festa ⟶ troque **f** por **t** ___ ___ ___ ___

   b) disco ⟶ troque **d** por **r** ___ ___ ___ ___

   c) rosca ⟶ troque **r** por **m** ___ ___ ___ ___ ___

   d) pista ⟶ troque **p** por **l** ___ ___ ___ ___

   e) rosto ⟶ troque o primeiro **o** por **e** ___ ___ ___ ___ ___

   - Complete a frase com uma das palavras que você formou.

     A professora tem uma _____ com os nomes dos alunos.

3. Leia.

Essa menina é uma _____ **espetacular!**

a) Que palavra completa essa frase? Descubra copiando as letras nos locais indicados.

b) Assinale a imagem que ilustra a frase que você completou.

4. Ordene as sílabas dos quadrinhos e complete as palavras. Veja o exemplo.

ES + [D A C A] ⟶ ES**CADA**

a) ES + [V A C O] ⟶ E S ___ ___ ___ ___

b) ES + [M A P U] ⟶ E S ___ ___ ___ ___

c) ES + [J O T O] ⟶ E S ___ ___ ___ ___

d) ES + [L A C O] ⟶ E S ___ ___ ___ ___

- Complete a frase com uma das palavras que você formou.

   Guarde a caneta no seu _____.

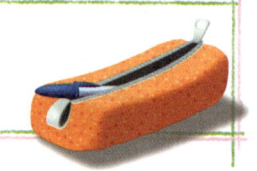

5. As palavras abaixo foram escritas ao contrário. Escreva-as corretamente.

a) ATSEC ⟶ ___ ___ ___ ___

b) OTSIM ⟶ ___ ___ ___ ___

c) ATSAP ⟶ ___ ___ ___ ___

d) ETSOP ⟶ ___ ___ ___ ___

e) LETSAP ⟶ ___ ___ ___ ___

- Complete a frase com uma das palavras que você formou.

   A professora ganhou uma _____ de flores.

6. Que palavra completa a frase?

O _____ viaja pelo espaço.

a) Use o código e descubra!

A T R S N U O

b) Separe as sílabas dessa palavra.

c) Quantas sílabas tem essa palavra? Circule a resposta.

3   4   5   6

d) Cole o adesivo da página 319 nesta cena.

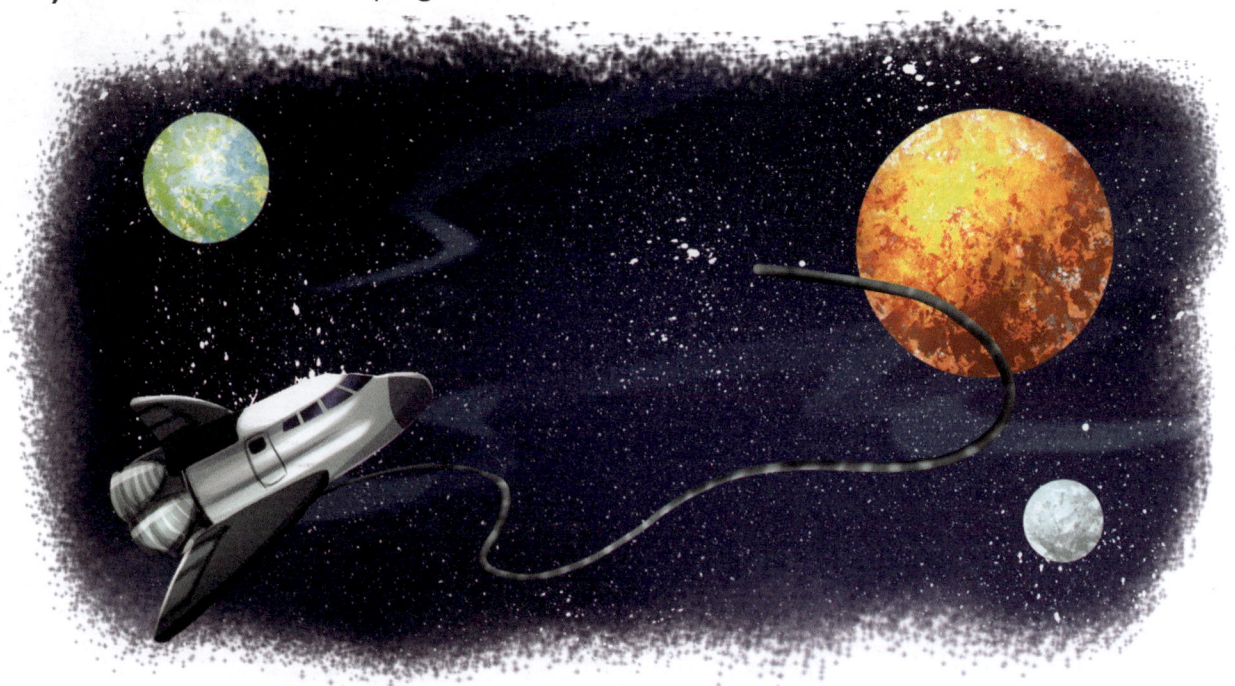

16

> **Substantivo comum**

Na água, sem ficar molhado?

Um dia, em um piquenique à beira do lago, as crianças repararam em alguns patinhos nadando. Elas levaram um susto ao descobrir que os patos não se molham! Como é possível mergulhar na água e não se molhar? O que está acontecendo aqui?

Elas descobrem que os patos produzem um óleo especial, perto da cauda. Com o bico, eles espalham esse óleo em suas penas, que ficam impermeáveis, isto é, não deixam passar água. É como se os patos tivessem suas próprias capas de chuva! Eles conseguem nadar o dia todo e não ficam com frio nem molhados!

Célia Catunda; Kiko Mistrorigo. *Luna em... Eu quero saber! Descobrindo a fazenda.* São Paulo: Salamandra, 2018. Adaptado.

pato   **lago**   **água**   **penas**

substantivos comuns

As palavras que indicam o nome de tudo o que existe são chamadas de **substantivos comuns**.

174

Veja alguns substantivos comuns.

árvore, menino, menina, menina, menino, homem, mulher, menina, menino, menino, jarra, toalha, menino, cesta, copo, menina, guardanapo, faca, garfo

O substantivo **menino** se refere a qualquer garoto. Por isso, dizemos que **menino** é um **substantivo comum**.

O substantivo **menina** também se refere a qualquer garota. Por isso, podemos dizer que **menina** também é um **substantivo comum**.

Atividades

1. Escreva os substantivos comuns que nomeiam os elementos da cena.

1. _____
2. _____
3. _____
4. _____
5. _____
6. _____
7. _____
8. _____
9. _____
10. _____

2. Vamos brincar com os substantivos! Veja como dentro de um substantivo comum pode haver outro.

sa**pato** ⟶ pato

- Agora é com você! Descubra o substantivo que há dentro dos substantivos a seguir.

balcão _____   tatuagem _____

fofoca _____   galinha _____

caracol _____   serpente _____

tucano _____   mamão _____

oceano _____   acidente _____

3. Descubra, no quadro de letras, seis substantivos comuns que nomeiam os seres ilustrados.

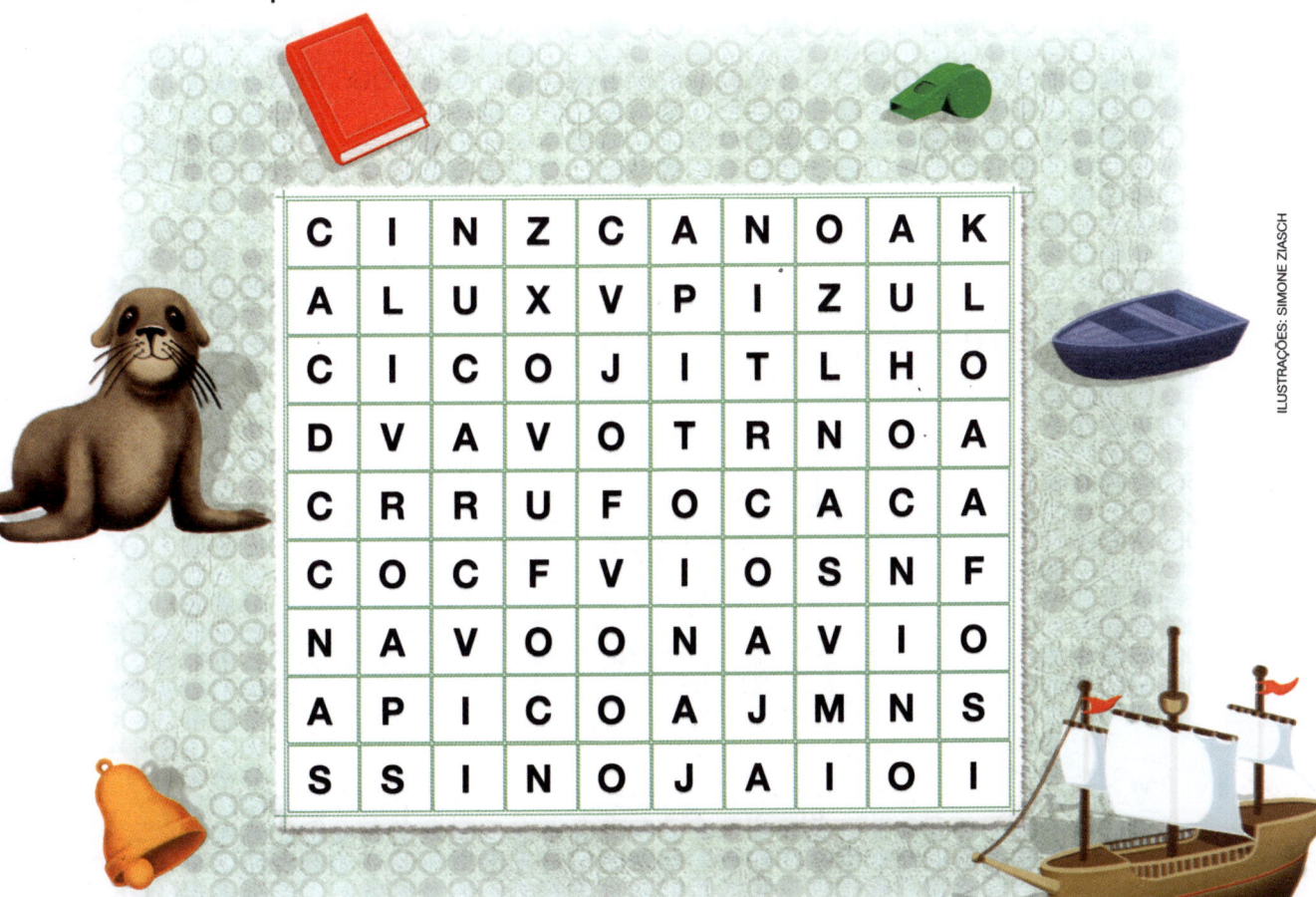

C	I	N	Z	C	A	N	O	A	K
A	L	U	X	V	P	I	Z	U	L
C	I	C	O	J	I	T	L	H	O
D	V	A	V	O	T	R	N	O	A
C	R	R	U	F	O	C	A	C	A
C	O	C	F	V	I	O	S	N	F
N	A	V	O	O	N	A	V	I	O
A	P	I	C	O	A	J	M	N	S
S	S	I	N	O	J	A	I	O	I

4. Copie as letras indicadas do nome de cada figura e forme dois substantivos comuns.

palhaço	borboleta	nariz	sino	casa	dedo	sapo	dado
1ª letra	3ª letra	4ª letra	3ª letra	1ª letra	2ª letra	1ª letra	2ª letra

cachorro	mesa	sol	tatu	peixe	lua	sapato
1ª letra	4ª letra	1ª letra	1ª letra	2ª letra	1ª letra	6ª letra

a) Complete a frase com os substantivos comuns que você formou.

A linda _____ morava em um grande

_____ perto das montanhas.

b) Agora, pinte a cena.

Substantivo próprio

Augusto e **Joaquim** são os nomes de certos meninos.

Melissa e **Joana** são os nomes de certas meninas.

Augusto, **Joaquim**, **Melissa** e **Joana** são nomes próprios. Eles se referem apenas a algumas pessoas e não a qualquer pessoa. O nome próprio é chamado **substantivo próprio**.

Augusto — Joaquim — Melissa — Joana

Além das pessoas, os substantivos próprios podem indicar nomes de ruas, de bairros, de cidades, de escolas, de clubes e também de animais. Veja.

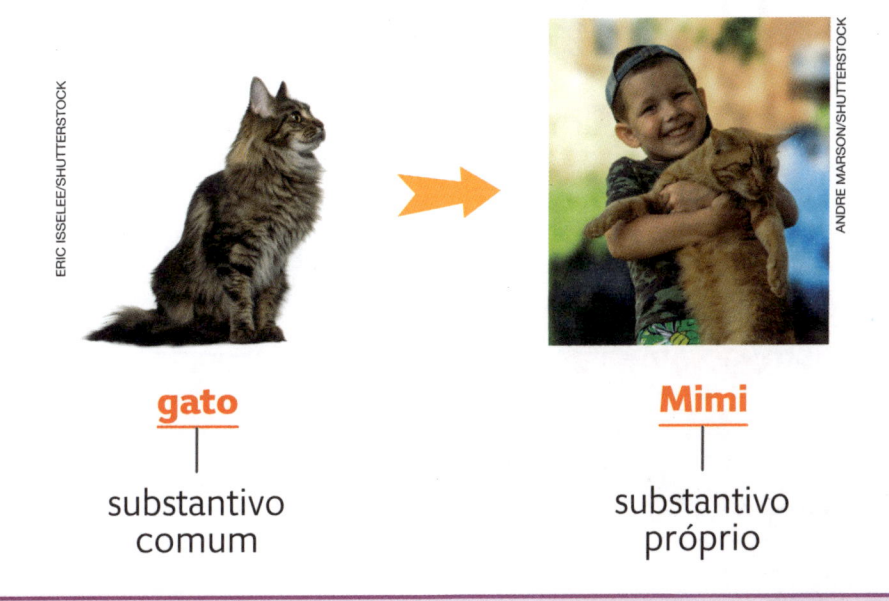

gato
substantivo comum

Mimi
substantivo próprio

Substantivo próprio – indica certa pessoa, certo animal ou certa coisa. Começa sempre com letra maiúscula.

Substantivo comum – indica qualquer pessoa, animal ou coisa. É escrito com letra minúscula. Só quando inicia uma frase é que ele deve ser escrito com letra inicial maiúscula.

Atividades

1. Escreva os seguintes substantivos próprios.

   a) Seu nome completo.

   _____

   b) O primeiro nome de sua professora ou de seu professor.

   _____

   c) O primeiro nome de um amigo ou de uma amiga.

   _____

2. Copie do título do livro um substantivo comum e um substantivo próprio.

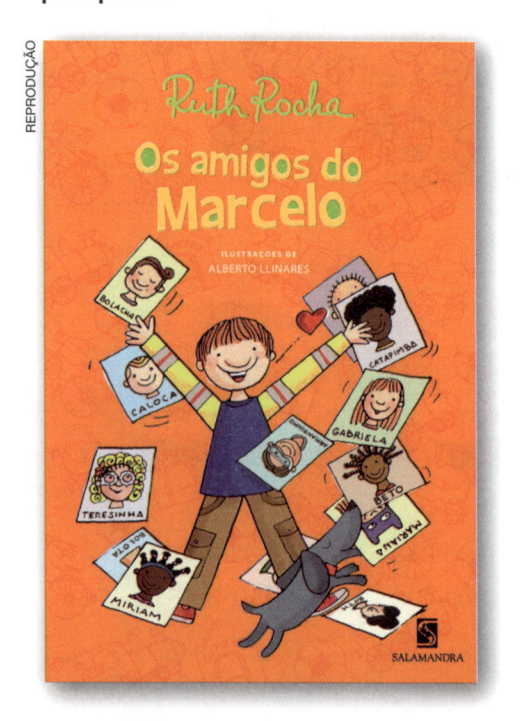

   Substantivo comum:

   _____.

   Substantivo próprio:

   _____.

   - E o nome da autora, que tipo de substantivo é?

     ☐ comum

     ☐ próprio

3. Copie o título de cada filme embaixo do cartaz correspondente.

Hércules   Cinderela

_____   _____

4. Se os animais das fotos fossem seus, que nomes você daria a eles? Use sua imaginação e escreva um substantivo próprio embaixo de cada foto.

porquinho-da-índia   calopsita   furão

_____   _____   _____

H e NH

TURMA DA MÔNICA Mauricio de Sousa

- CUIDAR DO MEIO AMBIENTE É TÃO GOSTOSO!
- ATÉ FIZ UMA HORTINHA!
- JURA?
- UÉ, MAGALI!
- CADÊ A HORTINHA?
- AQUI, Ó!
- TÃO SAUDÁVEL!

FIM

horta
ha he hi ho hu
HA HE HI HO HU

horti**nha**
nha nhe nhi nho nhu
NHA NHE NHI NHO NHU

Em língua portuguesa, a letra **h** sozinha não representa som algum, como na palavra **horta**.

Quando, porém, ela se junta à letra **n**, o grupo **nh** passa a representar um som, como em horti**nha**.

Veja outros exemplos.

pamo**nha** • ama**nhe**cer • compa**nhi**a • ba**nho** • ne**nhu**ma

Atividades

1. Ordene as letras e forme palavras começadas pela letra **h**.

> As palavras terminam sempre com a letra vermelha.

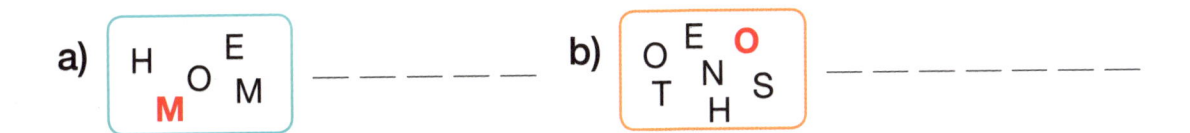

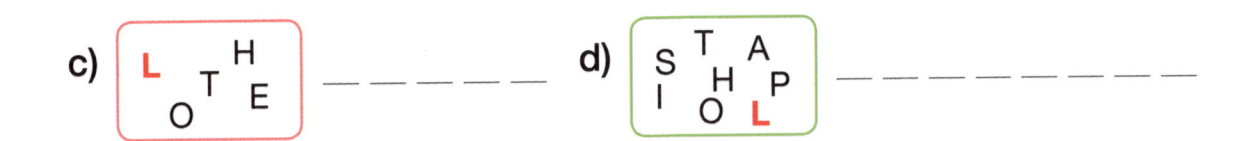

a) H E O M **M** _____

b) O E **O** T N S H _____

c) L H O T E _____

d) S T A H P I O **L** _____

• Complete a frase com duas palavras que você formou.

O _____ ferido foi levado ao _____.

2. Os nomes abaixo começam com a letra **h**, mas foram escritos ao contrário. Escreva-os corretamente.

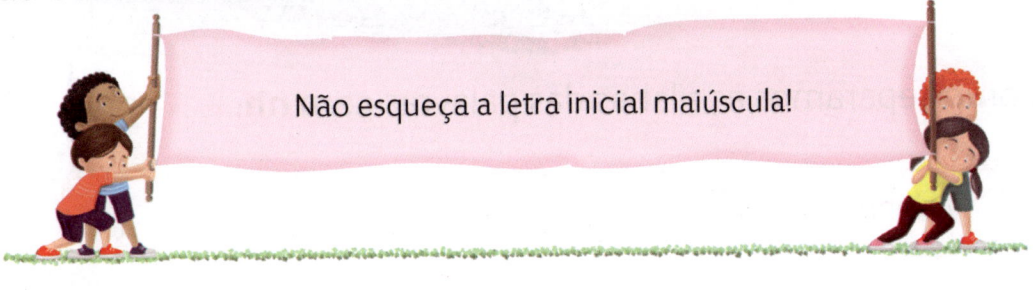

Não esqueça a letra inicial maiúscula!

a) rotieh → _____

b) euqirneh → _____

c) otrebmuh → _____

d) aneleh → _____

3. Forme palavras usando **hi**, **ho** e **hu**.

____giene   ____rário   ____popótamo   ____lofote

____mano   ____menagem   ____mor   ____ena

- Complete as frases com quatro palavras que você formou.

    a) Cuidar da _____ do corpo é importante para a saúde.

    b) O _____ é um mamífero grande e pesado.

    c) Essa estátua é uma _____ a um herói.

    d) A voz da _____ parece uma gargalhada.

4. Leia em voz alta.

*Mulher de peruca,
muito graciosa,
encontrou a vizinha,
ficou vaidosa!*

Veja como separamos as sílabas das palavras com **nh**.

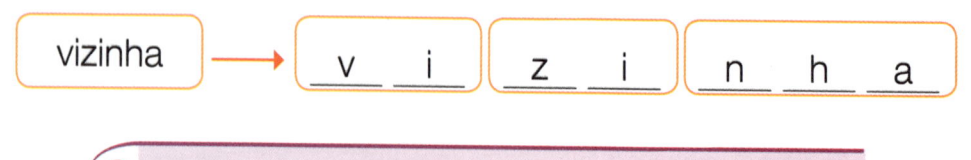

vizinha → v i | z i | n h a

> Na divisão silábica, o grupo **nh** não se separa.

- Separe as sílabas destas palavras.

    caminho ____ ____ ____   manhoso ____ ____ ____

184

5. Complete as frases com as palavras do quadro.

> aranha
> caminhão
> rainha

a) Vi uma _____ no jardim.

b) O _____ vai levar os móveis da casa.

c) O rei e a _____ moram no castelo.

6. Leia as palavras em voz alta.

manha   manhã

- Agora, complete a frase com as palavras que você leu.

De _____, Renatinha sempre faz _____ para sair da cama.

7. Vamos brincar de formar palavras!

a) minha → troque **m** por **l** → _____

b) apanhar → troque **p** por **rr** → _____

c) vinho → troque **v** por **n** → _____

d) farinha → troque **f** por **v** → _____

e) caminho → troque **m** por **r** → _____

f) carinho → troque **r** por **rr** → _____

8. Desafio! Quem consegue ler em voz alta sem errar?

A sobrinha da rainha Carminha caminha pela prainha brincando de amarelinha.

17

Masculino e feminino

Fotos bonitas

Tenho um álbum de fotos de tanta gente querida.

Fotos do vovô e da vovó, do meu pai ainda criança, da minha mãe bem mocinha, do meu tio, da minha tia, de primos e primas, de amigos e amigas. Tem até retrato meu, de quando eu era bebê, no colo da minha mãe! Puxa, como eu era pequenininha!

o primo   **o ti**o   **um amig**o   **a prim**a   **a ti**a   **uma amig**a

masculino   feminino

Os substantivos podem ser **masculinos** ou **femininos**.
Se podemos usar **o** ou **um** antes de um substantivo, ele é **masculino**.
Se podemos usar **a** ou **uma** antes de um substantivo, ele é **feminino**.

Atividades

Podemos formar o feminino de muitos substantivos trocando a letra **o** final pela letra **a**.

prim**o** → prim**a**
masculino   feminino

amig**o** → amig**a**
masculino   feminino

1. Dê o feminino dos substantivos.

Masculino	Feminino
o noivo	_____
o gato	_____
o pato	_____

2. Complete o quadro com o masculino dos substantivos.

Masculino	Feminino
_____	a moça
_____	a aluna
_____	a titia

3. Use o código e forme um substantivo comum.

=H   =O   =B   =S   =I   =R   =N

_S_ _O_ _B_ _R_ _I_ _N_ _H_ _O_

a) Escreva o substantivo que você formou.

_____

b) Esse substantivo é: ☐ feminino.   ☒ masculino.

c) Separe as sílabas desse substantivo.

_so_   _bri_   _nho_

O feminino também pode ser formado acrescentando-se **a** ao final da palavra no masculino.

professor → professor**a**

masculino   feminino

---

4. Forme o feminino.

diretor → _____

jogador → _____

cantor → _____

pintor → _____

Nem todos os substantivos têm formas masculinas e femininas. **Quando se referem a coisas, eles têm só uma forma:** ou são masculinos ou femininos.

Veja:

o livro   um carro
— masculino —

a porta   uma bola
— feminino —

5. Classifique os substantivos, escrevendo **M** para masculino e **F** para feminino.

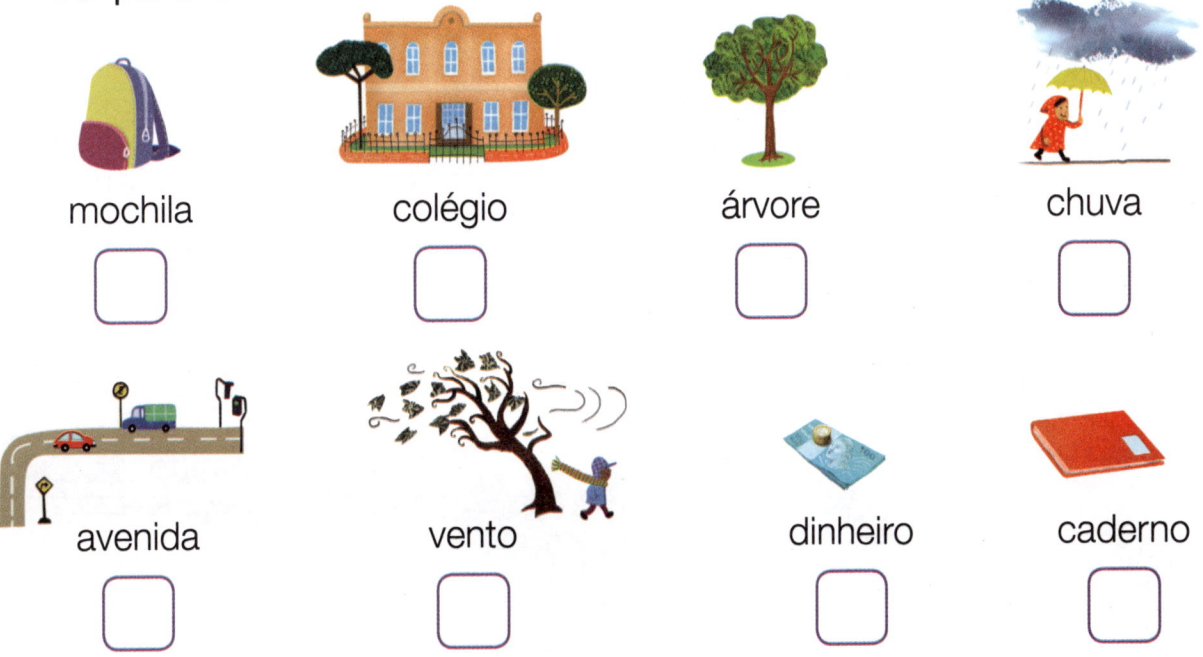

mochila   colégio   árvore   chuva
☐   ☐   ☐   ☐

avenida   vento   dinheiro   caderno
☐   ☐   ☐   ☐

- Complete as frases com os substantivos que você classificou.

   a) A _____ inundou a _____.

   b) Rita guardou o _____ e o _____

   dentro da _____ do _____.

   c) O _____ quebrou os galhos da _____.

6. Copie do título do livro um substantivo comum masculino e um substantivo comum feminino.

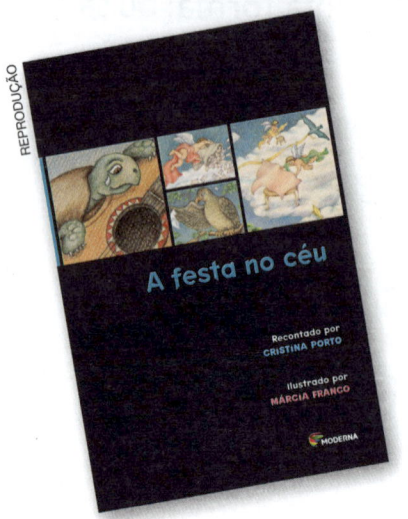

masculino: _____

feminino: _____

> Alguns substantivos têm formas bem diferentes para o masculino e para o feminino. Veja.
>
> **o homem → a mulher**   **o cavalo → a égua**   **o bode → a cabra**

7. Complete os quadros, escrevendo as formas que estão faltando.

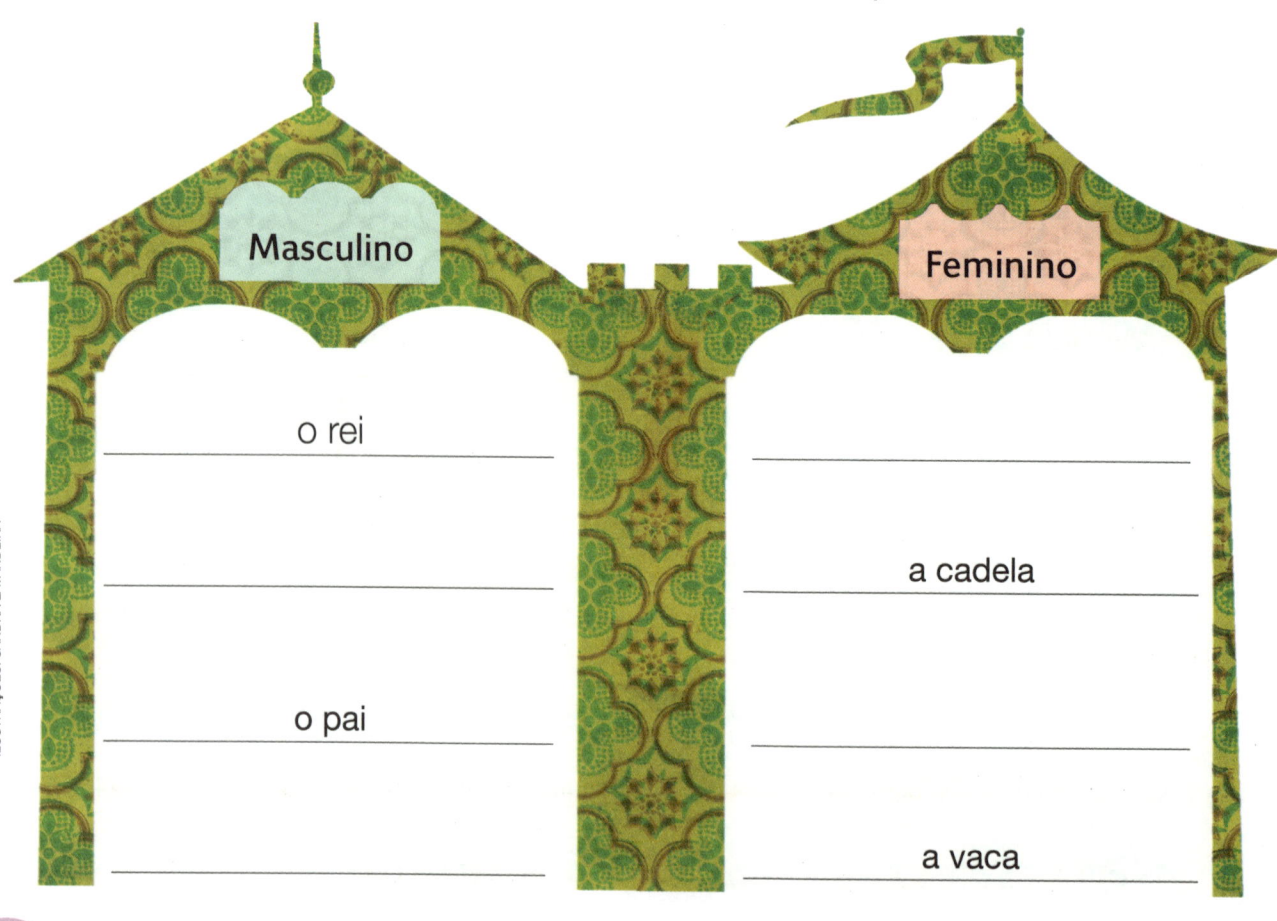

Masculino

o rei

_____

o pai

_____

Feminino

_____

a cadela

_____

a vaca

No dicionário, as palavras são apresentadas no masculino. Por isso, se você quiser saber o que significa **jogadora**, deve procurar a palavra **jogador**.

8. Como devemos procurar no dicionário as palavras abaixo?

faxineira

professora

_____

_____

9. Siga as indicações e descubra o feminino de **príncipe**.

- Agora, complete e pinte o desenho.

CH

O valor de uma vida

Na praia a menina
Achou uma concha
Conchinha lindinha,
De arrepiar.

No dia seguinte,
As suas amigas
Daquela conchinha
Iriam gostar.

Mas dentro da concha
Havia um bichinho,
Bem vivo, vivinho,
A respirar.

"Se eu levo essa concha",
Pensou a menina,
"A vida do bicho
Vai se acabar."

"Se eu levo essa concha
O bicho não vive.
Mas minhas amigas
Vão me elogiar."

"Se eu levo essa concha,
Se eu mato esse bicho,
Com esse elogio,
Eu vou me alegrar?"

"Se eu deixo a conchinha
Se eu salvo uma vida
Ninguém vai saber,
Mas eu vou gostar."

Então a menina,
Com muito cuidado,
Deixou a conchinha
Nas águas do mar...

Pedro Bandeira. *O que eu quero pode acontecer.* São Paulo: Moderna, 2018. p. 10.

SANDRA LAVANDEIRA

Minidicionário
Leia o verbete **elogiar**.

concha conchinha bicho

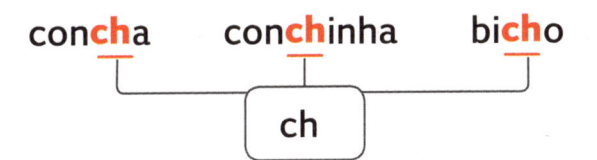

ch

| cha | che | chi | cho | chu |
| CHA | CHE | CHI | CHO | CHU |

A letra **h** sozinha não representa nenhum som. Quando, porém, ela se junta à letra **c**, o grupo **ch** passa a representar um som, como em **bicho**.

Atividades

1. Ligue as colunas formando substantivos.

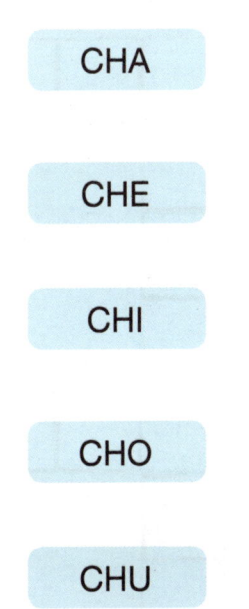

CHA   NELO

            VA

CHE   FE

            COLATE

CHI   VE

CHO   TE

CHU   VEIRO

- Complete as frases com alguns substantivos que você formou.

   a) Preciso abrir a gaveta. Onde está a _____?

   b) Gosto muito de bolo de _____.

   c) Lá vem _____! Vou pegar meu guarda-chuva.

   d) O gato pegou o _____ do vovô.

   e) Beto deu um _____ forte e marcou gol.

> Na divisão silábica, o grupo **ch** não se separa.
> **chocolate** → **cho**-co-la-te

2. Separe as sílabas das palavras.

bolacha → ☐ ☐ ☐

flecha → ☐ ☐

3. Observe as figuras e preencha a cruzadinha.

4. O que é que fica sempre na porta, mas nunca entra?
Siga as indicações e descubra!

	1	2	3	4	5	6	7	8	9
A	A	J	B	E	K	S	Q	G	A
B	F	D	W	D	H	U	R	M	L
C	H	C	D	T	C	N	P	A	Z

1	4	2	5	9	3	6	7	8
B	A	C	B	A	C	B	B	C
↓	↓	↓	↓	↓	↓	↓	↓	↓

- Separe as sílabas da palavra que você descobriu.

☐ ☐ ☐ ☐

5. Nestas palavras, as sílabas estão invertidas. Escreva-as corretamente.

FECHE → _____   TECHU → _____

QUECHI → _____   FRECHI → _____

6. Desafio! Quem consegue ler em voz alta sem errar?

Dona Chica se acha chique e teve um chilique porque alguém achatou seu chapéu. Que chateação!

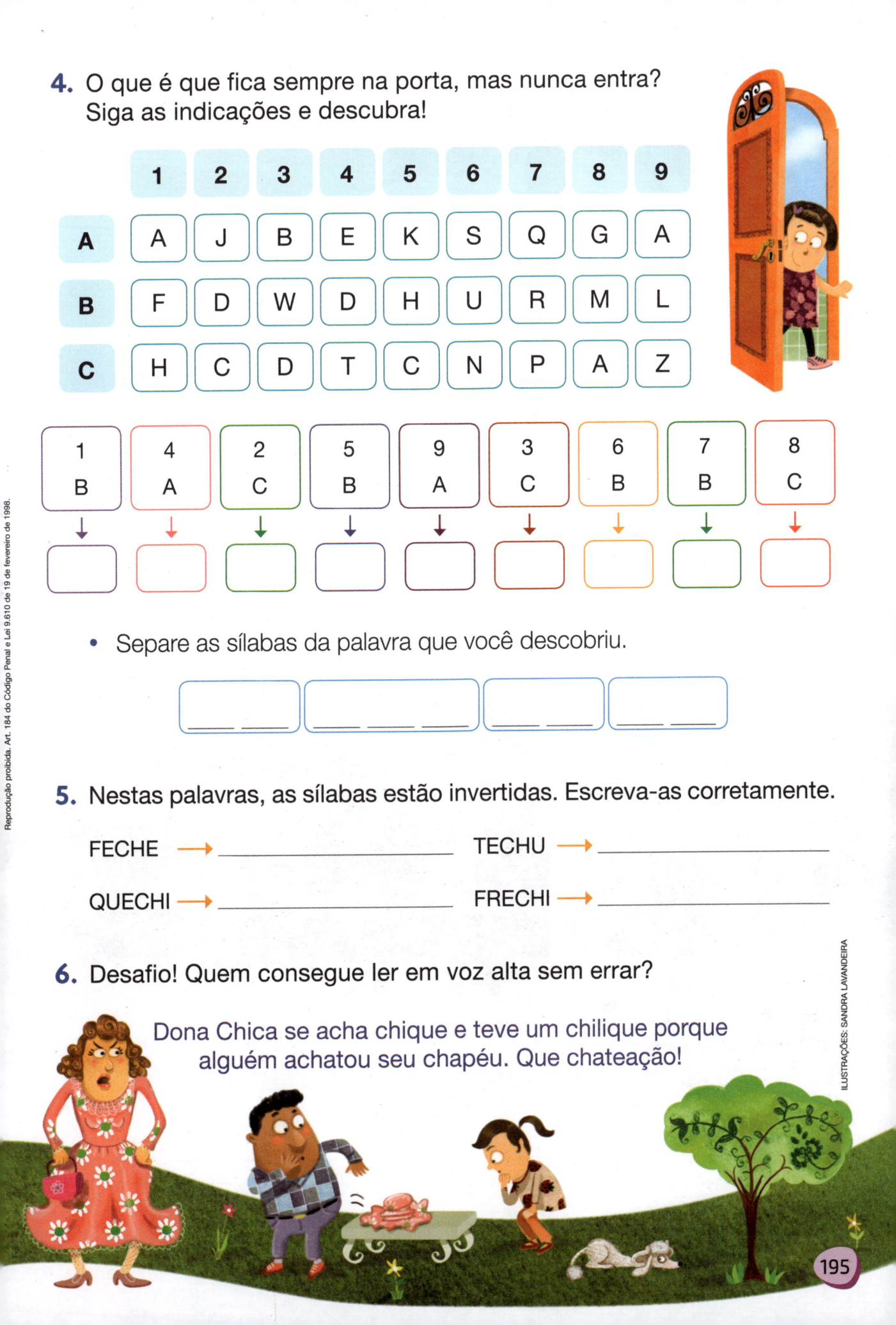

18

▸ Singular e plural

Patinação

Vamos patinar?

A patinação não é só uma diversão, é também um bom exercício para o corpo. Patinando, aprendemos a ter mais equilíbrio e a controlar a velocidade. Além disso, desenvolvemos os músculos.

Mas cuidado com os tombos! No começo, é impossível não cair. Por isso, use sempre um bom equipamento para proteger os joelhos, os cotovelos e a cabeça.

Bom divertimento!

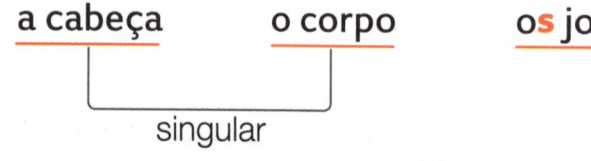

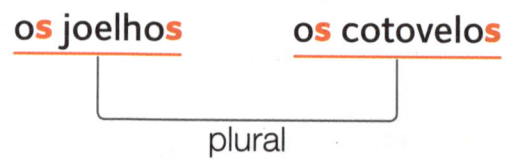

a cabeça   o corpo   os joelhos   os cotovelos

singular   plural

Os substantivos podem estar no **singular** ou no **plural**.
O **singular** indica apenas **um** elemento.
O **plural** indica **mais de um** elemento.

Atividades

Podemos fazer o plural colocando **s** no final da palavra. Veja.

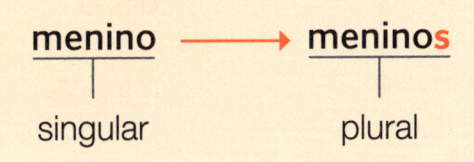

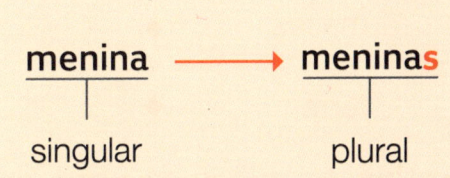

menino ⟶ menino**s**   menina ⟶ menina**s**
singular   plural   singular   plural

1. Leia as palavras e escreva **S** se for singular e **P** se for plural.

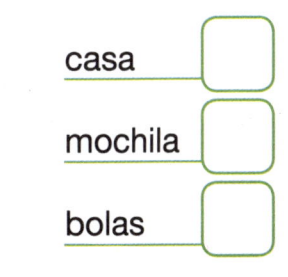

caderno ☐   mesas ☐   casa ☐

alunos ☐   árvores ☐   mochila ☐

livro ☐   copo ☐   bolas ☐

2. Forme o plural. Veja o exemplo.

1 cavalo ⟶ 2 cavalos

1 doce ⟶ 3 _____

1 garota ⟶ 3 _____

1 sapato ⟶ 2 _____

• Complete as frases com duas palavras que você formou.

a) Guarde os _____ na geladeira.

b) Beto está usando _____ novos.

3. Escreva **a** ou **as** antes de cada palavra.

_____ escola   _____ ruas   _____ cadeira

_____ maçãs   _____ irmã   _____ folhas

_____ terra   _____ noites   _____ estrelas

a) Circule as palavras que estão no plural.

b) Complete a frase com duas palavras que você circulou.

Nas _____ claras, podemos ver _____ no céu.

4. Escreva a primeira letra do nome de cada figura e forme um substantivo.

a) Copie o substantivo que você formou. _____

b) Como podemos classificar esse substantivo?

☐ plural   ☐ masculino   ☐ feminino   ☐ singular

5. Escreva um, uns, uma, umas antes de cada substantivo.

_____ professor   _____ paisagem   _____ professora

_____ alunos   _____ meninas   _____ pássaro

_____ escola   _____ mochilas   _____ livros

- Complete o texto com dois desses substantivos.

    Vi um _____ passeando com vários

    _____ no museu.

6. Copie as letras nos locais certos e descubra os nomes de duas aves brasileiras muito coloridas.

a) Um dos nomes está no plural e o outro no singular. Quais são eles?

singular → _____

plural → _____

b) Cole na cena os adesivos da página 319 que mostram essas duas aves.

7. Veja, no quadro, como fazemos o plural de algumas palavras.

| o bal**ão** → os bal**ões** | a colhe**r** → as colhe**res** |
| o canto**r** → os canto**res** | o home**m** → os home**ns** |

- Leia as palavras do quadro em voz alta.

- Depois, faça o plural das palavras abaixo.

  o avião → os _____

  o professor → os _____

  a mulher → as _____

  a nuvem → as _____

8. Use o código e forme um substantivo no plural.

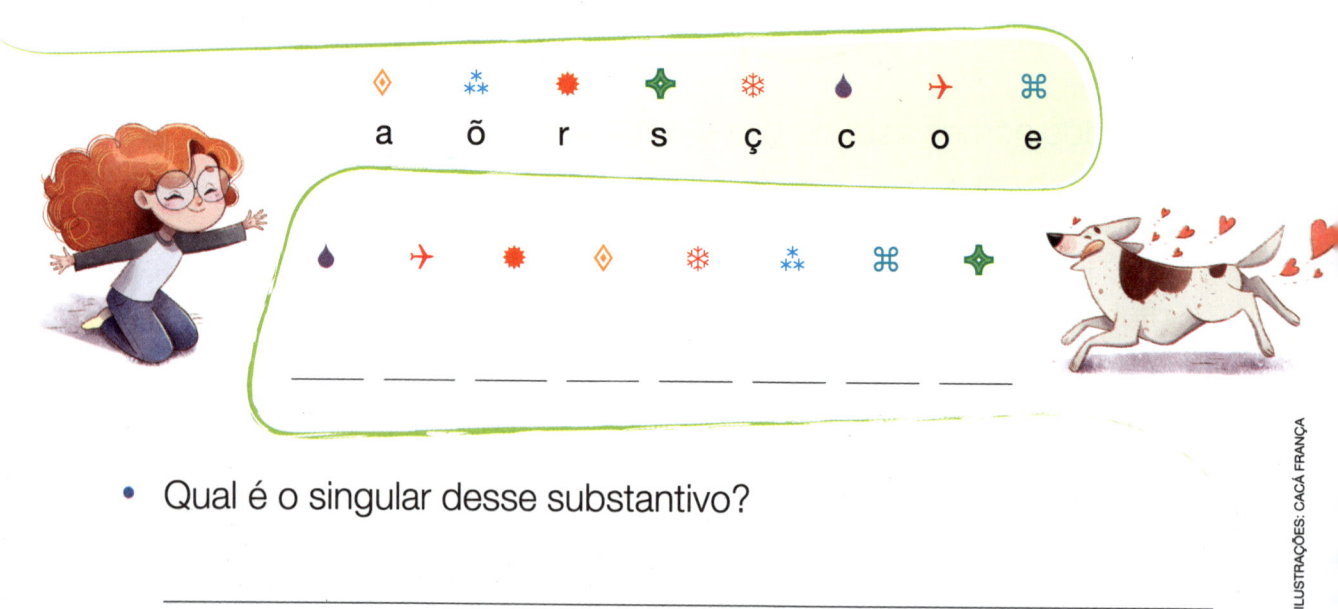

a õ r s ç c o e

_____

- Qual é o singular desse substantivo?

_____

No dicionário, as palavras são apresentadas sempre no masculino e no singular. Por isso, se quiser saber o que significa **médicas**, você deve procurar a palavra **médico**.

9. Como devemos procurar as palavras abaixo no dicionário?

amigas → _____

alunos → _____

10. Leia o texto.

As aves

As aves são os únicos animais que têm penas.

A maioria delas voa e todas têm duas asas e um bico no lugar de dentes.

Como nós, as aves têm sangue quente e precisam de ar para respirar. Mas botam ovos, coisa que não fazemos!

a) Copie as palavras azuis que estão no plural.

_____

_____

_____

b) Como as palavras **aves** e **dentes** aparecem no dicionário?

_____

Consulte o **Minidicionário** e veja se sua resposta está certa.

201

LH

Hipopótamos

Os hipopótamos passam a maior parte do dia dentro da água, para se refrescarem. Como são grandes e pesados – chegam a pesar 1.500 quilos –, conseguem andar no fundo dos rios e lagos. Ficam passeando tranquilamente lá embaixo, pois conseguem segurar a respiração por até cinco minutos.

À noite, saem da água para comer plantas, pois são herbívoros.

As fêmeas costumam ter um filhote de cada vez e cuidam bem dele até o primeiro ano de vida. Depois disso, o filhote já tem condições de sobreviver sozinho.

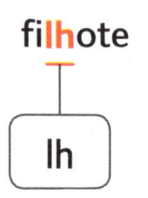

fi**lh**ote

lh

lha	lhe	lhi	lho	lhu
LHA	LHE	LHI	LHO	LHU

Minidicionário

Leia o verbete **herbívoro**.

A letra **h** sozinha não representa nenhum som. Quando, porém, ela se junta à letra **l**, o grupo **lh** passa a representar um som, como em **filhote**. Veja outros exemplos.

abe**lh**a • co**lh**er • ve**lh**inho • o**lh**o • ore**lh**udo

Atividades

1. Complete as palavras com **lha** ou **lho**.

joe_____   coe_____   te_____do   baru_____

ore_____   espe_____   toa_____   fo_____

a) Complete as frases com as palavras formadas.

O _____ assustou o _____.

O gato subiu no _____ e começou a miar.

Guilherme caiu e machucou o _____.

Faça seu desenho nessa _____ de caderno.

Pus o brinco na _____ e me olhei no _____.

Use essa _____ para secar as mãos.

b) Leia as frases em voz alta.

2. Vamos brincar com as palavras? Troque o **l** por **lh** e forme novas palavras.

a) galo → ___ ___ ___ ___

b) fila → ___ ___ ___ ___

c) vela → ___ ___ ___ ___

d) bola → ___ ___ ___ ___

3. Coloque as letras nos locais indicados e forme uma frase exclamativa.

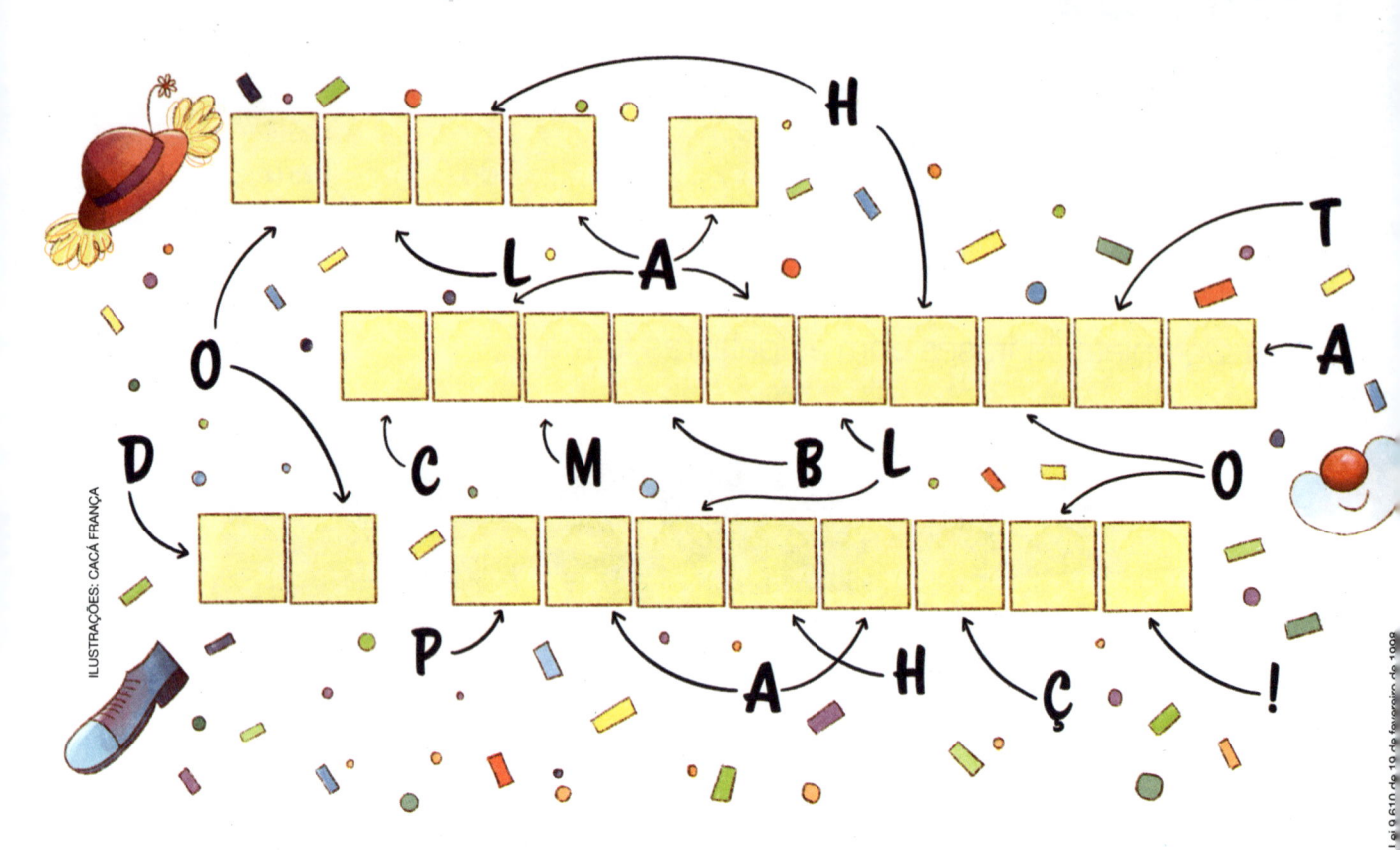

4. Leia as frases em voz alta.

a) A filha saiu com a família.

b) Célia comprou uma sandália vermelha.

c) Esse óleo sujou meu olho.

Cuidado na leitura para não confundir **lh** com **le** ou **li**!

Passe um traço vermelho embaixo das palavras que têm **lh**.

Passe um traço azul embaixo das palavras que têm **le** ou **li**.

Veja como separamos as sílabas das palavras com **lh**.

filhote → | f i | l h o | t e |

Na divisão silábica, o grupo **lh** não se separa.

5. Separe as sílabas das palavras.

palha → ☐ ☐

abelha → ☐ ☐ ☐

espantalho → ☐ ☐ ☐ ☐

- Complete as frases com essas palavras.

    a) O mel produzido pela _____ faz bem à saúde.

    b) Esse _____ é feito de _____.

6. Troque as letras por aquelas que vêm **antes** no alfabeto e descubra a palavra que usamos para dizer que uma pessoa é muito intrometida.

B C F M I V E B

___ ___ ___ ___ ___ ___ ___ ___

- Complete a frase com a palavra que você descobriu.

    Não seja _____ ! Não é educado se meter na conversa das outras pessoas!

7. Desafio! Quem consegue ler depressa, em voz alta, sem errar?

Olha o coelho velhinho da Amélia comendo folhinha de repolho!

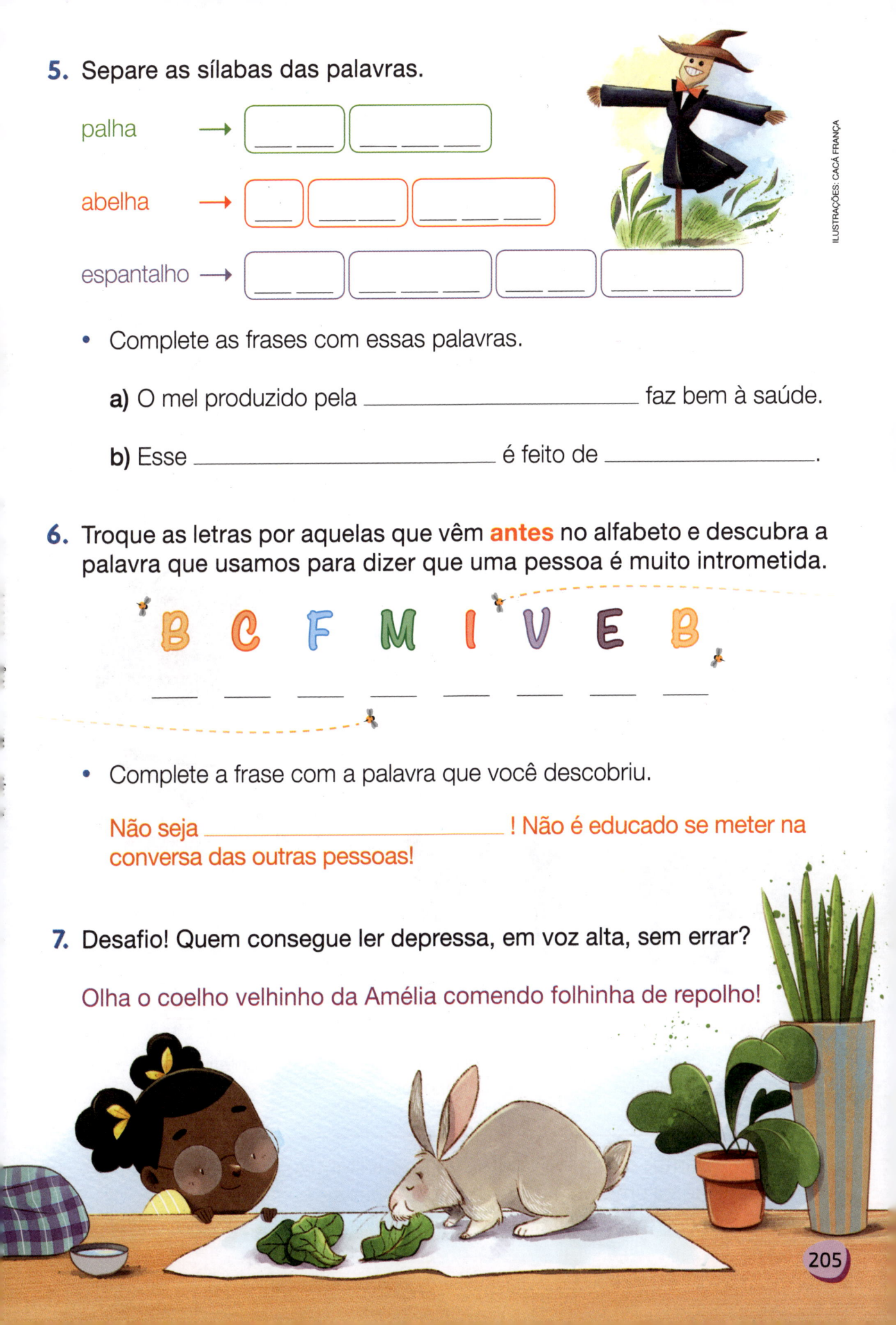

19

Coletivo

A banda

O desfile começou!
A banda já está passando!
Passa tocando corneta,
passa tocando bumbo,
passa tocando tuba.
A banda passa afinal!
Alegrando a criançada,
animando o pessoal!

banda
coletivo de músicos

criançada
coletivo de crianças

pessoal
coletivo de pessoas

Damos o nome de **coletivo** ao substantivo que, no singular, indica um conjunto de pessoas, animais ou coisas.

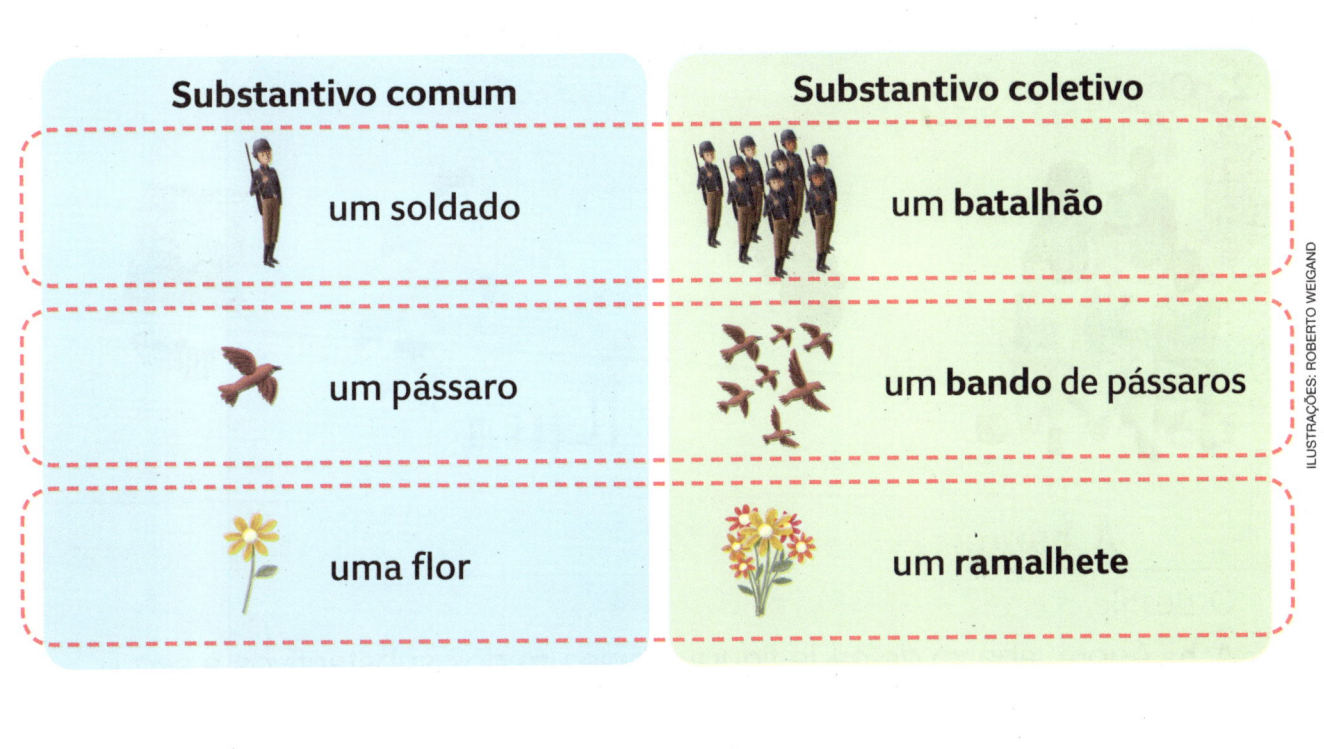

Substantivo comum	Substantivo coletivo
um soldado	um **batalhão**
um pássaro	um **bando** de pássaros
uma flor	um **ramalhete**

Atividades

1. Leia o texto.

Coletivos

Um grupo de cães é **matilha**,
Passarinhos formam **bando**,
Muitos lobos, **alcateia**.
Muitos bois, uma **boiada**,
Muitos cavalos, **manada**!

- Agora, ligue as colunas.

bois	matilha
lobos	manada
cães	alcateia
cavalos	boiada

2. Observe as figuras.

_____   _____   _____   _____

- Agora, abaixo de cada figura, copie um dos substantivos a seguir.

  cacho   álbum   time   rebanho

3. Siga as instruções e forme dois substantivos coletivos.

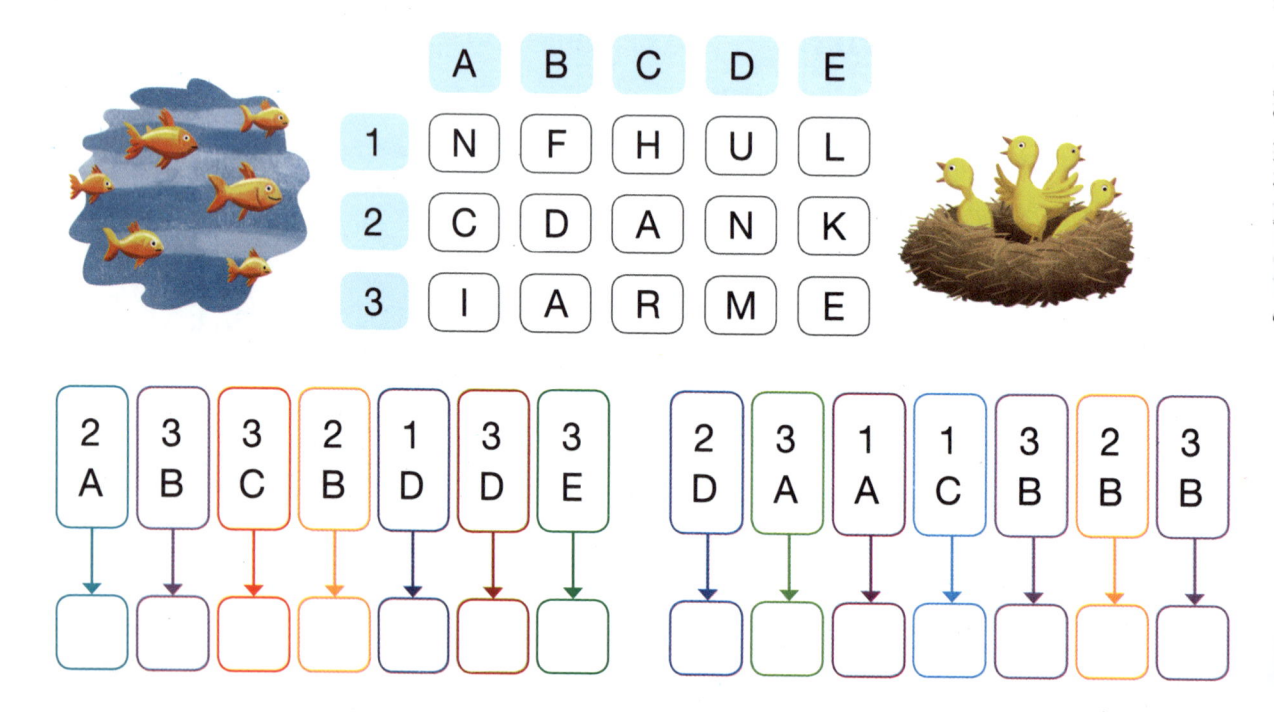

	A	B	C	D	E
1	N	F	H	U	L
2	C	D	A	N	K
3	I	A	R	M	E

2A 3B 3C 2B 1D 3D 3E   2D 3A 1A 1C 3B 2B 3B

- Escreva os coletivos que você formou:

  grupo de peixes da mesma espécie _____

  filhotes que uma fêmea tem de uma só vez _____

4. Leia o texto.

O corre-corre

No parque, a criançada estava olhando um bando de andorinhas que voava de um lado para o outro. Parecia que estavam passeando para aproveitar o fim da tarde, antes de voltar aos ninhos.

De repente, apareceu uma abelha. Logo depois, mais uma. Depois, outra. Num instante havia um enxame de abelhas em volta das crianças, que saíram correndo com medo de serem picadas. Picada de abelha dói!

a) Quantos parágrafos tem esse texto?

1   2   3   4   5

b) No texto, há três substantivos coletivos. Passe um traço embaixo de cada um.

c) Classifique os substantivos.

parque	☐ singular	☐ plural
andorinhas	☐ singular	☐ plural
abelha	☐ masculino	☐ feminino

d) Circule no texto o plural da palavra **abelha**.

5. Ordene as palavras conforme a numeração e forme uma frase declarativa.

o	toma	rebanho	conta
1	3	6	4

ovelhas	pastor	do	de
8	2	5	7

a) Escreva a frase que você formou. Não esqueça a letra inicial maiúscula e o sinal de pontuação.

_____

_____

b) Circule o substantivo coletivo que há nessa frase.

c) A cena ilustra a frase que você formou. Acabe de pintar conforme sua imaginação!

AZ, EZ, IZ, OZ, UZ

Brincando de rimar

Rapaz rima com **cartaz**,
talvez rima com **xadrez**,
feliz rima com **nariz**,
veloz rima com **feroz**
e **capuz** rima com **cruz**.
E aí estão uns versinhos
com **az**, **ez**, **iz, oz, uz**!

Minidicionário

Leia os verbetes **rima** e **rimar**.

O **z** pode se juntar a uma vogal que vem antes dele e formar uma sílaba.

rapaz ⟶ ra-**paz**

| az | ez | iz | oz | uz |
| AZ | EZ | IZ | OZ | UZ |

Atividades

1. Leia em voz alta e ligue as palavras que rimam.

   paz   juiz   luz   rapidez   feroz

   RAIZ   VOZ   CAPAZ   AVESTRUZ   VEZ

Uma ave enorme

Avestruz é o nome de uma ave não voadora que costuma comer de tudo.

É a maior ave que existe. Os machos podem chegar a 2 metros e meio de altura. As fêmeas são um pouco menores.

Os ovos do avestruz são os maiores do mundo: podem medir até 20 centímetros de altura!

Ovos de avestruz, de galinha e de codorna.

2. Veja como separamos as sílabas das palavras com **az**, **ez**, **iz**, **oz**, **uz**.

   incap**az** → in-ca-**paz**   fel**iz** → fe-**liz**

   • Agora, é sua vez! Separe as sílabas das palavras.

   veloz →

   rapidez →

3. Use o código e forme o nome de uma construção que costuma enfeitar praças e jardins.

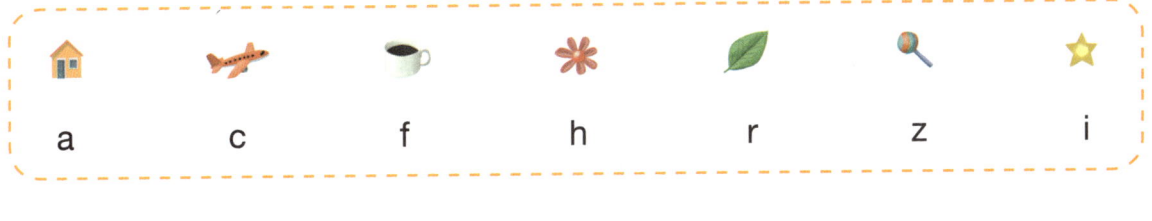

| a | c | f | h | r | z | i |

a) Separe as sílabas da palavra que você formou.

b) Agora, escreva uma legenda para a foto usando essa palavra.

4. Para fazer o plural das palavras terminadas em **z**, juntamos **es** ao z ⟶ **zes**. Veja exemplos.

raiz ⟶ raí**zes**   chafariz ⟶ chafari**zes**

- Faça o plural!

veloz ⟶ _____   luz ⟶ _____

5. Siga as indicações e forme uma frase declarativa.

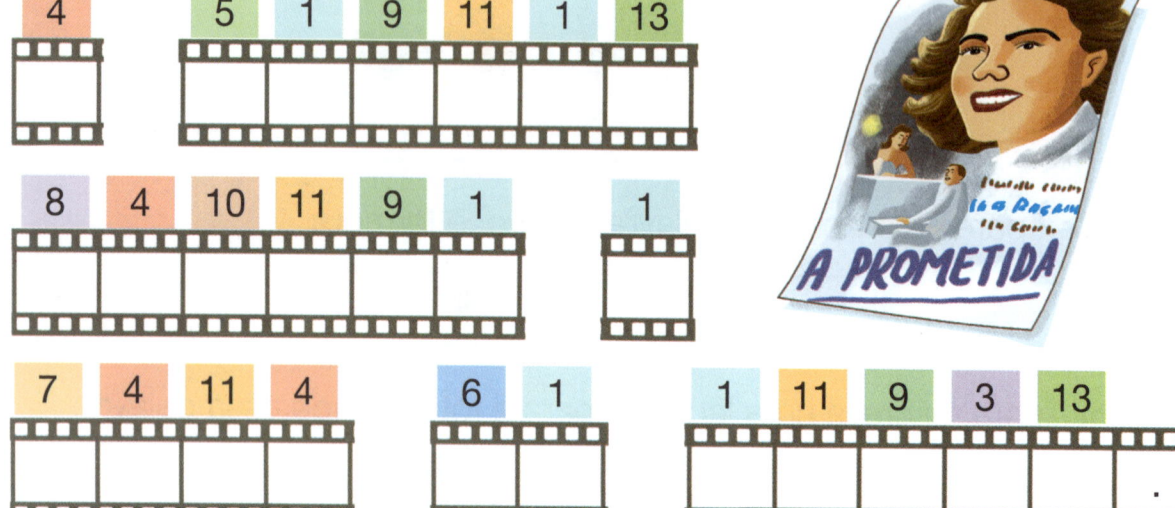

1	2	3	4	5	6	7	8	9	10	11	12	13
A	E	I	O	C	D	F	M	R	S	T	V	Z

O CARTAZ

MOSTRA A

FOTO DA ATRIZ.

a) Copie a frase que você formou.

b) Passe um traço embaixo das palavras terminadas em **az** e **iz**.

c) Agora, faça o plural dessas palavras.

6. Junte as letras da mesma cor e forme seis palavras de três letras.

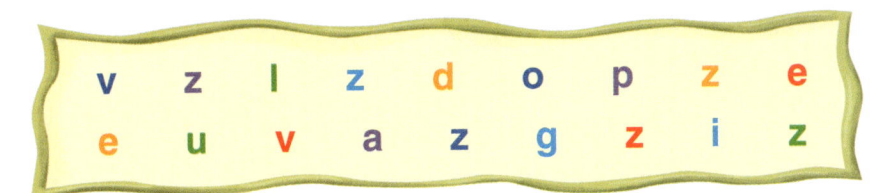

v z l z d o p z e
e u v a z g z i z

Todas as palavras terminam com **z**.

_____

_____

- Agora, copie as palavras formadas em ordem alfabética.

1. _____   2. _____

3. _____   4. _____

5. _____   6. _____

7. Estas palavras foram escritas ao contrário. Escreva-as corretamente. Veja o exemplo.

ziran ⟶ nariz

a) zupac ⟶ ___ ___ ___ ___ ___

b) zidrep ⟶ ___ ___ ___ ___ ___ ___

c) zirtacic ⟶ ___ ___ ___ ___ ___ ___ ___

d) zurtseva ⟶ ___ ___ ___ ___ ___ ___ ___ ___

- Agora, faça o plural de cada palavra que você formou.

a) _____

b) _____

c) _____

d) _____

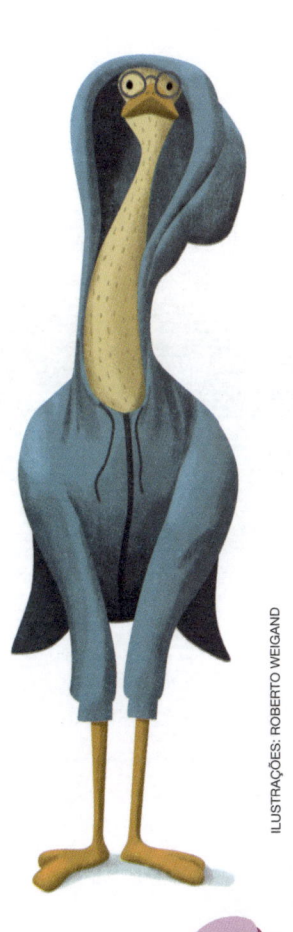

Revisão

1. Leia o texto.

O caçador de pássaros e a cegonha

Um fazendeiro armou uma rede para apanhar os pássaros que vinham comer e destruir suas plantações.

Um dia, alguns pardais ficaram presos na rede. Mas, entre eles, também ficou presa uma cegonha.

Quando o fazendeiro chegou, a cegonha pediu que a deixasse livre. Afinal, não era um pássaro que destruía plantações!

Mas o fazendeiro não quis saber de conversa e a levou embora, dizendo:

— Se você não é um pássaro mau, por que estava andando com esses que são maus?

Moral da fábula: *Quem é bom não anda com os maus.*

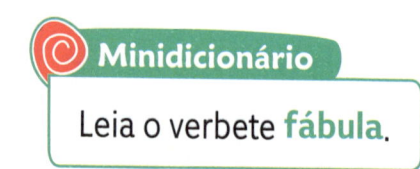

Minidicionário

Leia o verbete **fábula**.

a) Quantos parágrafos tem o texto? _____

b) Circule os sinais de pontuação com cores diferentes.

● = .   ● = !   ● = ?   ● = :

c) Indique com um **X** se os substantivos são masculinos ou femininos.

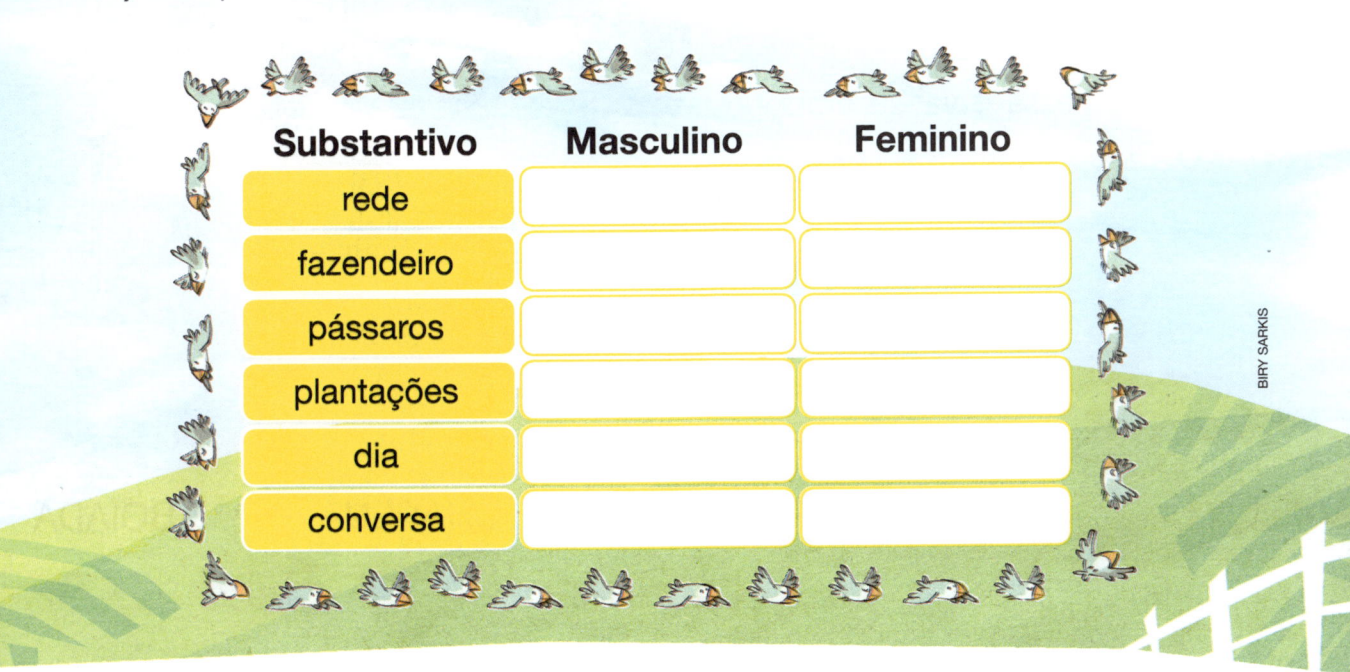

Substantivo	Masculino	Feminino
rede		
fazendeiro		
pássaros		
plantações		
dia		
conversa		

d) Que palavra aparece na frase a seguir tanto no singular quanto no plural?

"— Se você não é um pássaro mau, por que estava andando com esses que são maus?"

_____

e) Copie do texto o antônimo da palavra destacada na frase abaixo.

"Mas, entre eles, também ficou **presa** uma cegonha."

_____

Revisão

2. Leia.

A charrete do Chico

Lá vai o Chico na sua charrete.
O Chico com seu cachorro.
O Chico com seu chapéu.
Passa a ponte do riacho,
Passa por dentro da chácara,
Passa e olha a passarada,
Passa pela boiada,
Passa, passa e vai-se embora
O Chico na sua charrete...

a) Ligue a palavra à figura correspondente.

PASSARADA   CHAPÉU   BOIADA

CHARRETE   CACHORRO   CHICO

b) Separe as sílabas dessas palavras.

charrete → ☐ ☐ ☐

cachorro → ☐ ☐ ☐

passarada → ☐ ☐ ☐ ☐

chapéu → ☐ ☐

c) No texto, há dois substantivos coletivos. Quais são?

_____

d) Encontre no texto um substantivo próprio e copie-o aqui.

_____

3. Preencha a cruzadinha com os antônimos das palavras dadas.

fraco • justo • perto
estreito • gordo

(cruzadinha com letras L, L, O, E)

Revisão

4. Classifique os tipos de frases da tira usando este código.

[1] frase interrogativa   [2] frase exclamativa

a) Sabe da última? ☐   **b)** O Chico comprou tênis de mesa! ☐

c) Oba! ☐   **d)** Vamos jogar? ☐

5. Escreva a forma que está faltando.

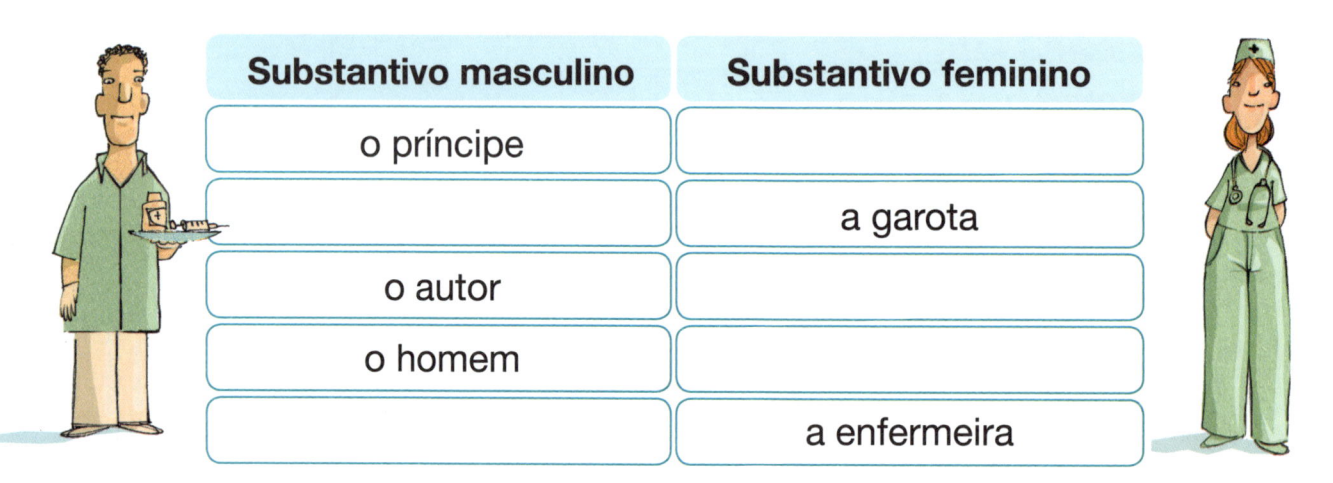

Substantivo masculino	Substantivo feminino
o príncipe	
	a garota
o autor	
o homem	
	a enfermeira

6. Encontre as palavras **galho**, **chuva**, **unha** e **hora** nas fitas de letras.

C G O V G A L H O H U V L C H U V A L H O

H U R N U N H A R O H R A N H O R A H O A

7. Vamos brincar com as sílabas e formar novas palavras!

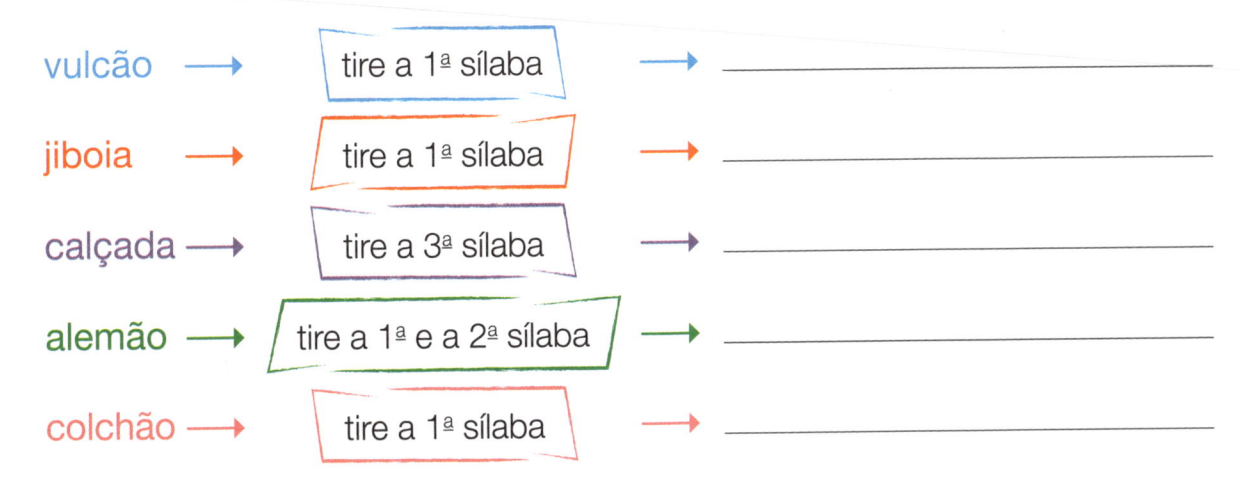

vulcão → tire a 1ª sílaba → _____

jiboia → tire a 1ª sílaba → _____

calçada → tire a 3ª sílaba → _____

alemão → tire a 1ª e a 2ª sílaba → _____

colchão → tire a 1ª sílaba → _____

8. Ordene as palavras do quadro e forme uma frase.

a) exclamativa | comprido   Elisa   como   é   cabelo   o   da

_____

_____

b) interrogativa | dono   cachorrinho   quem   o   desse   é

_____

_____

9. Quem consegue ler depressa e em voz alta, sem errar nenhuma vez?

Lá vai o Chico Galocha, moço chato chateando todo mundo.

BIRY SARKIS

221

Hora da história

O pássaro de fogo

Num reino distante, havia um rei que cultivava um lindo pomar, onde as árvores davam os mais doces frutos. Certa manhã, passeando pelo pomar, o rei percebeu que uma de suas maçãs havia sido roubada. Ele ficou inconformado. Como alguém tinha conseguido invadir seu pomar? Será que esse ladrão voltaria de novo à noite? Quando o príncipe, seu filho, ficou sabendo, decidiu que ele mesmo vigiaria a macieira naquela noite.

Assim que escureceu, o príncipe se colocou ao lado da árvore, muito atento. A noite estava muito escura e o príncipe não conseguia enxergar nada, nem mesmo a lua e a luz das estrelas. Foi quando, de repente, o céu se iluminou como se o sol estivesse nascendo. O príncipe olhou para o alto e viu um pássaro mágico: dentro de seu peito, o coração brilhava como uma brasa e suas asas espalhavam labaredas de fogo pelo céu. O pássaro de fogo pousou em um dos galhos e pegou uma maçã com o bico. O príncipe rapidamente subiu na árvore e tentou agarrá-lo, mas, ao encostar a mão em sua cauda, queimou os dedos. Assim que o pássaro pegou a maçã, levantou voo novamente e partiu, deixando um rastro iluminado.

O príncipe correu para o castelo e acordou o rei para contar o que tinha acontecido.

— Traga-me o pássaro mágico! – ordenou o rei.

O príncipe saiu em busca do pássaro, atravessando montanhas e cruzando rios e florestas. Dias se passaram sem que o príncipe tivesse qualquer pista do pássaro de fogo. Até que um dia, quando saía de uma caverna onde havia passado a noite, viu um clarão dourado que nascia no horizonte. Ora, ainda era noite e aquele clarão só podia ser... o pássaro de fogo!

Ele correu até a luz e o encontrou dormindo em seu ninho. Com uma rede especial, que não pegava fogo, ele capturou o pássaro, que acordou assustado.

— Por favor, não me mate! – pediu o pássaro, chorando lágrimas quentes.

— Não vou matar você! – respondeu o príncipe. – Vou levá-lo para o meu pai, o rei. Você ficará em uma linda gaiola de ouro para que todos o admirem! E ainda poderá comer quantas maçãs quiser!

— De que serve comer as mais doces maçãs quando não se tem liberdade para voar? De que serve viver em uma gaiola de ouro quando ela também é uma prisão?

Ouvindo isso, o príncipe ficou com dó do pássaro. Toda a sua beleza murcharia e ele ficaria muito triste preso na gaiola. Ele decidiu, então, soltá-lo. O pássaro, porém, não fugiu. Em troca da bondade do príncipe, ele lhe ofereceu uma de suas penas.

— Minhas penas são mágicas: podem curar doenças e salvar vidas. Com esse presente, eu lhe agradeço por me soltar.

— Mas o que direi ao rei?

— Diga-lhe que, se ele quiser me ver, estarei na macieira todos os dias, ao amanhecer. – respondeu o pássaro. Assim, todos poderão me ver, eu poderei comer a minha maçã e ainda estarei livre para voar pelos céus. Nunca poderá haver beleza numa prisão. Um pássaro só é belo quando voa livre.

E daquele dia em diante, em seu passeio diário, o rei via o pássaro de fogo cortando o céu da manhã como um cometa, num voo de liberdade e alegria, tornando seu jardim ainda mais belo.

Renata Tufano. Versão adaptada de um conto folclórico russo.

Hora da história

Atividades

1. Onde se passa a história que você leu?

   _____

2. O que o príncipe pretendia ao vigiar a macieira à noite? Circule a resposta.

   Pegar o pássaro de fogo.   Descobrir quem era o ladrão das maçãs.

3. Ao ver o pássaro de fogo, o que o príncipe percebeu? Sublinhe a resposta.

   Que o pássaro de fogo era um pássaro igual a outros.

   Que o pássaro de fogo era mágico, diferente dos pássaros que existem.

4. Por que o pássaro de fogo não queria viver em uma gaiola de ouro?

   ☐ Porque não poderia comer as maçãs de que gostava muito.

   ☐ Porque perderia totalmente sua liberdade.

5. Numere as cenas de acordo com a sequência final da história.

6. Leia o verbete.

> **ingrato** in.**gra**.to (adjetivo) Que não reconhece o favor ou a ajuda recebida, deixando de agradecer.

- Com base nessa explicação, você acha que o pássaro foi ingrato com o príncipe? Por quê?

7. O que você acha mais bonito: um pássaro na gaiola ou um pássaro voando no céu? Por quê? Converse com seus colegas sobre isso.

8. Que outro título você daria a esta história?

_____

_____

Vamos ler mais?

Assim como o rei da história, que queria para si o pássaro de fogo, havia uma menina que amava muito um pássaro, também encantado: as penas dele mudavam de cor dependendo do lugar onde voava. Era seu melhor amigo. Com medo de perdê-lo, porém, ela o prendeu em uma gaiola. O pássaro começou a entristecer, a perder o brilho e as cores de sua plumagem... O que será que a menina fez?

Para saber, leia *A menina e o pássaro encantado*, de Rubem Alves.

20

Adjetivo

O panda-pequeno

O panda-pequeno é um lindo animal. Por sua cor avermelhada, é também chamado de panda-vermelho. Ele tem pelo macio e cauda comprida e peluda. E, quando adulto, pode atingir meio metro de altura.

Costuma dormir em galhos de árvores ou em tocas durante as horas mais quentes do dia. No começo da noite, sai para comer. Alimenta-se principalmente de bambu.

É um animal solitário, raramente vive em grupo. Mas é muito fofo. Parece um boneco de pelúcia!

Minidicionário
Leia os verbetes **solitário** e **cauda**.

pelo **macio**
adjetivo

cauda **comprida** e **peluda**
adjetivos

Adjetivo é a palavra que usamos para dizer como é ou como está uma coisa, um lugar, um animal, uma pessoa.

Veja outros exemplos.

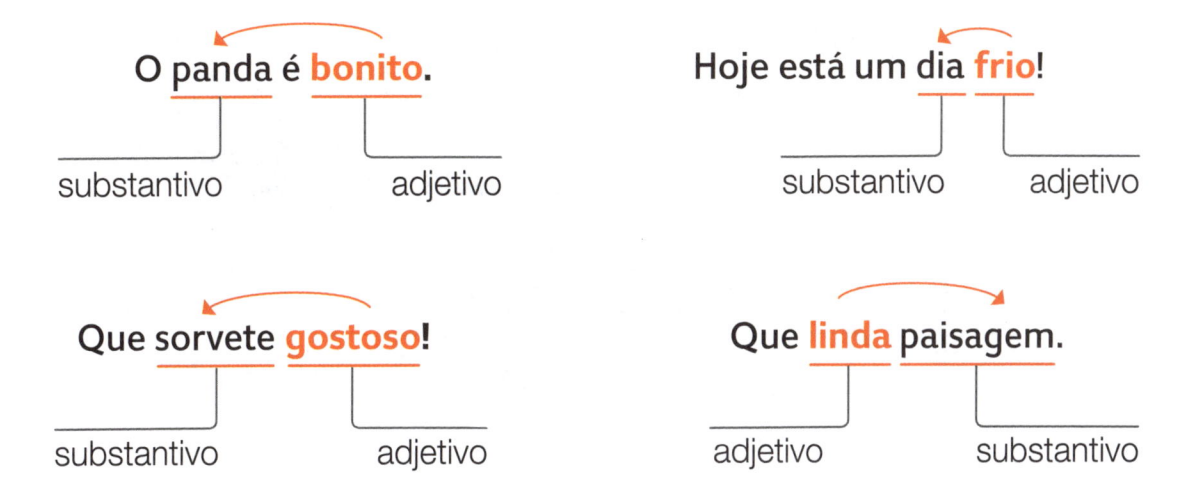

O panda é **bonito**.
substantivo — adjetivo

Hoje está um dia **frio**!
substantivo — adjetivo

Que sorvete **gostoso**!
substantivo — adjetivo

Que **linda** paisagem.
adjetivo — substantivo

Atividades

1. Escreva os adjetivos **leve** ou **pesado** embaixo de cada figura.

_____   _____   _____

_____   _____   _____

2. Leia.

TURMA DA MÔNICA — Mauricio de Sousa

— BOM DIA, LINDO DIA!!
— HOJE EU ACORDEI FELIZ!
— E QUERO VER TODO MUNDO FELIZ!

a) Que adjetivo diz como está o dia? _____

b) E que adjetivo diz como está a menina? _____

3. Sublinhe os adjetivos que aparecem nos títulos dos livros e, depois, escreva-os.

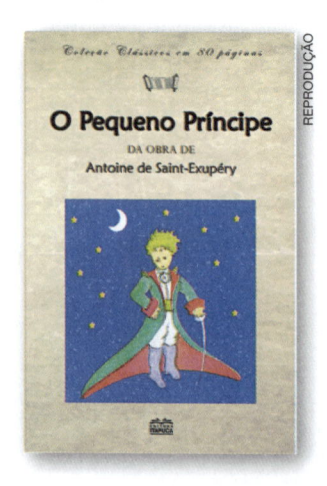

O Pequeno Príncipe — DA OBRA DE Antoine de Saint-Exupéry

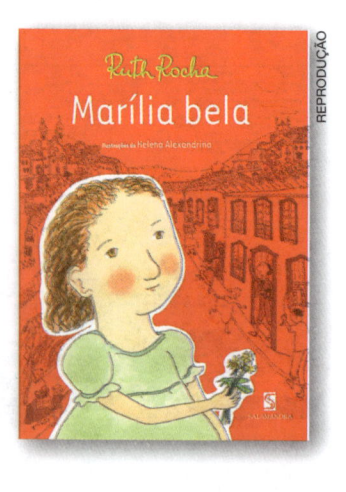

Ruth Rocha — Marília bela

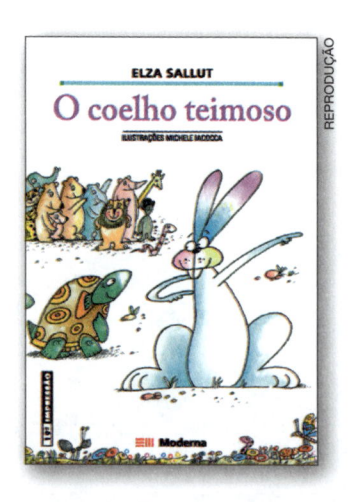

ELZA SALLUT — O coelho teimoso

_____   _____   _____

4. Leia os adjetivos abaixo.

manso   veloz   grande
feroz   curto   lento
longo   fraco   forte
        pequeno

a) Circule os adjetivos que podem caracterizar um leão.

b) Agora, escreva um pequeno texto descrevendo o leão da foto.

_____

_____

5. Complete a cruzadinha com os antônimos dos adjetivos.

Se precisar de ajuda, consulte o **Minidicionário**.

1. fraco
2. grosso
3. sujo
4. rápido
5. baixo
6. fundo
7. bonito
8. quente

6. Leia o título da história da revista.

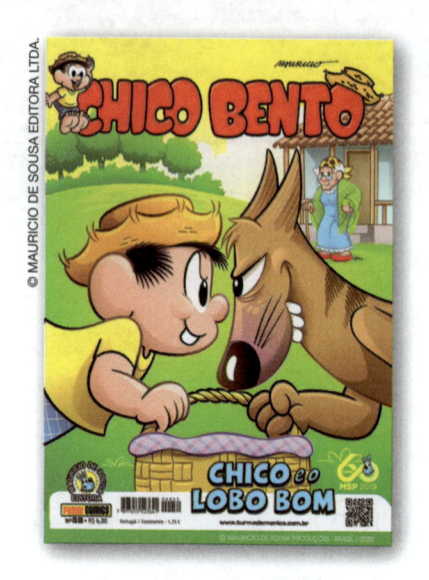

a) Localize no título:

um substantivo comum _____.

um substantivo próprio _____.

um adjetivo _____.

b) A qual substantivo se refere esse adjetivo? _____

c) Qual é o antônimo desse adjetivo? _____

Veja como podemos formar adjetivos.

Esse artista tem fama, ele é famoso.
                                   |
                                adjetivo

---

7. Agora é sua vez! Complete as frases formando adjetivos.

a) Esse sorvete tem gosto bom, ele é _____.

b) Daniel estuda bastante, ele é _____.

c) Ele tem medo de tudo, ele é _____.

d) Esse menino faz manha, ele é _____.

8. Escreva as letras nos locais indicados e forme uma frase exclamativa.

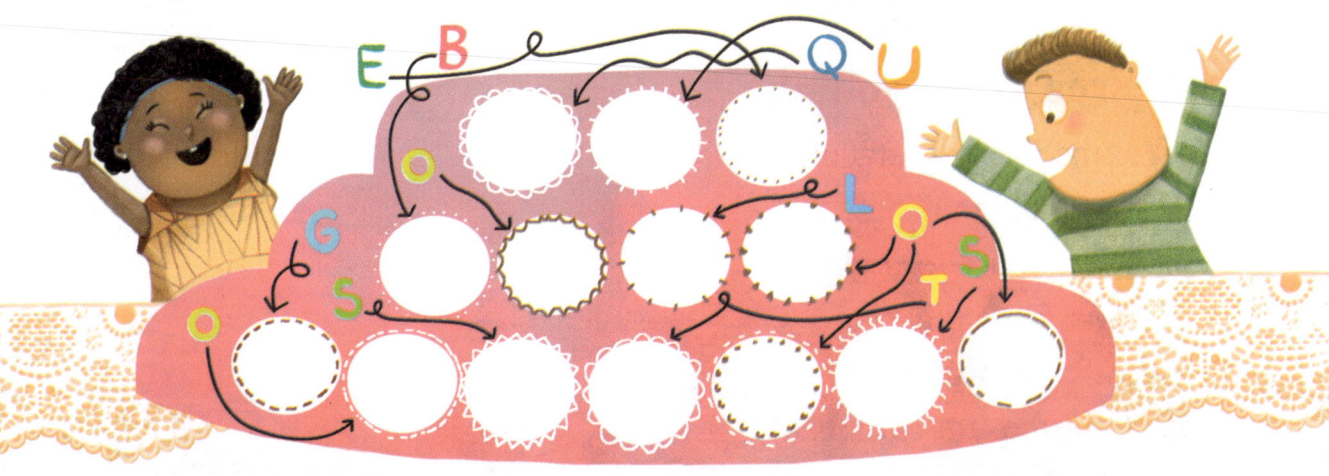

a) Copie a frase formada. Não esqueça a letra inicial maiúscula e o sinal de pontuação.

_____

b) Que adjetivo foi usado nessa frase? _____

c) A qual substantivo ele se refere? _____

9. Encontre estas palavras no quadro de letras.

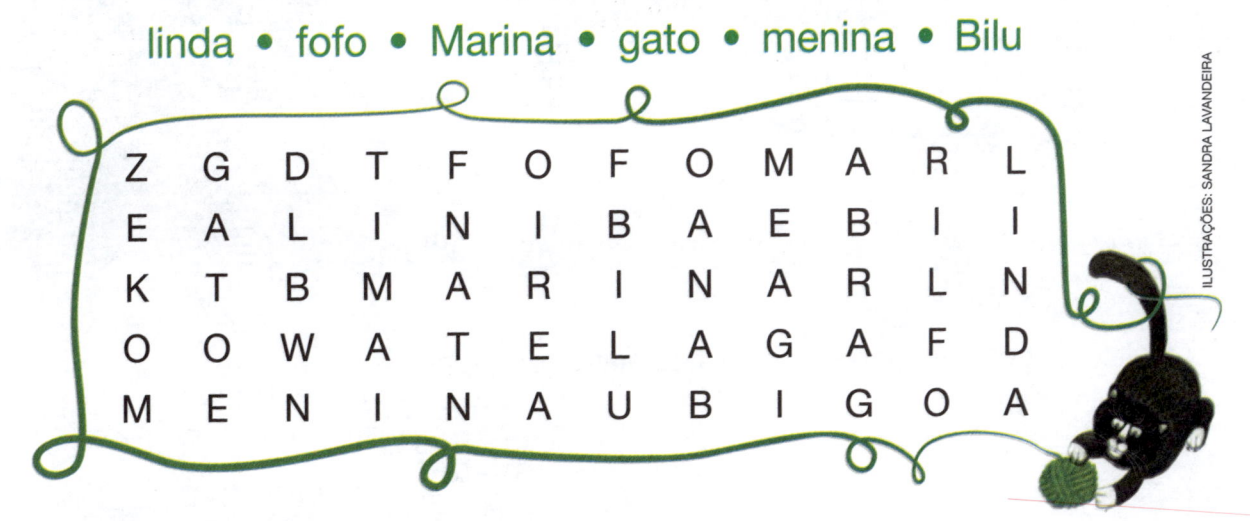

linda • fofo • Marina • gato • menina • Bilu

Z	G	D	T	F	O	F	O	M	A	R	L
E	A	L	I	N	I	B	A	E	B	I	I
K	T	B	M	A	R	I	N	A	R	L	N
O	O	W	A	T	E	L	A	G	A	F	D
M	E	N	I	N	A	U	B	I	G	O	A

- Agora, organize as palavras encontradas.

substantivos próprios _____

substantivos comuns _____

adjetivos _____

AL, EL, IL, OL, UL

As piruetas do golfinho

Vai começar o espetáculo!
Lá vai o golfinho!
Ele salta bem alto e gira,
como se fosse um pião.
Palmas para o golfinho,
ele é mesmo um campeão!

O salto dos golfinhos pode chegar a três metros de altura.

alto ⟶ **al**-to

O **l** pode se juntar a uma vogal que vem antes dele e formar uma sílaba.

al	el	il	ol	ul
AL	EL	IL	OL	UL

Em muitas palavras, há uma consoante antes do grupo **al**, **el**, **il**, **ol**, **ul**, formando uma só sílaba. Isso pode acontecer no início, no meio ou no fim da palavra. Veja.

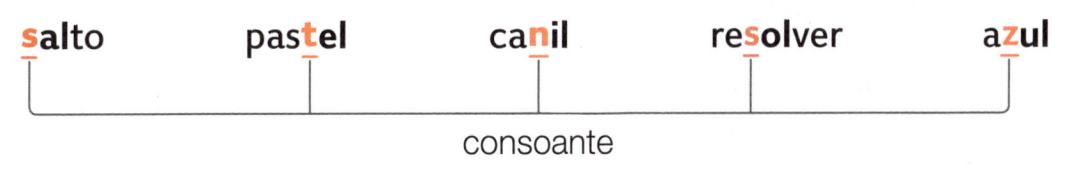

salto   pas**t**el   ca**n**il   re**s**olver   a**z**ul

consoante

Atividades

1. Junte as sílabas da mesma cor e forme palavras.

bol   pa   nal   ça   te   cal   pel   jor   da   fu

- Escreva as palavras formadas em ordem alfabética.

1. _____   2. _____

3. _____   4. _____

2. Ordene as letras dos quadrinhos e complete as palavras. Veja o exemplo.

AL + INEFTE ⟶ ALFINETE

As palavras terminam com a letra azul.

a) AL + ACEF ⟶ ___ ___ ___ ___ ___ ___

b) AL + MEAG ⟶ ___ ___ ___ ___ ___ ___

c) AL + AFTBEO ⟶ ___ ___ ___ ___ ___ ___ ___ ___

3. Que animal é este? Decifre o código e descubra.

a c s v l e

_____ _____ _____ _____ _____ _____ _____ _____

- Agora, complete o texto com a palavra que você descobriu. Depois, leia o texto.

A _____ é uma cobra venenosa. Para aterrorizar o inimigo, ela move a ponta da cauda, que tem uma espécie de chocalho, produzindo um som forte. Cuidado! Não chegue perto!

4. Veja como separamos as sílabas das palavras com **al**, **el**, **il**, **ol**, **ul**.

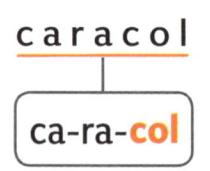

soldado → **sol**-da-do

caracol → ca-ra-**col**

a) Agora, é sua vez! Separe as sílabas das palavras.

animal → _____ _____ _____

pulseira → _____ _____ _____

b) Qual dessas sílabas apresenta encontro vocálico? Circule-a.

5. As palavras a seguir foram escritas ao contrário. Escreva-as corretamente.

a) EDLAB → _____

b) LANIS → _____

Observe como é feito o plural das palavras terminadas em **al**, **el**, **ol**, **ul**.

o jorn**al**	→	os jorn**ais**	AL	→	AIS
o past**el**	→	os past**éis**	EL	→	ÉIS
o far**ol**	→	os far**óis**	OL	→	ÓIS
o az**ul**	→	os az**uis**	UL	→	UIS

6. Agora é com você! Faça o plural destas palavras.

o animal → os _____   o anel → os _____

o papel → os _____   o lençol → os _____

7. Siga as setas e forme um substantivo que indica a pessoa que escala montanhas.

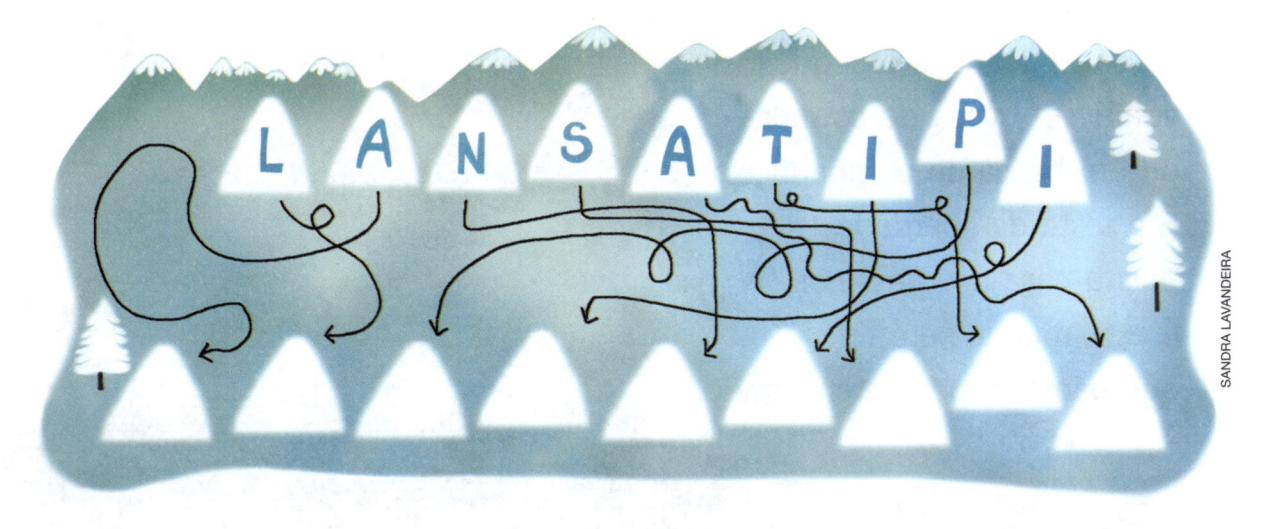

a) Agora, leia a tira.

b) O que essa historinha tem a ver com a palavra que você formou?

21

▸ Adjetivo: concordância

Os donos do céu

Amanhece e começa a festa!
Pássaros de todas as cores
voam pra cá e pra lá.
Pássaros de asas azuis,
vermelhas, verdes, amarelas,
pássaros grandes e pequenos,
voam em busca de comida
ou em busca de companheiro.
É a festa da liberdade,
pois a casa dos pássaros
é este mundo sem fim,
que não tem porta nem grade...

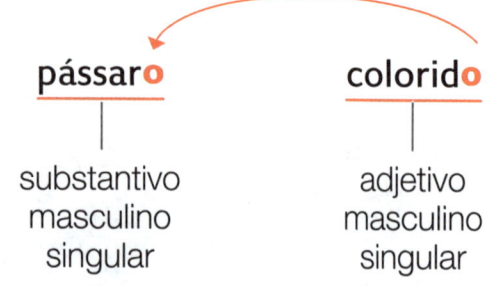

pássar**o**	colorid**o**	as**as**	vermelh**as**
substantivo masculino singular	adjetivo masculino singular	substantivo feminino plural	adjetivo feminino plural

O **adjetivo** concorda em **gênero** (masculino ou feminino) e em **número** (singular ou plural) com o substantivo a que se refere.

Concordando em gênero

Se o **substantivo** está no **masculino**, o **adjetivo** também deve estar no **masculino**.
Se o **substantivo** está no **feminino**, o **adjetivo** também deve estar no **feminino**.
Veja os exemplos.

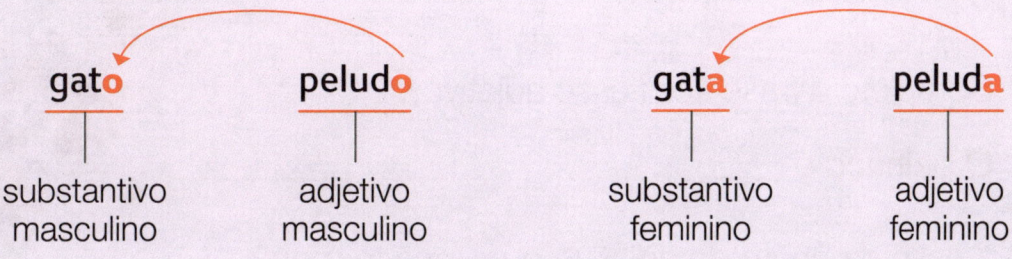

gat**o** — pelud**o**
substantivo masculino — adjetivo masculino

gat**a** — peluda**a**
substantivo feminino — adjetivo feminino

Atividades

1. Concorde o adjetivo com o substantivo. Veja o exemplo.

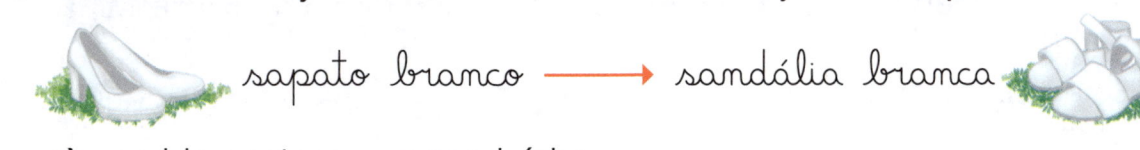

sapato branco ⟶ sandália branca

a) comida gostosa ⟶ sanduíche _____

b) homem alto ⟶ mulher _____

c) vento gelado ⟶ água _____

d) menino calmo ⟶ menina _____

2. Copie o adjetivo que completa corretamente cada frase.

a) Essa camisa é _____. amarelo/amarela

b) Hoje, o dia está _____. frio/fria

c) A praia está _____. lotado/lotada

d) Esse carro é _____. preto/preta

3. Decifre o código e descubra um adjetivo.

⚽ = G   🎈 = A   🤡 = E   👑 = R   🎪 = N   🎩 = O   🍿 = D   🚲 = Ç

🤡 🎪 ⚽ 👑 🎈 🚲 🎈 🍿 🎩

___ ___ ___ ___ ___ ___ ___ ___ ___

a) Complete a frase com esse adjetivo.

O palhaço é _____.

b) Qual é o gênero do adjetivo que você formou? Como você sabe?

Concordando em número

Se o **substantivo** está no **singular**, o **adjetivo** também deve estar no **singular**.
Se o **substantivo** está no **plural**, o **adjetivo** também deve estar no **plural**.
Veja os exemplos.

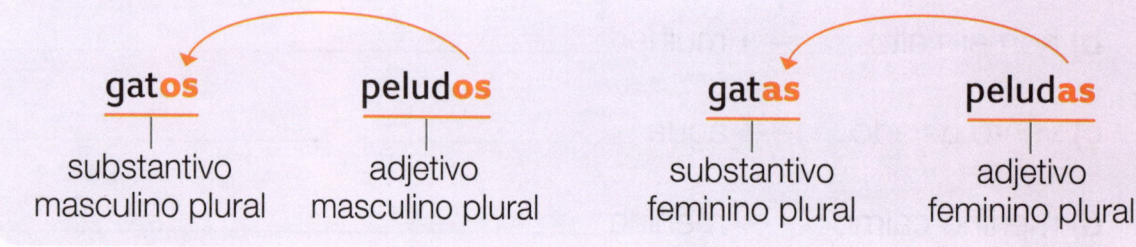

gat**os** → peludo**s**
substantivo masculino plural — adjetivo masculino plural

gat**as** → pelud**as**
substantivo feminino plural — adjetivo feminino plural

4. Copie o adjetivo que completa corretamente cada frase.

a) Esses filmes são _____.   divertidas/divertidos

b) As lâmpadas estão _____.   acesos/acesas

c) As salas estão _____.   limpas/limpos

d) Os alunos são _____.   educados/educadas

O adjetivo no dicionário

No dicionário, o adjetivo é apresentado no **masculino** e no **singular**. Por isso, se quiser saber o significado do adjetivo **belas**, procure **belo**.

5. Praticando! Escreva como devemos procurar no dicionário os adjetivos destacados nas frases a seguir.

a) Essas flores são **bonitas**. ⟶ _____

b) Essa jogadora é **rápida**. ⟶ _____

> Confira se acertou consultando o **Minidicionário**.

6. Complete as frases usando o plural. Veja o exemplo.

O livro é colorido. ⟶ Os livros são coloridos.

a) O leão é bravo. ⟶ Os leões são _____.

b) A foto é antiga. ⟶ As fotos são _____.

c) A menina é simpática. ⟶ As meninas são _____.

7. Ligue os substantivos aos adjetivos.

sofá	macias
camas	manhosas
bebê	rasgados
crianças	manhoso
vestidos	rasgada
roupa	macio

8. Complete as lacunas do texto com as palavras do quadro.

pequeno	direções	pássaro	rápido
asinhas	colorido	parado	lindas

O maravilhoso beija-flor

O beija-flor é o menor _____ do mundo.

Sua plumagem tem _____ cores.

Ele é muito _____ e capaz de voar em todas as _____. Até para trás, em marcha a ré!

Ele pode também ficar _____ no ar, batendo as _____ bem depressa.

O beija-flor parece um _____ helicóptero _____.

9. Leia.

ARMANDINHO — Alexandre Beck

— GOSTO DE VER OS IPÊS FLORIDOS!
— TALVEZ EU SEJA BOBA POR LIGAR PRA ISSO...
— TALVEZ BOBO SEJA QUEM NÃO LIGA...

- Agora, copie os adjetivos da tirinha, classificando-os.

MASCULINO PLURAL	MASCULINO SINGULAR	FEMININO SINGULAR
_____	_____	_____
_____	_____	_____

240

E e O em fim de palavra

CHICO BENTO — Mauricio de Sousa

parec**e** — **e** final

sonh**o** — **o** final

> Quando vem no fim das palavras, a letra **e** quase sempre é pronunciada com som de **i**.
> Quando vem no fim das palavras, a letra **o** quase sempre é pronunciada com som de **u**.
> Por isso, preste atenção na hora de escrever!

Atividades

1. Passe para o singular. Depois, leia as frases em voz alta.

Os sapos estão nos brejos.

2. Preencha a cruzadinha.

1. Animal que faz miau.
2. Singular de **camelos**.
3. Antônimo de **aberto**.
4. O que não é longe é...
5. Masculino de **menina**.
6. O que a galinha bota.

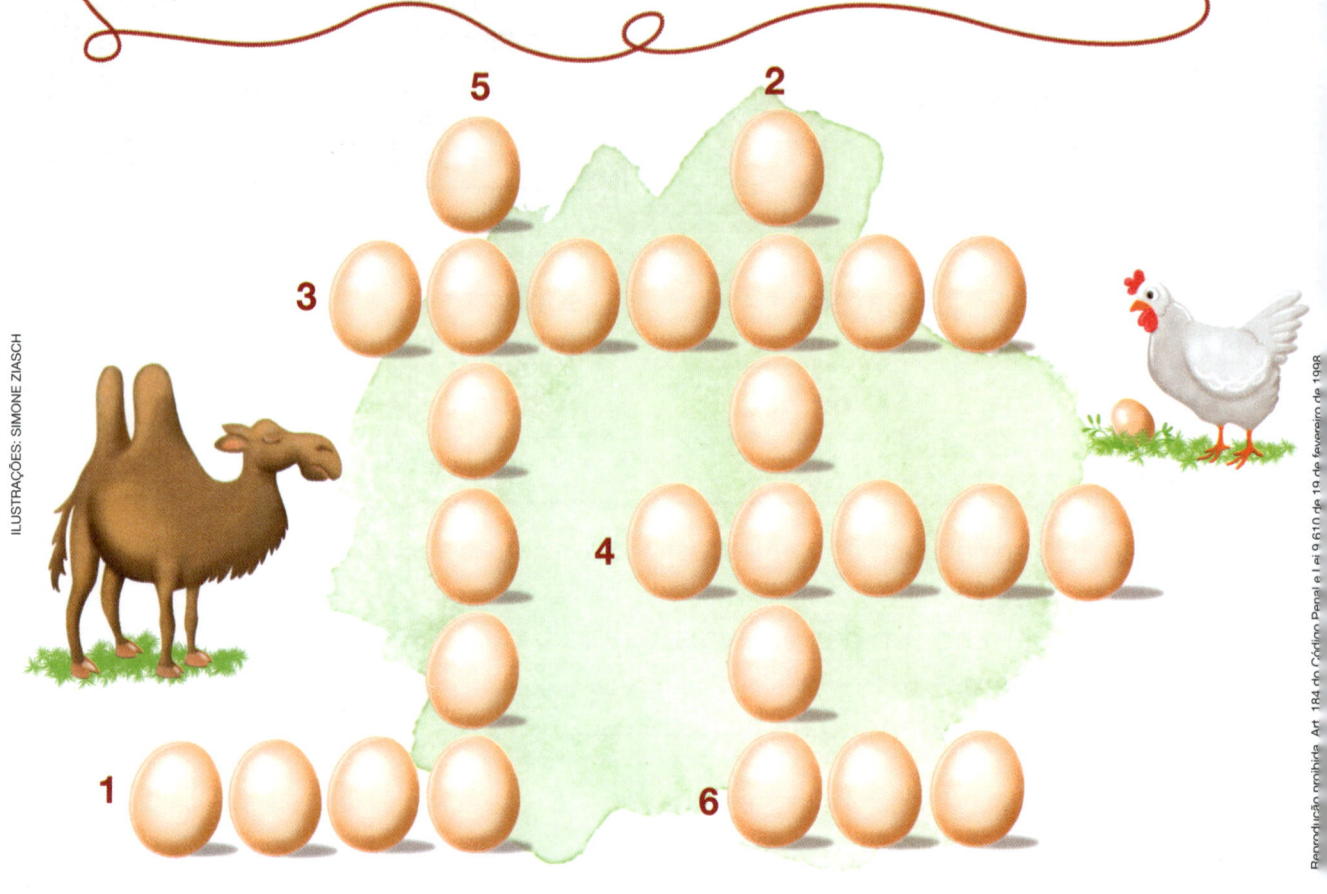

3. Vamos brincar de formar palavras!

a) me**d**o → troque **d** por **i** → ___ ___ ___

b) b**o**lo → troque **o** por **e** → ___ ___ ___ ___

c) **f**ogo → troque **f** por **j** → ___ ___ ___ ___

d) **p**elo → troque **p** por **g** → ___ ___ ___ ___

- Complete a frase com uma das palavras que você formou.

Patinar no _____ é muito divertido!

4. Passe a frase para o singular.

Os estudantes estão contentes.

_____

• Leia as frases em voz alta.

5. Encaixe as palavras no diagrama. Já pusemos duas letras para ajudar.

verde

dente

triste

presente

ponte

6. Ordene as letras e forme palavras.

P M **C** A O → ___ ___ ___ ___ ___

E D I D A **C** → ___ ___ ___ ___ ___ ___

G M **O** I A → ___ ___ ___ ___ ___

O P **E** T **E** S R → ___ ___ ___ ___ ___ ___ ___

> As palavras começam com a letra **azul** e terminam com a letra **verde**.

• Complete a frase com as palavras que você formou.

Eu e meu _____ praticamos _____ em um _____ de futebol da nossa _____.

243

22

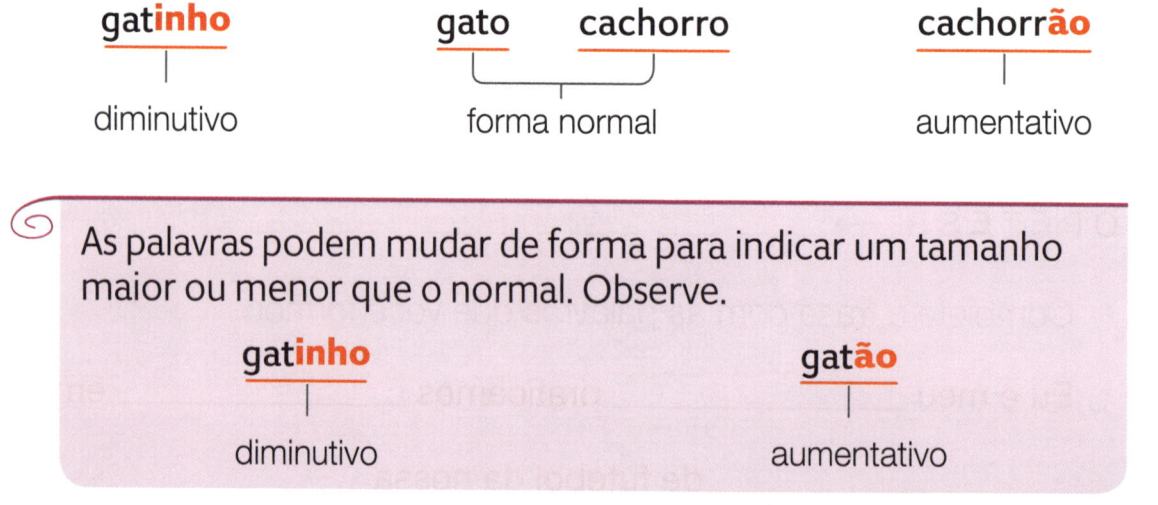

Aumentativo e diminutivo

Gatinho e cachorrão

Gato e cachorro
podem se dar bem?
Você acha que sim?
Você acha que não?

Aqui está um gatinho,
relaxadão,
dormindo tranquilo,
com um... cachorrão!

gatinho
|
diminutivo

gato **cachorro**
forma normal

cachorrão
|
aumentativo

> As palavras podem mudar de forma para indicar um tamanho maior ou menor que o normal. Observe.
>
> **gatinho**   **gatão**
> diminutivo   aumentativo

Atividades

1. Dê o diminutivo e o aumentativo de cada palavra.

	Diminutivo	Aumentativo
livro	livrinho	livrão
prato		
rato		
sorvete		

2. Ordene as letras e forme duas palavras no aumentativo.

As palavras terminam em **ão**.

e d p ã ç o a → _____

r a r g ã f o a → _____

3. Complete as frases com o diminutivo das palavras a seguir.

gato   caixa   sapato   prato

a) Ela guardou os brincos dentro de uma _____.

b) O _____ bebe leite no _____.

c) A princesa ganhou um _____ de cristal.

4. Leia a tira.

TURMA DA MÔNICA Mauricio de Sousa

— VEM, PATINHO! VEM, PATINHO!

— VEM, PATINHO! VEM, VEM, VEM! VEM, PATINHO!

— ELE ME SEGUIU, MÃE! POSSO FICAR COM ELE?

FIM

a) Que palavra no diminutivo foi usada na tira? _____

b) Qual é a forma normal dessa palavra? _____

Veja como formamos o diminutivo de algumas palavras.

irmão ⟶ irmão**zinho**
           irmão + zinho

papel ⟶ papel**zinho**
           papel + zinho

> Substantivos terminados em **ão** e **l** recebem o acréscimo, no diminutivo, de **zinho**.

5. Agora é sua vez! Faça o diminutivo das palavras a seguir.

a) farol ⟶ _____

b) anel ⟶ _____

c) pão ⟶ _____

d) botão ⟶ _____

6. Use o código e forme uma palavra no diminutivo.

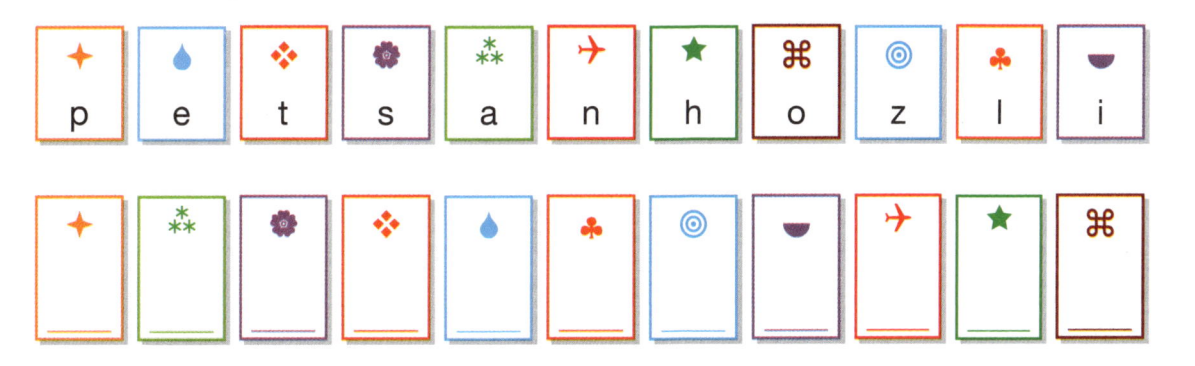

| p | e | t | s | a | n | h | o | z | l | i |

- Complete a frase com a palavra que você formou.

Comi um delicioso _____ **de queijo!**

> Você reparou que essa palavra é grande, mas não tem nenhuma letra repetida? Pode conferir!

Veja como formamos o diminutivo das palavras a seguir.

fo**ca** ⟶ fo**qui**nha

bar**co** ⟶ bar**qui**nho

man**ga** ⟶ man**gui**nha

moran**go** ⟶ moran**gui**nho

ca/co ⟶ qui

ga/go ⟶ gui

Substantivos terminados em **ca** ou **co** são escritos, no diminutivo, com **qui**.
Substantivos terminados em **ga** ou **go** são escritos, no diminutivo, com **gui**.

7. Agora é com você! Faça o diminutivo das palavras a seguir.

a) lago ⟶ _____

b) maluco ⟶ _____

c) vaca ⟶ _____

d) frango ⟶ _____

8. Complete as frases com o aumentativo ou o diminutivo, de acordo com o sentido.

a) O dente desse bicho é muito grande, é um _____.

b) Esse banco é muito pequeno, é um _____.

c) Essa formiga é muito pequena, é uma _____.

9. Complete a frase com as palavras **macaco** e **coco** no diminutivo.

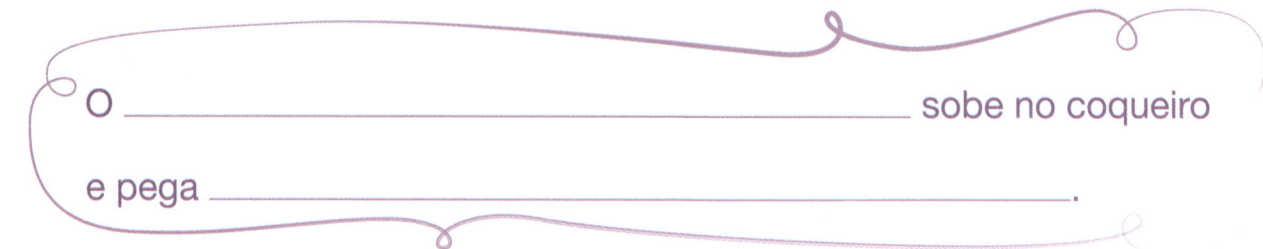

O _____ sobe no coqueiro e pega _____.

Observe a formação destes diminutivos.

lenço ⟶ len**c**inho   moça ⟶ mo**c**inha

ç   c   ç   c

Não se usa cedilha em **lencinho** e **mocinha** porque a letra **c** vem antes da vogal **i**.

---

10. Agora, dê o diminutivo.

a) carroça _____

b) palhaço _____

c) balanço _____

d) peça _____

e) onça _____

f) serviço _____

11. Escreva a letra pedida do nome de cada figura e forme um diminutivo.

1ª letra	6ª letra	2ª letra	1ª letra	4ª letra	1ª letra	5ª letra	5ª letra
P	R	A	C	I	N	H	A

a) Que palavra você formou? **PRACINHA**

b) Qual é a forma normal dessa palavra? **PRAÇA**

> Muitas vezes, usamos o aumentativo e o diminutivo para expressar carinho ou amizade e não tamanho. Veja os exemplos.
>
> **Beatriz é minha coleguinha.** **Caio é meu amigão.**
> **Gosto muito do Paulinho.** **Pedrão é meu amigo.**

12. Ordene as palavras e forme duas frases declarativas.

> Atenção para o uso da letra inicial maiúscula e o sinal de pontuação!

a) cinema   ao   com   filhão   meu   vou

_____

_____

b) Bruninha   todos   da   gostam   alunos   os

_____

_____

Nem todas as palavras terminadas em **inho** ou **inha** estão no diminutivo. Só aquelas que indicam tamanho pequeno.

Veja exemplos de palavras que **não** estão no diminutivo:

cozinha • **focinho** • **vizinha** • **caminho**

13. Leia as palavras e pinte o ☐ conforme a legenda.

🟥 diminutivo   🟦 forma normal

☐ canetinha   ☐ bolsinha   ☐ vizinho   ☐ letrinha

☐ carinho   ☐ sozinho   ☐ bolinha   ☐ farinha

14. Encontre no quadro de letras a forma normal das palavras.

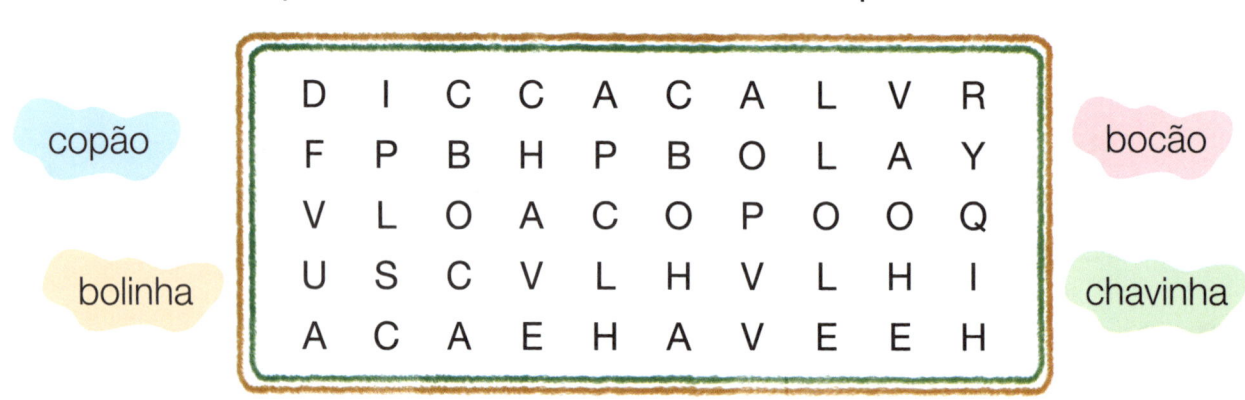

copão   bocão

D	I	C	C	A	C	A	L	V	R
F	P	B	H	P	B	O	L	A	Y
V	L	O	A	C	O	P	O	O	Q
U	S	C	V	L	H	V	L	H	I
A	C	A	E	H	A	V	E	E	H

bolinha   chavinha

Atenção!

No dicionário, as palavras aparecem na forma normal e não no diminutivo ou aumentativo. Por isso, você não vai encontrar palavras como **faquinha** ou **cachorrão**. Procure **faca** e **cachorro**, as formas normais dessas palavras.

15. Como devemos procurar no dicionário as palavras destacadas nas frases abaixo?

a) Que **ventinho** gostoso! _____

b) Coloque esse **livrão** na estante. _____

c) Feche essa **cortininha**. _____

X com som de CH

TURMA DA MÔNICA
Mauricio de Sousa

me**x**eu
x com som de **ch**

Em muitas palavras, a letra **x** tem som de **ch**.

Leia em voz alta estes outros exemplos.

cai**xa** • **xe**rife • **xí**cara • **xo**dó • en**xu**gar

Atividades

1. As palavras abaixo foram escritas ao contrário. Escreva-as corretamente.

etoxiac → _____

eporax → _____

adaxne → _____

- Agora, complete as frases com as palavras que você escreveu.

a) Estou com tosse, vou tomar _____.

b) O jardineiro trabalha com a _____.

c) Os brinquedos estão nesse _____.

2. Copie as letras nos locais indicados e forme três palavras.

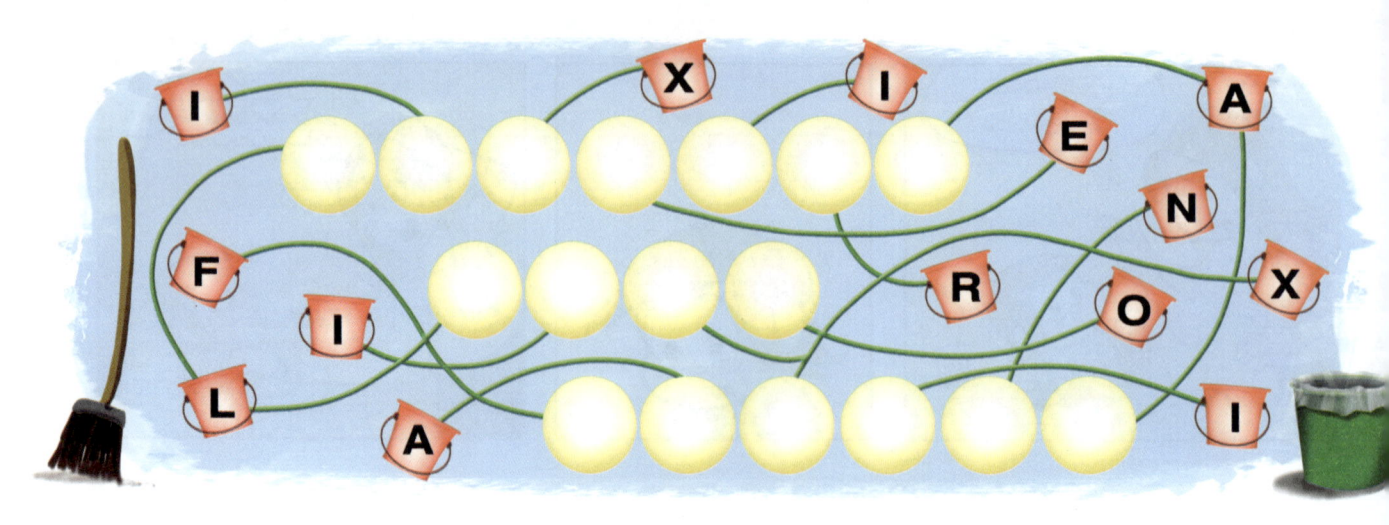

- Agora, complete a frase com as palavras que você formou.

  Fizemos uma _____ na sala e jogamos o

  _____ naquela _____.

3. Ordene as palavras e forme uma frase exclamativa.

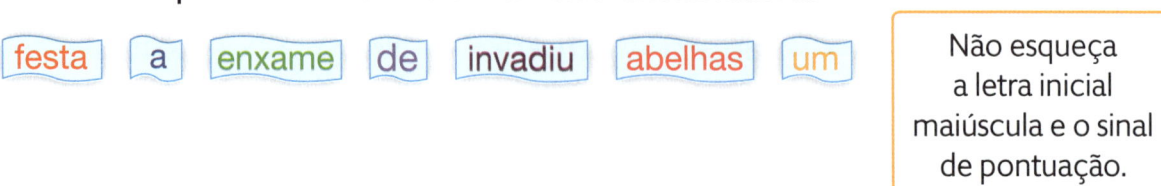

| festa | a | enxame | de | invadiu | abelhas | um |

> Não esqueça a letra inicial maiúscula e o sinal de pontuação.

_____

_____

a) Que substantivo coletivo foi usado nesta frase? _____

b) Termine de pintar a cena.

ILUSTRAÇÕES: ALBERTO DE STEFANO

4. Use o código e forme o nome de um pássaro que tem um lindo canto.

=R =I =O =U
=N =X =L

a) Separe as sílabas da palavra que você formou.

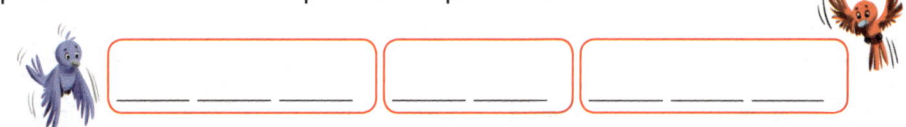

b) Que tal procurar na internet um vídeo que mostre esse pássaro cantando? Você vai gostar!

c) Cole na cena abaixo o adesivo da página 319 que mostra esse pássaro. Depois, pinte a cena.

5. Forme palavras trocando as letras de cada grupo por aquelas que vêm **antes** na ordem alfabética.

y b n q v → ___ ___ ___ ___ ___

y f s f u b → ___ ___ ___ ___ ___ ___

- Agora, complete a frase com as palavras que você formou. Depois, coloque o sinal de pontuação correto no fim da frase.

  Quem foi o _____ que mexeu no meu _____

6. Desafio! Quem consegue ler esta frase depressa em voz alta sem errar?

O faxineiro Xavier enxuga o chão sujo da peixaria.

X com som de S

TURMA DA MÔNICA — Mauricio de Sousa

e**x**perimentar

x com som de s

Em muitas palavras, o **x** tem som de **s**.

Leia em voz alta os exemplos a seguir.

e**x**plosão • te**x**to • e**x**pulsar

Atividades

1. Forme palavras juntando as sílabas.

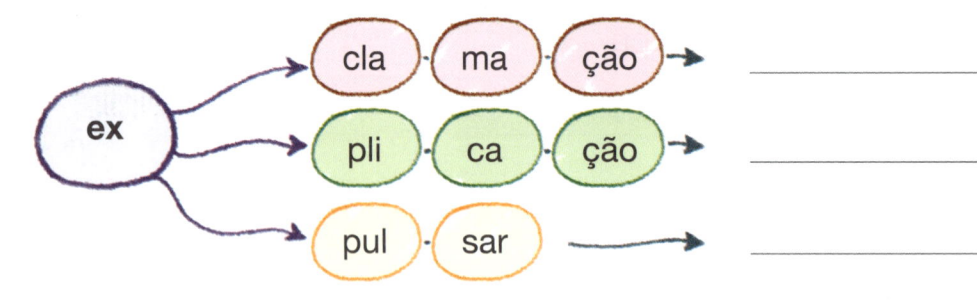

   ex → cla - ma - ção → _____

   ex → pli - ca - ção → _____

   ex → pul - sar → _____

- Complete as frases com as palavras que você formou.

   a) Os alunos entenderam a _____ do professor.

   b) O juiz vai _____ aquele jogador.

   c) O sinal **!** se chama ponto de _____.

2. Leia as palavras em voz alta.

enxergar   experiência   puxar   explorar

a) Sublinhe de **azul** as palavras em que o **x** tem som de **ch**.

b) Sublinhe de **vermelho** as palavras em que o **x** tem som de **s**.

3. Siga as orientações e forme uma palavra.

	1	2	3	4	5	6	7	8
A	A	I	B	E	V	Q	I	A
B	F	J	U	T	G	R	X	E
C	H	N	D	L	I	O	W	B

8A 3B 7B 5C 4C 2A 1A 6B

a) Qual é o som do **x** nessa palavra?

☐ Som de **s**.   ☐ Som de **ch**.

b) Consulte o **Minidicionário** e escreva aqui um sinônimo da palavra que você formou. _____

23

VERBO

Vamos brincar!

Eduardo empina pipa,
Mariana pula corda,
Rodrigo roda pião,
Marcelinho joga bola.

Toda a turma se diverte,
brincando até se cansar,
pois toda criança merece
um tempo para brincar!

SIMONE ZIASCH

Mariana **pula** corda   Marcelinho **joga** bola.

palavras que indicam ações

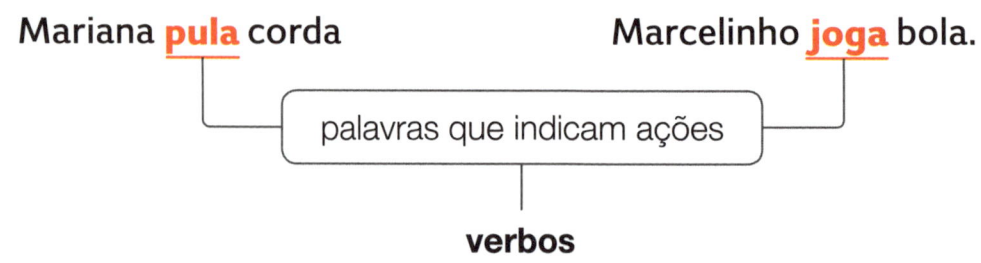

verbos

Damos o nome de **verbo** às palavras que indicam ações.

Atividades

1. Leia os verbos e cole os adesivos da página 322 nos locais certos.

comer	nadar	chutar
escrever	falar	beber

2. Escreva o nome do verbo que aparece em cada frase. Veja o exemplo.

Caio brinca. ⟶ verbo **brincar**

a) O gato mia. ⟶ verbo _____

b) Marina canta. ⟶ verbo _____

c) A professora ensina. ⟶ verbo _____

d) O peixe nada. ⟶ verbo _____

3. Observe as cenas e use os verbos do quadro para completar a frase.

a)

Beatriz _____ a mochila, _____ o caderno e _____.

| escreve | abre | pega |

b)

Mateus _____ as mãos, _____ e _____ o lanche.

| come | senta | lava |

4. Assinale a placa em que há verbo.

☐ SILÊNCIO POR FAVOR

☐ PROIBIDO BUZINAR

- Qual é o nome desse verbo?

_____

5. Leia o texto.

Cavalinho

Corre, corre, cavalinho!
Corre pra cá, corre pra lá.
Salta, deita e rola na grama,
feliz da vida!

a) Sublinhe os verbos que aparecem no texto.

b) Escreva o nome de cada verbo.

_____

6. Vamos brincar de formar novos verbos.

cair → troque **C** por **S** → ___ ___ ___ ___

lavar → troque **L** por **C** → ___ ___ ___ ___ ___

pegar → troque **E** por **A** → ___ ___ ___ ___ ___

pular → troque **L** por **X** → ___ ___ ___ ___ ___

- Complete as frases com os verbos que você formou.

a) O cachorro gosta de _____ um buraco para enterrar o osso.

b) Quem vai _____ o sorvete desta vez?

c) Hoje nossa classe vai _____ mais cedo.

d) O cavalinho vai _____ a carroça de flores.

7. Siga as orientações e forme uma frase exclamativa.

1	2	3	4	5	6	7	8
A	E	I	Ç	D	B	N	M

6	3	1	5	1	7	4	1	6	2	8	

Pontue a frase.

a) Copie aqui a frase que você formou e passe um traço embaixo do verbo.

_____

b) Qual é o nome do verbo que você marcou? _____

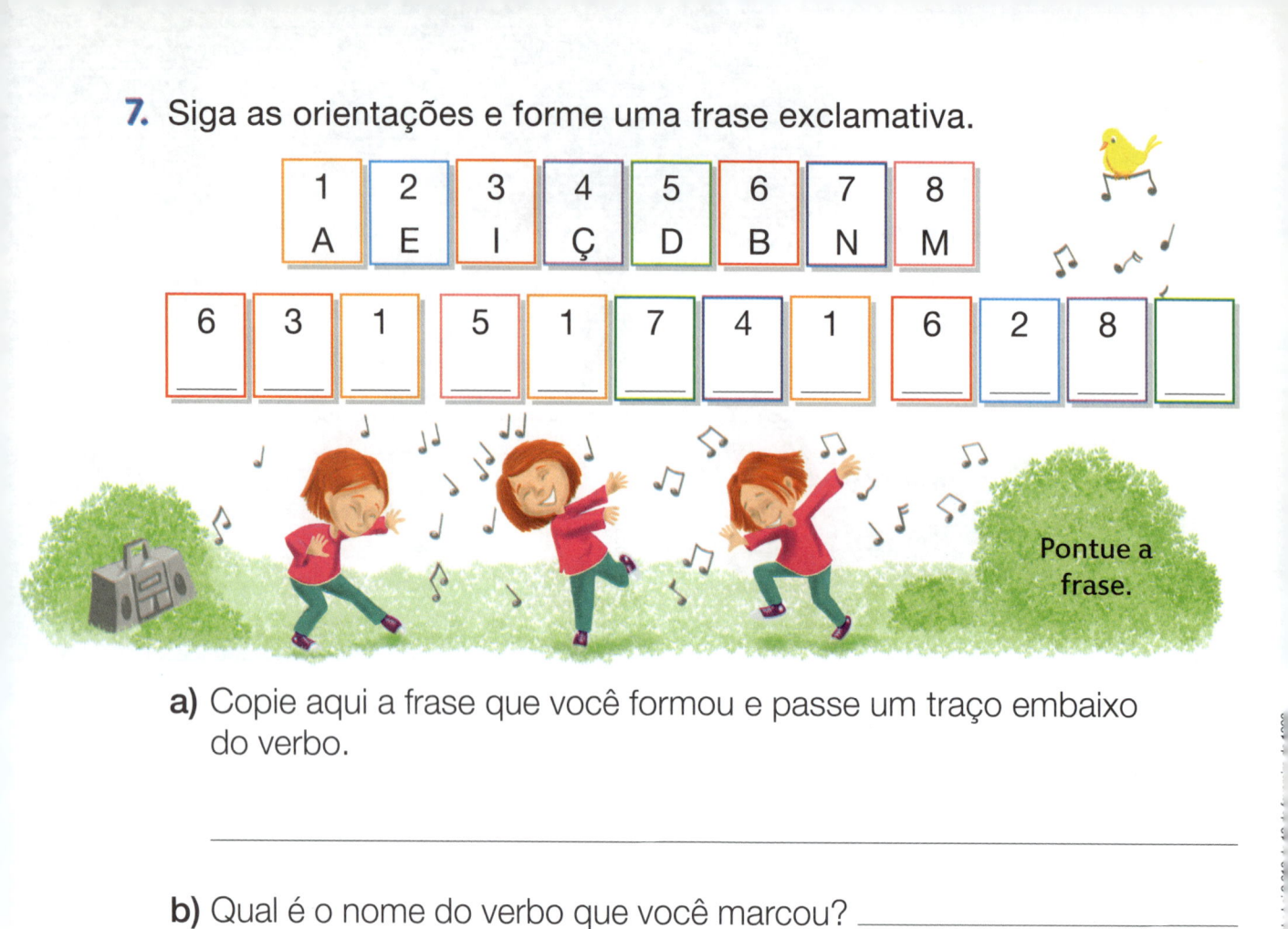

8. Preencha a cruzadinha escrevendo o antônimo dos verbos. Já pusemos algumas letras para ajudar!

1. molhar
2. entrar
3. limpar
4. fechar
5. começar
6. chorar
7. descer

X com som de Z

A incrível baleia-azul

Você sabia que a baleia-azul é o maior animal que existe no nosso planeta? Tudo nela é gigante: ela pode chegar a 30 metros de comprimento e pesar 140 mil quilos. Só a sua língua é mais pesada que um elefante! Parece um exagero, mas é pura verdade!

Como todas as baleias, a baleia-azul não é peixe, é um animal mamífero. E, exatamente como nós, precisa de ar: apesar de conseguir ficar até duas horas embaixo da água, sobe à superfície para respirar. Quando a baleia-azul respira, o ar quente que sai do nariz dela se encontra com o ar frio e forma uma espécie de nuvem de gotas de água. É o esguicho da baleia-azul, que pode chegar até 9 metros de altura! Não é incrível?

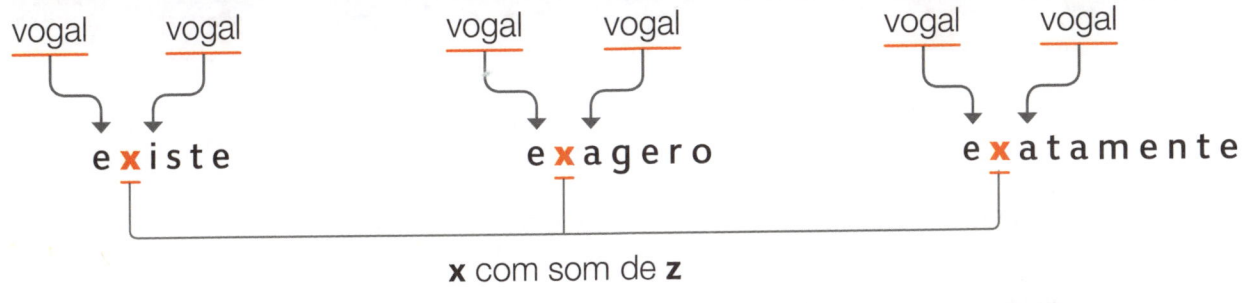

Observe como o ser humano fica pequeno perto de uma baleia-azul.

vogal vogal	vogal vogal	vogal vogal
e**x**iste	e**x**agero	e**x**atamente

x com som de z

> Em algumas palavras, o **x** entre vogais tem som de **z**.

Atividades

1. Forme palavras trocando os algarismos por vogais.

1 = a   **2** = e   **3** = i   **4** = o

2x1m2 → ___ ___ ___ ___

2x2mpl4 → ___ ___ ___ ___ ___ ___

2x3g3r → ___ ___ ___ ___ ___

- Leia em voz alta as palavras que você formou.

2. Leia as palavras em voz alta e pinte os quadrinhos conforme a legenda.

🟦 = **x** com som de **z**   🟥 = **x** com som de **s**   🟩 = **x** com som de **ch**

☐ texto   ☐ exército   ☐ expulsar   ☐ exagerar

☐ caixote   ☐ enxada   ☐ roxo   ☐ existir

3. Troque os símbolos pelas letras e forme uma palavra.

| ã | e | ç | i | o | x | b |

___ ___ ___ ___ ___ ___ ___ ___ ___

a) Complete a frase com a palavra que você formou.

A bailarina fez uma linda _____ para o público.

b) Qual som o **x** representa nessa palavra? _____

4. Leia.

A bela e a fera

A bela fera se aproxima devagar
pisando leve.
Ela enxerga bem no escuro
e seu olhar
examina tudo em volta.
É bela, mas é feroz.
Cuidado com a bela fera!

a) Circule no texto as palavras que têm **x**.

b) Agora, complete os quadros com as palavras que você circulou.

x com som de z	x com som de ch	x com som de s

c) Separe as sílabas dessas palavras.

x com som de z → ☐ ☐ ☐ ☐

x com som de ch → ☐ ☐ ☐

x com som de s → ☐ ☐ ☐ ☐ ☐

24

Tempos do verbo

Festa na escola

Hoje, as crianças **brincam** e se **divertem** na festa da escola.

Ontem, elas ajudaram as professoras, **enfeitaram** o pátio e **arrumaram** as mesinhas e as cadeiras.

Mais tarde, depois da festa, **ajudarão** na limpeza e **deixarão** tudo em ordem de novo.

> O **verbo** nos ajuda a falar das coisas que acontecem no **presente**, das que aconteceram no **passado** e das que podem acontecer no **futuro**. Esses são os **tempos do verbo**.

Como você leu no texto:

- no **presente**, no dia de hoje, as crianças **brincam** e se **divertem**.

- no **passado**, no dia de ontem, elas **ajudaram** as professoras, **enfeitaram** o pátio e **arrumaram** as mesinhas e as cadeiras.

- no **futuro**, isto é, mais tarde, quando a festa acabar, elas **ajudarão** na limpeza e **deixarão** tudo em ordem.

Atividades

1. Circule de **azul** os verbos que estão no presente e de **vermelho** os que estão no passado.

   1. Beto joga bola.
   2. Mateus come o lanche.
   3. Bia arrumou o quarto.
   4. O gato dorme no sofá.
   5. Bete já saiu de casa.
   6. Papai lê o jornal.

   - Agora, numere as figuras de acordo com as ações dos verbos.

2. Complete as frases com as palavras **ontem** ou **amanhã**.

   a) _____ Júlio brincou com os colegas.

   b) _____ jogarei futebol.

   c) _____ os alunos visitaram o museu.

   d) _____ choveu bastante.

   e) _____ nós iremos ao cinema.

   Lembre-se da letra inicial maiúscula!

Atenção! No dicionário, para encontrar um verbo, você deve procurar pelo nome dele. Por isso, se quiser saber o que significa **arrumou**, deve procurar **arrumar**.

3. Vamos praticar! Escreva como devemos procurar no dicionário as palavras destacadas nas frases a seguir.

a) A professora **explicou** a lição. → _____

b) Carolina **dançará** na festa. → _____

c) Caio **ganhou** um presente. → _____

d) Nosso time **joga** muito bem. → _____

4. Ligue o animal ao verbo que indica a voz dele.

MIAR   LATIR   CACAREJAR

- Agora, cole os adesivos da página 323 nos lugares certos.

X com som de CS

O cão e a carne

Era uma vez um cão que vinha andando todo contente com um pedaço de carne na boca.

Quando passou perto de um riozinho, olhou para a água, viu seu próprio reflexo e pensou:

— Ah, lá está outro cão com um pedaço de carne maior que o meu! Vou pegar para mim!

Então, abriu a boca para pegar a carne do outro. Mas aí o seu pedaço de carne caiu no rio e foi levado pela água. O cão ficou com cara de bobo. Queria os dois pedaços e acabou ficando sem nenhum.

Moral:
Quem tudo quer nada tem.

Esopo: fábulas completas. 2. ed. Tradução e notas: Neide Smolka. São Paulo: Moderna, 2004. (Texto adaptado).

refle**x**o
x com som de **cs**

Em algumas palavras, o **x** entre vogais tem som de **cs**.

Atividades

1. Leia as palavras em voz alta.

BOXE   AXILA   TÁXI   FIXO

O **x** deve ser lido como na palavra **reflexo**.

- Complete as frases com as palavras que você leu.

a) Mamãe pegou um _____ para ir à escola.

b) O quadro está _____ na parede.

c) O _____ passou a integrar os Jogos Olímpicos em 1920.

d) O menino passa desodorante na _____.

2. Siga as indicações e escreva o nome de um material que usamos para colar.

	1	2	3	4
❖	T	E	I	N
★	D	Q	G	C
◆	R	O	S	A
⌘	L	Z	U	X

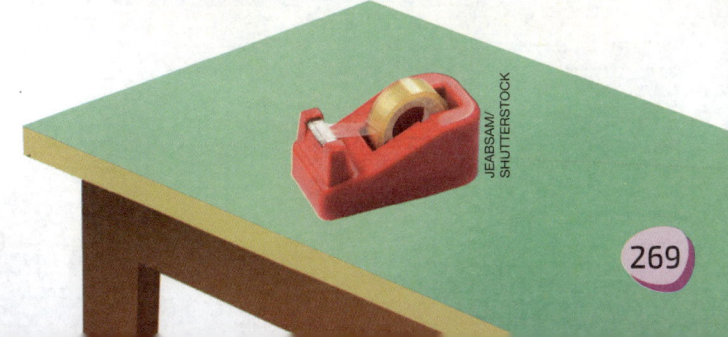

★ 1   ⌘ 3   ◆ 1   ❖ 2   ⌘ 4

___ ___ ___ ___ ___

Vamos recordar os sons que a letra **x** pode representar.

e**x**pulsar — som de **s**

pu**x**ar — som de **ch**

tá**x**i — som de **cs**

e**x**ibido — som de **z**

3. Copie as letras nos locais indicados e forme dois nomes de instrumentos musicais.

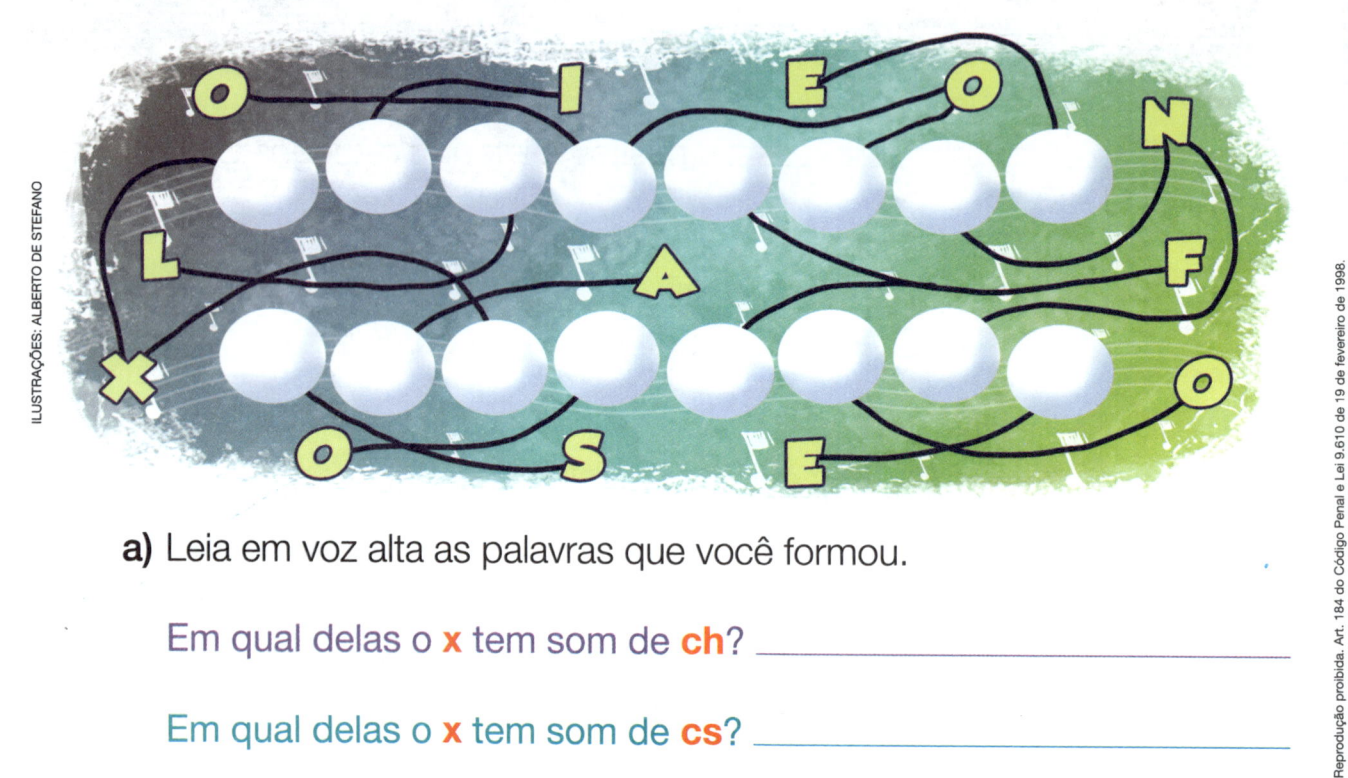

a) Leia em voz alta as palavras que você formou.

Em qual delas o **x** tem som de **ch**? _____

Em qual delas o **x** tem som de **cs**? _____

b) Destaque da página 323 os adesivos que representam esses instrumentos e cole-os aqui.

4. Leia as palavras e circule aquela que **não** combina com as outras de seu grupo.

peixe	enxame	explosão
faxina	reflexo	fixo
exemplo	explicação	examinar

- Agora, das palavras que você leu, copie uma como exemplo de cada som do **x**.

   x com de **s**: _____

   x com de **ch**: _____

   x com de **cs**: _____

   x com de **z**: _____

5. Pinte as estrelas de acordo com o código.

★ = **x** com som de **s**

★ = **x** com som de **z**

★ = **x** com som de **ch**

★ = **x** com som de **cs**

caxumba   táxi   bruxa   extintor

tórax   exercício   exclamar   exato

texto   bexiga   boxe   exibir

25

▶ Verbo: concordância

A raposa

Lá vem vindo uma raposa. Atrás dela, aparece uma raposinha. Depois, aparecem mais duas raposinhas. É a mãe com seus filhotes — uma mãe cuidadosa, atenta.

A raposa é um animal bonito, com uma grande cauda peluda. Geralmente, tem uma cor alaranjada, mas pode ser também cinza, marrom ou mesmo branca.

A raposa consegue arranjar alimento e viver bem nos mais diferentes lugares. Por isso, nas fábulas, é representada como um animal meio malandro, sempre pronto para enganar os outros. Mas, na verdade, ela é apenas esperta!

Raposas: branca, cinza e marrom.

Raposa-vermelha com filhote.

Atrás dela, <u>aparece</u> uma <u>raposinha</u>.   Depois, <u>aparecem</u> mais duas <u>raposinhas</u>.
             singular   plural

> O **verbo** concorda com **a palavra a que se refere**.
> Quando essa palavra está no singular, o verbo fica no singular.
> Quando ela está no plural, o verbo vai para o plural.

Atividades

1. Complete cada frase com a forma correta do verbo.

   a) Os garotos _____ bola na quadra? `joga/jogam`

   b) Os professores _____ os alunos. `ensina/ensinam`

   c) Carolina _____ muito bem. `desenha/desenham`

   d) Como esse homem _____ alto! `é/são`

   e) Os gatinhos _____ dormindo? `está/estão`

   - Leia as frases em voz alta. Atenção aos sinais de pontuação.

2. Complete as frases seguindo o exemplo.

   a) Sofia **joga** futebol. Eu também **jogo**.

   b) Beto brinca no parque. Eu também _____.

   c) Mônica dança bem. Eu também _____.

3. Passe as frases abaixo para o plural.

   Daniel **toca** piano. Denise e Fabiana também **tocam**.

   Mateus estuda. Tiago e Beto também _____.

   Magali brinca. Luciana e Marina também _____.

4. Complete o texto com as palavras a seguir.

acordam ～ voam ～ começa ～ ilumina ～ cantam

Amanhece.

O sol _____ o bosque.

Os animais _____.

Os pássaros _____ e _____ de um lado para o outro.

_____ um novo dia.

a) Escreva o nome dos verbos que você usou.

acordam → _____

voam → _____

começa → _____

ilumina → _____

cantam → _____

b) Agora, termine de pintar a cena.

As letras K, W, Y

Os futuros campeões

Wílson e Karyna são irmãos.

Eles moram perto da praia e gostam muito de surfar. Querem ser campeões de surfe quando crescerem.

Sempre que pegam a prancha e vão para o mar, eles dão um *show*.

Os dois irmãos são mesmo incríveis!

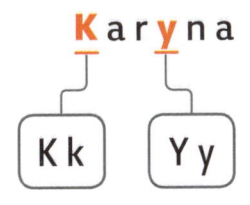

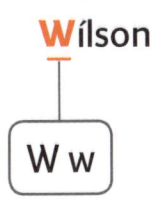

Kar**y**na   **W**ílson

K k   Y y   W w

As letras **k**, **w**, **y** fazem parte de nosso alfabeto. Veja.

A B C D E F G H I J **K** L M N O P Q R S T U V **W** X **Y** Z
a b c d e f g h i j **k** l m n o p q r s t u v **w** x **y** z

Atenção!
Observe a pronúncia dos nomes destas letras!
K/k ------ cá   W/w ------ dáblio   Y/y ------ ípsilon

Essas três letras são especiais e só devem ser usadas na escrita de palavras de origem estrangeira, isto é, palavras que vieram de outras línguas. No Brasil, muitas palavras estrangeiras são usadas no dia a dia.

show   delivery   kart   kung fu   play

Muitos nomes de pessoas também são escritos com essas letras.

Wagner   Suely   Kelly   Wesley   Kléber

Atividades

1. Os nomes destas crianças estão escritos ao contrário. Escreva-os corretamente.

   a r a y   → __ __ __ __
   r e t l a w   → __ __ __ __ __ __
   y l r a m   → __ __ __ __ __
   n e r a k   → __ __ __ __ __
   l e d n e w   → __ __ __ __ __ __

   Lembre-se da letra inicial maiúscula!

2. Junte as letras azuis e forme um nome de menino. Junte as letras vermelhas e forme um nome de menina.

   K W P Y A C N A D U E S O M R I L A E M Y

   nome de menino   nome de menina

3. Observe as capas dos livros e copie os nomes dos autores em que aparecem as letras **k**, **w** ou **y**.

_____

_____

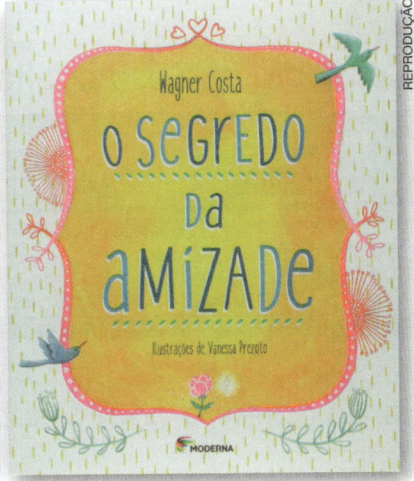

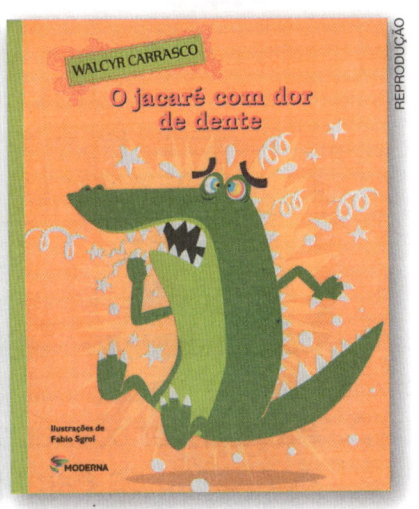

4. Quantas vezes a palavra **kart** aparece escrita no quadro de letras?

K	R	A	T	T	R	A	K	K
A	K	T	K	A	R	T	R	A
R	A	K	A	R	T	K	A	R
T	T	A	R	R	K	A	R	T
T	K	R	T	T	R	K	A	R

_____ vezes.

- Cole o adesivo da página 323 na cena abaixo. Depois, acabe de pintar a cena.

Revisão

1. Escreva as letras do alfabeto que estão faltando.

a	b	c		e	f		h	i	j		l
m	o	p		r	s	t		v		x		z

2. Faça a concordância do adjetivo com o substantivo, conforme os exemplos.

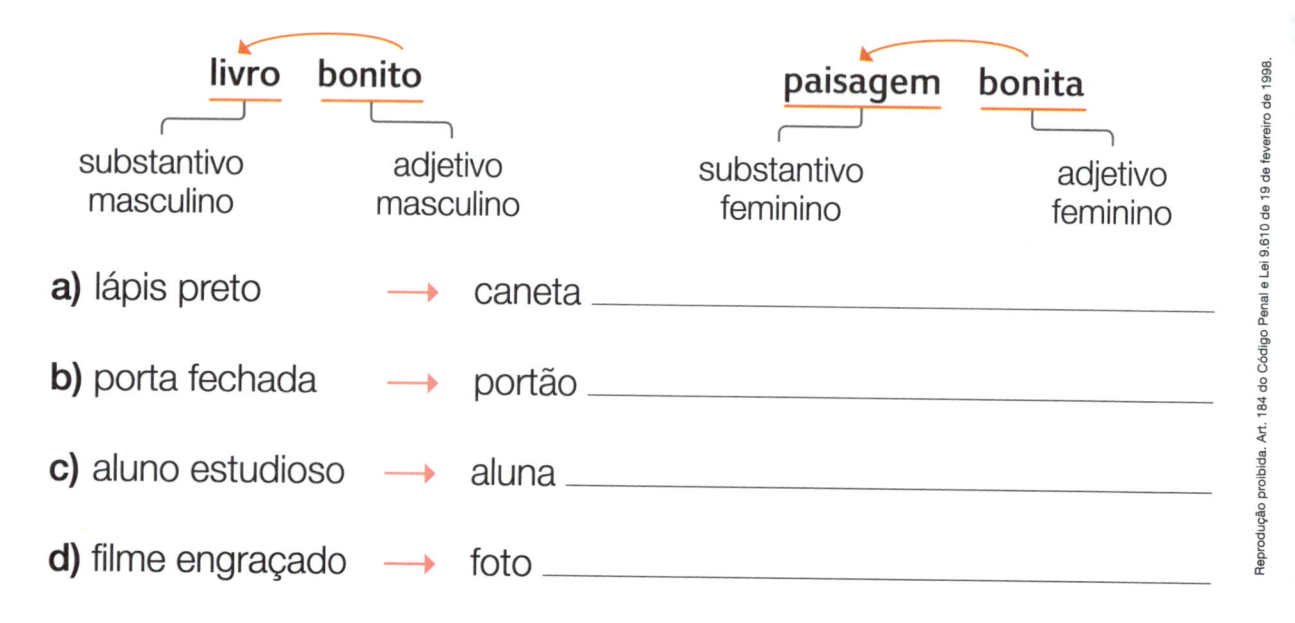

livro bonito
- substantivo masculino
- adjetivo masculino

paisagem bonita
- substantivo feminino
- adjetivo feminino

a) lápis preto → caneta _____

b) porta fechada → portão _____

c) aluno estudioso → aluna _____

d) filme engraçado → foto _____

3. Ligue os substantivos aos adjetivos.

- piscina
- cabelos
- avenida
- homens

- castanhos
- funda
- bondosos
- movimentada

4. Observe as capas das revistas.

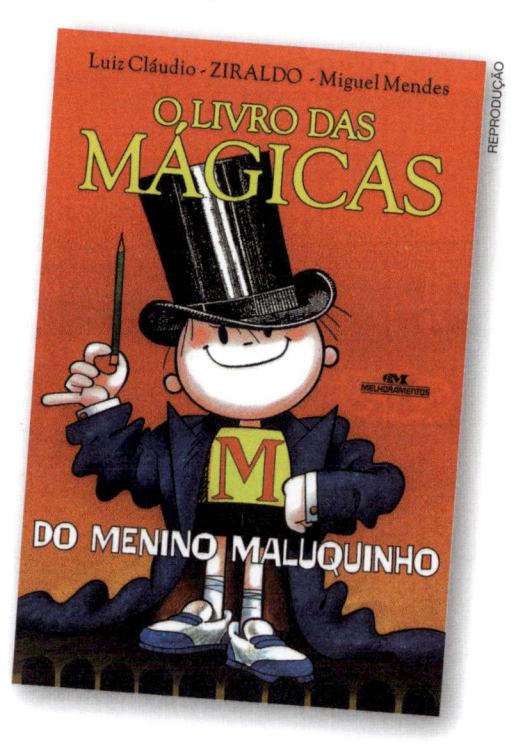

a) Copie das capas uma:

- palavra com acento agudo → _____

- palavra com acento circunflexo → _____

b) Qual dessas palavras está no plural? Circule-a.

5. Neste cartaz, foi usado um substantivo coletivo. Qual?

Revisão

6. Relacione as colunas.

1. cardume
2. bando
3. banda
4. constelação
5. time

☐ coletivo de músicos
☐ coletivo de estrelas
☐ coletivo de pássaros
☐ coletivo de jogadores
☐ coletivo de peixes

7. Escreva o nome do verbo que aparece em cada frase. Veja o exemplo.

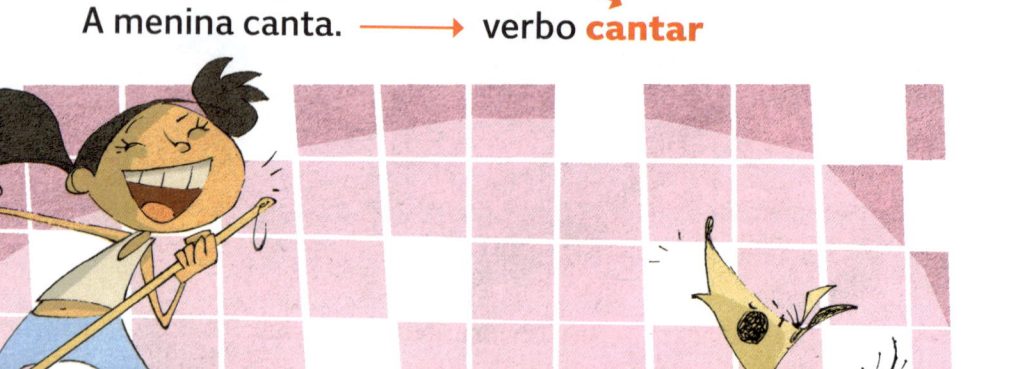

A menina canta. → verbo **cantar**

a) Mateus escreve. → verbo _____

b) Vovô caminha. → verbo _____

c) A menina dorme. → verbo _____

d) Ana brinca. → verbo _____

- Complete as frases com dois verbos que você escreveu.

  Meu pai gosta de _____ pelo parque.

  Os alunos costumam _____ no pátio.

8. Escreva as letras nos locais indicados e forme três palavras.

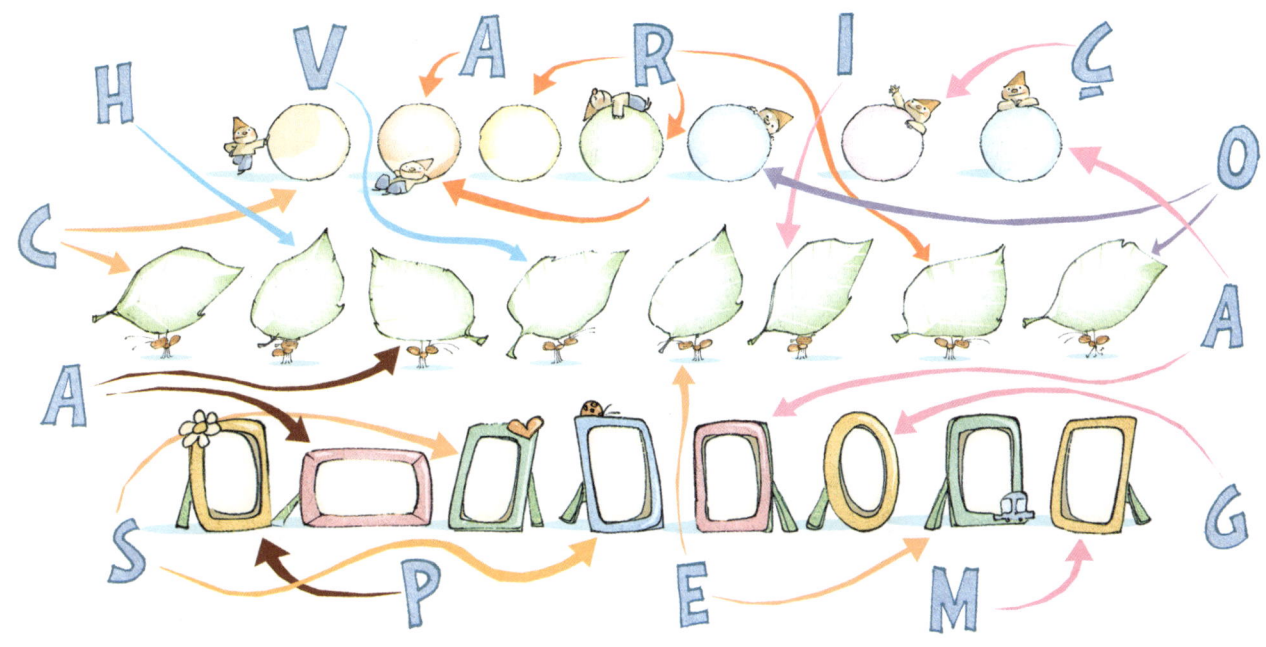

- Copie as palavras em ordem alfabética, separando-as em sílabas.

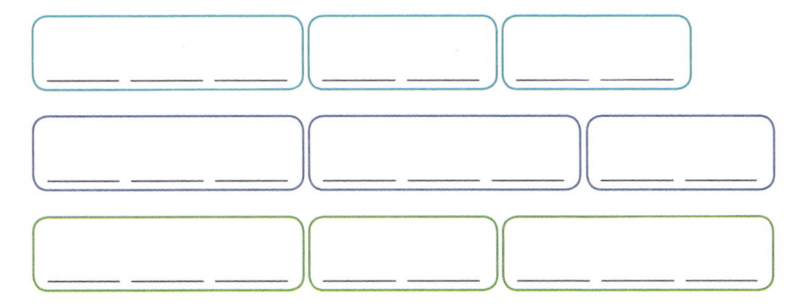

9. Sublinhe de **azul** o substantivo e de **vermelho** o adjetivo. Veja o exemplo.

a) casa pequena

b) sala enfeitada

c) camisa vermelha

d) lindo pássaro

e) grande cidade

f) belo filme

g) pomba branca

Revisão

10. Use o código e forme três palavras.

Código: a (árvore), b (sorvete), c (cola), f (tesoura), g (chapéu), h (uvas), i (lápis), n (lâmpada), o (flor), q (coração), u (caneta)

Palavra 1: 🍦 🌼 ❤️ ✏️ 💡 🍇 🌳 → _____

Palavra 2: ✂️ 🌼 🎩 ✒️ ✏️ 💡 🍇 🌼 → _____

Palavra 3: 🌼 💡 🧴 ✒️ 💡 🍇 🌳 → _____

a) Essas palavras estão no: ☐ aumentativo.   ☐ diminutivo.

b) Escreva a forma normal de cada palavra que você formou.

_____

11. Classifique as palavras destacadas nas frases abaixo.

a) Marina comprou uma **mochila azul**.

substantivo próprio: _____   verbo: _____

substantivo comum: _____   adjetivo: _____

b) Tiago brinca nesse **bonito parque**.

substantivo próprio: _____   verbo: _____

substantivo comum: _____   adjetivo: _____

12. Forme palavras com as letras dadas.

a) **a h g l o** → __ __ __ __

b) **h l a n i** → __ __ __ __ __

c) **o v r i d** → __ __ __ __ __

Todas as palavras começam com a letra azul.

- Separe, com um traço, as sílabas das palavras que você formou.

13. Preencha a cruzadinha com o antônimo das palavras indicadas.

1. grande
2. muito
3. frio
4. alegre
5. feio
6. mole
7. tarde
8. grosso

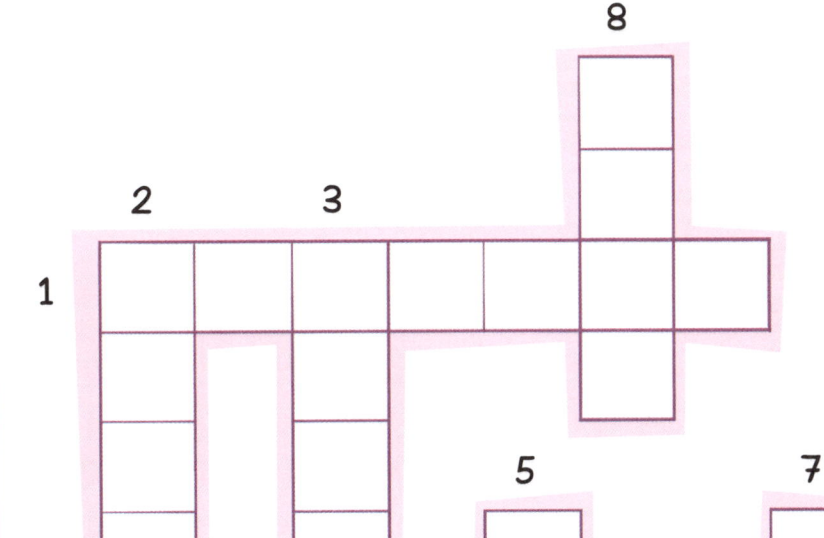

Hora da história

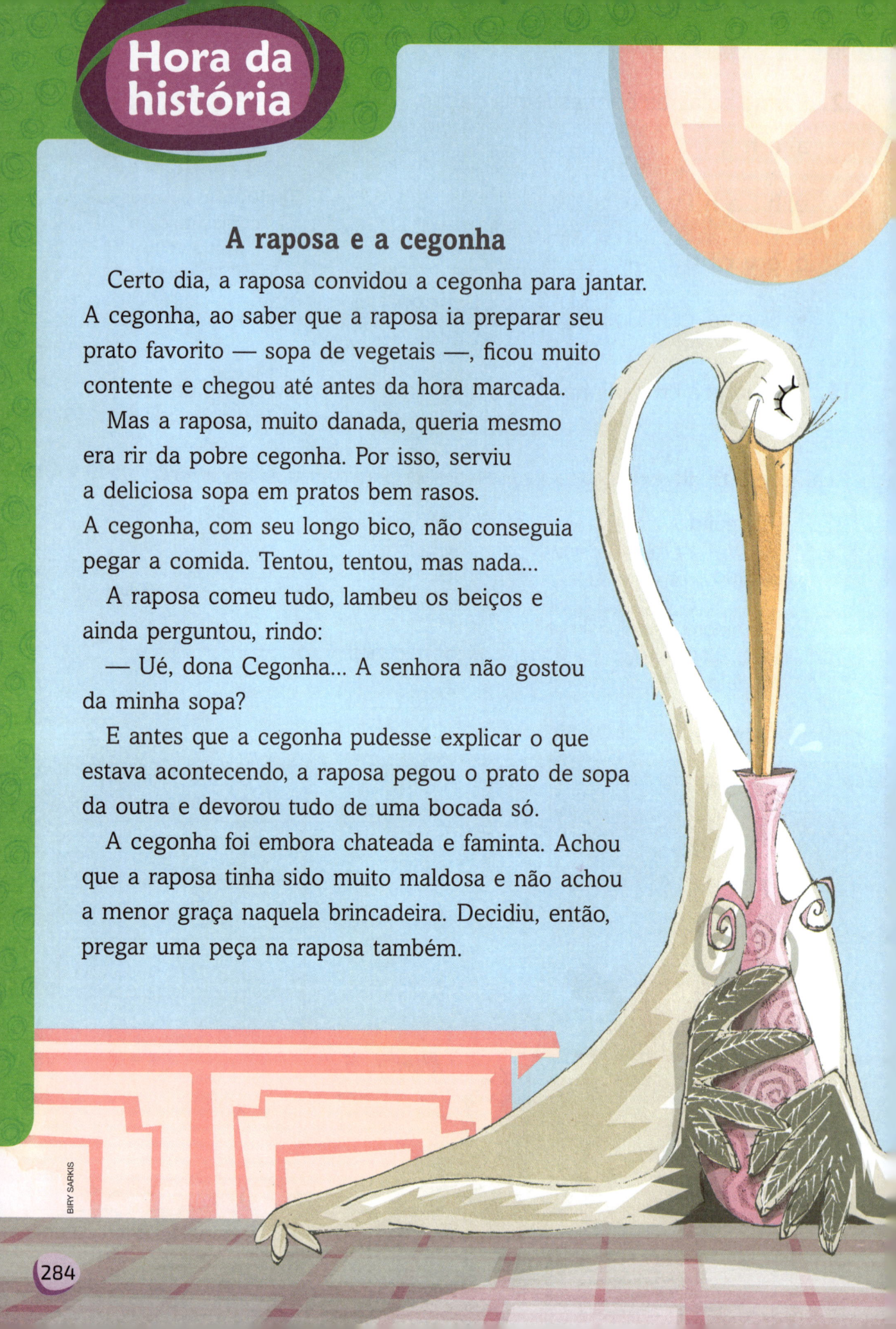

A raposa e a cegonha

Certo dia, a raposa convidou a cegonha para jantar. A cegonha, ao saber que a raposa ia preparar seu prato favorito — sopa de vegetais —, ficou muito contente e chegou até antes da hora marcada.

Mas a raposa, muito danada, queria mesmo era rir da pobre cegonha. Por isso, serviu a deliciosa sopa em pratos bem rasos. A cegonha, com seu longo bico, não conseguia pegar a comida. Tentou, tentou, mas nada...

A raposa comeu tudo, lambeu os beiços e ainda perguntou, rindo:

— Ué, dona Cegonha... A senhora não gostou da minha sopa?

E antes que a cegonha pudesse explicar o que estava acontecendo, a raposa pegou o prato de sopa da outra e devorou tudo de uma bocada só.

A cegonha foi embora chateada e faminta. Achou que a raposa tinha sido muito maldosa e não achou a menor graça naquela brincadeira. Decidiu, então, pregar uma peça na raposa também.

Convidou-a para jantar em sua casa, dizendo que faria um delicioso assado. Assim que a raposa chegou, já começou a elogiar o aroma que estava sentindo e ficou com água na boca.

— Aqui está o jantar! — anunciou a cegonha, dali a pouco, trazendo dois vasos altos e finos. Dentro deles, no fundo, estavam os deliciosos pedaços do assado.

A cegonha enfiou o bico num vaso e começou a saborear a refeição. A raposa, entretanto, não conseguia nem enfiar o focinho, tão estreito era o vaso. A cegonha continuava comendo calmamente enquanto a raposa se desesperava por não alcançar a comida, que tinha um cheiro tão bom.... Ela tentou tanto que acabou entalando o focinho!

— Ah, estou vendo que a senhora não quer deixar sobrar nada, dona Raposa — disse a cegonha, satisfeita. — Mas já está na hora de dormir. Espere que eu ajudo a senhora a tirar o focinho.

Com um puxão, a cegonha tirou o focinho da raposa de dentro do vaso e foi para a cozinha sorrindo.

A raposa foi embora faminta e muito sem graça. É claro: geralmente, era ela quem preparava armadilhas para os outros, e não quem caía nelas! Mas a raposa aprendeu uma boa lição, não é mesmo?

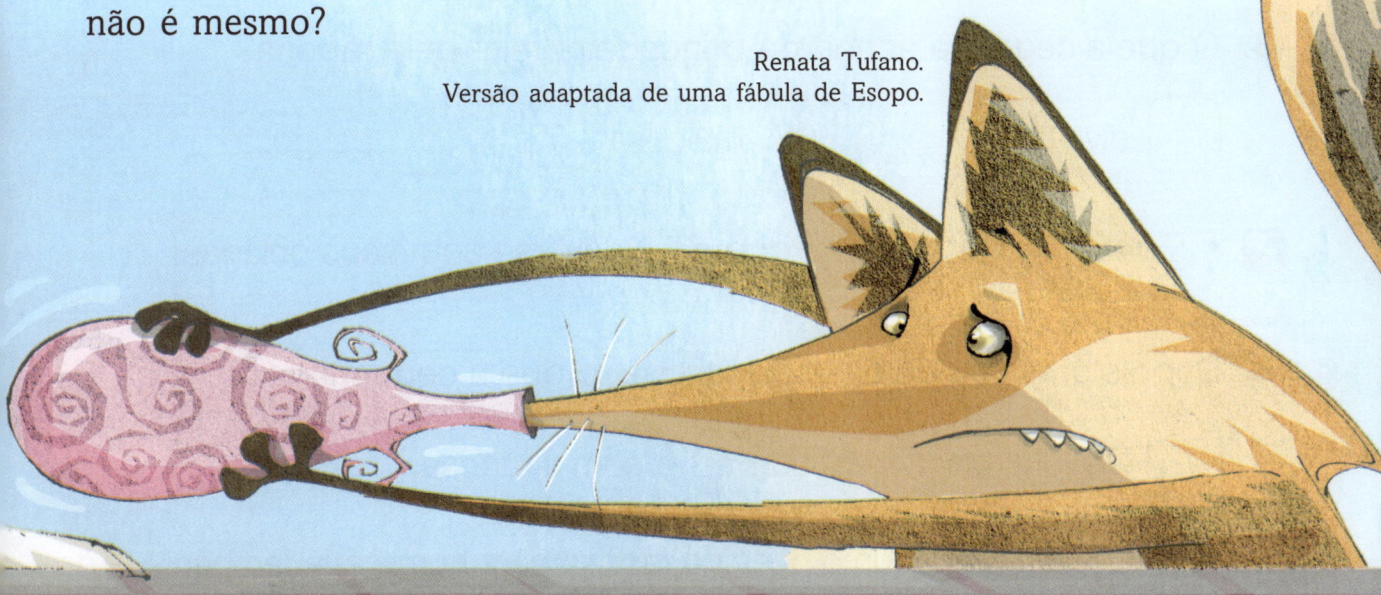

Renata Tufano.
Versão adaptada de uma fábula de Esopo.

Hora da história

Atividades

1. Faça um **X** nas personagens da história que você acabou de ler.

2. Circule de **vermelho** o que a raposa usou para servir a comida e de **azul** o que a cegonha usou.

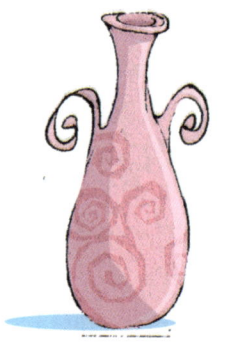

3. O que a cegonha achou da brincadeira feita pela raposa?

   ☐ divertida   ☐ maldosa   ☐ perigosa

   • E você, o que achou? Por quê? Converse com seus colegas.

4. Depois que saiu da casa da raposa, o que a cegonha fez?

   ☐ Decidiu nunca mais conversar com a raposa.

   ☐ Decidiu pregar uma peça na raposa para humilhá-la também.

5. Explique, com suas palavras, por que nem a cegonha nem a raposa conseguiram comer a comida oferecida.

6. A história da cegonha e da raposa também pode ser aplicada às pessoas. O que ela ensina?

    ☐ Que não devemos fazer nenhum tipo de brincadeira com os outros.

    ☐ Que não devemos fazer com os outros brincadeiras que não queremos que façam conosco.

7. Que outro título você daria a essa história?

Vamos ler mais?

Às vezes, para fazer um amigo feliz, a gente tem de se adaptar, não é verdade? Quando Leo soube que ia passar as férias na casa da avó, não gostou muito. Era como se ele tivesse de comer no prato errado, como na história da cegonha e da raposa! Mas, de repente, tudo mudou: uma grande aventura e uma linda história de amizade vão acontecer. O que será?

O passarinho da Vovó — Benji Davies

Minidicionário ilustrado

GALINHA

BALEIA

CAVALO

JOGADOR

URSO

ILUSTRAÇÕES: PAULO MANZI

Aa

abecedário a.be.ce.**dá**.rio (substantivo)
Alfabeto; conjunto de letras que usamos para escrever: *Ela sabe dizer o abecedário de cor.*

abraçar a.bra.**çar** (verbo)
Envolver com os braços: *O menino abraça a mãe.*

achar a.**char** (verbo)
1. Encontrar: *Achei uma moeda na rua.*
2. Considerar: *Acho essa lição fácil.*

acordar a.cor.**dar** (verbo)
Despertar: *Preciso acordar cedo amanhã.*

adormecer a.dor.me.**cer** (verbo)
Pegar no sono: *Vovô adormeceu lendo o jornal.*

alegre a.**le**.gre (adjetivo)
Contente, feliz: *Ana ficou alegre ao receber o presente.*
Antônimo: triste.

alfabeto al.fa.**be**.to (substantivo)
Abecedário; conjunto de letras que usamos para escrever: *O nosso alfabeto tem 26 letras.*

alto **al**.to (adjetivo)
1. Elevado: *muro alto.* **2.** Que tem grande estatura: *homem alto.* **3.** Que soa forte: *som alto.*
Antônimo: baixo.

aroma a.**ro**.ma (substantivo)
Cheiro agradável, gostoso: *Essa flor tem um aroma suave.*

arteiro ar.**tei**.ro (adjetivo)
Travesso, levado: *Beto é um menino arteiro.*

auxiliar au.xi.li.**ar** (verbo)
Ajudar: *Vou auxiliar meu amigo a fazer o trabalho.*

ave **a**.ve (substantivo)
Animal que tem asas, penas e põe ovos: *A galinha é uma ave.*

Bb

bagunceiro ba.gun.**cei**.ro (adjetivo)
1. Que faz bagunça, que desorganiza: *José é muito bagunceiro!*

baixo **bai**.xo (adjetivo)
   1. Que tem pouca altura: *muro baixo; homem baixo.*
   Antônimo: alto.

baleia ba.**lei**.a (substantivo)
   Enorme animal mamífero que vive no mar: *Os passageiros do navio viram uma baleia.*

bando **ban**.do (substantivo)
   1. Grupo de pessoas: *Um bando de crianças saiu pelo portão da escola.*
   2. Grupo de animais: *Um bando de cachorros apareceu na rua.*
   3. Grupo de bandidos: *Um bando de ladrões assaltou a loja.*

belo **be**.lo (adjetivo)
   Bonito, lindo: *Essa casa tem um belo jardim.* **Antônimo**: feio.

bonito bo.**ni**.to (adjetivo)
   Lindo, belo: *rosto bonito; paisagem bonita.* **Antônimo**: feio.

bote **bo**.te (substantivo)
   1. Canoa, embarcação pequena: *O homem pegou o bote e atravessou o rio.*
   2. Salto de um animal sobre sua presa: *O leão deu um bote e tentou pegar o homem.*

Cc

carinhoso ca.ri.**nho**.so (adjetivo)
   Que demonstra carinho, afeto: *O vovô é carinhoso com o neto.*

carnívoro car.**ní**.vo.ro (adjetivo)
   Que se alimenta de carne: *O leão é um animal carnívoro.*

cauda **cau**.da (substantivo)
   Rabo: *O cãozinho abanava a cauda de alegria.*

chuva **chu**.va (substantivo)
   Água que cai das nuvens: *Ontem caiu uma chuva forte.*

claro **cla**.ro (adjetivo)
   1. Iluminado, cheio de luz: *sala clara.*
   2. Que é branco ou quase branco: *pele clara.*
   Antônimo: escuro.

colorido co.lo.**ri**.do (adjetivo)
   Que tem várias cores: *balões coloridos.*

começar co.me.**çar** (verbo)
Iniciar: *Vamos começar o jogo.* **Antônimo**: terminar.

contente con.**ten**.te (adjetivo)
Alegre: *A garotada estava contente na festa.*
Antônimo: triste.

corajoso co.ra.**jo**.so (adjetivo)
Valente, que não tem medo: *homem corajoso.*
Antônimo: medroso.

Dd

dente **den**.te (substantivo)
Pequeno osso liso da boca que serve para morder e mastigar os alimentos: *Escove os dentes depois das refeições.*

descer des.**cer** (verbo)
Ir para baixo: *Vamos descer do prédio por escada.*
Antônimo: subir.

desobediente de.so.be.di.**en**.te (adjetivo)
Que não obedece, que não faz o que alguém manda: *Ele é um menino desobediente, não faz o que a mãe manda.*
Antônimo: obediente.

dirigir di.ri.**gir** (verbo)
1. Guiar, conduzir: *Ele vai dirigir o carro.*
2. Comandar, tomar decisões e dar ordens: *O diretor dirige a escola.*

Ee

elegante e.le.**gan**.te (adjetivo)
Que se veste com capricho, que tem bom gosto na escolha das roupas: *homem elegante.*
Antônimo: deselegante.

elogiar e.lo.gi.**ar** (verbo)
Falar bem de uma pessoa por alguma coisa boa que ela fez: *O professor elogiou o aluno que fez esse belo desenho.*

engraçado en.gra.**ça**.do (adjetivo)
Divertido, que faz rir: *O palhaço é engraçado.*

enorme e.**nor**.me (adjetivo)
Muito grande: *estátua enorme.*
Antônimo: pequeno.

entrar en.**trar** (verbo)
Passar para dentro: *Ela entrou na sala.*
Antônimo: sair.

enxame en.**xa**.me (substantivo)
Conjunto de abelhas de uma colmeia: *O enxame atacou o menino que foi mexer na colmeia.*

enxugar en.xu.**gar** (verbo)
Secar: *Vou enxugar os pratos que ele lavou.*

esborrachar es.bor.ra.**char** (verbo)
Danificar, quebrar: *A cama esborrachou com os pulos das crianças.*

esporte es.**por**.te (substantivo)
Atividade física que praticamos sozinhos ou em grupo: *O futebol, a natação e o judô são esportes praticados por muita gente.*

estrofe es.**tro**.fe (substantivo)
Cada grupo de versos de uma poesia. Uma poesia pode ter uma ou mais estrofes. Cada estrofe pode ter um número variado de versos. Ver exemplo em **rima**.

executar e.xe.cu.**tar** (verbo)
1. Cumprir: *Ele executou minhas ordens, fez o que eu mandei.*
2. Tocar: *O pianista vai executar uma música famosa.*

Ff

fábula **fá**.bu.la (substantivo)
Pequena história que passa um ensinamento e que geralmente tem animais como personagens. Ver "O cão e a carne", página 267.

famoso fa.**mo**.so (adjetivo)
Que tem fama, que é muito conhecido: *artista famoso.*

faxina fa.**xi**.na (substantivo)
Serviço de limpeza: *Eles fizeram uma faxina na casa, deixaram tudo limpinho.*

faxineiro fa.xi.**nei**.ro (substantivo)
Aquele que faz faxina: *A escola tem dois faxineiros.*

feio **fei**.o (adjetivo)
Que não tem boa aparência: *cara feia.*
Antônimo: belo, bonito, lindo.

feroz fe.**roz** (adjetivo)
Que é muito bravo e perigoso: *O tigre é um animal feroz.*
Antônimo: manso.

fino **fi**.no (adjetivo)
Que tem pouca largura: *Ganhei um pedaço fino de queijo.*
Antônimo: grosso.

forte **for**.te (adjetivo)
1. Robusto, vigoroso, que consegue levantar coisas pesadas: *Esse homem é forte, levantou sozinho essa pedra enorme.*
2. Intenso: *O calor hoje está forte.*
Antônimo: fraco.

fraco **fra**.co (adjetivo)
1. Que tem pouca força: *Esse homem é fraco.*
2. Que não é muito intenso: *Caiu uma chuva fraca.*
Antônimo: forte.

frio **fri**.o (adjetivo)
Que não tem calor, que não está quente: *dia frio.*
Antônimo: quente.

fundo **fun**.do (adjetivo)
Que vai até muito abaixo da superfície ou da parte de cima: *buraco fundo.* Antônimo: raso.

Gg

ganhar ga.**nhar** (verbo)
1. Receber alguma coisa dada por alguém: *Ela ganhou um presente do irmão.*
2. Vencer: *Meu time ganhou a partida.*

gelado ge.**la**.do (adjetivo)
Muito frio: *Hoje o dia está gelado.*
Antônimo: quente.

gentil gen.**til** (adjetivo)
Que trata os outros com atenção e boa educação: *Ele é um menino gentil.*
Antônimo: grosseiro, mal-educado.

gigante gi.**gan**.te (adjetivo)
Enorme, muito grande: *árvore gigante; homem gigante.*

gostoso gos.**to**.so (adjetivo)
Saboroso, delicioso: *Esse bolo é muito gostoso!*

grande																													infeliz

grande **gran**.de (adjetivo)
  1. Desenvolvido, bem crescido: *menino grande.*
  2. Extenso: *jardim grande.*
  Antônimo: pequeno.

grosso **gros**.so (adjetivo)
  Volumoso, que não é fino: *livro grosso.* **Antônimo**: fino.

Hh

harmonia har.mo.**ni**.a (substantivo)
  Viver em harmonia significa viver em paz, sem brigas: *Todos nós devemos viver em harmonia.*

herbívoro her.**bí**.vo.ro (adjetivo)
  Que se alimenta de ervas e plantas: *O boi é um animal herbívoro.*

higiene hi.gi.**e**.ne (substantivo)
  Limpeza e cuidados com o corpo:
  Lavar as mãos é um importante hábito de higiene.

honesto ho.**nes**.to (adjetivo)
  Que age corretamente, que não rouba nem engana ninguém: *Esse homem é honesto.*
  Antônimo: desonesto.

horrível hor.**rí**.vel (adjetivo)
  Muito feio, horroroso, medonho: *monstro horrível.*

horta **hor**.ta (substantivo)
  Terreno onde se cultivam couve, alface, cenoura e outras hortaliças: *Os alunos cuidam da horta da escola.*

hospital hos.pi.**tal** (substantivo)
  Local onde pessoas doentes ou feridas recebem tratamento médico: *A ambulância levou os feridos ao hospital.*

Ii

idoso i.**do**.so (substantivo)
  Que tem muitos anos de idade:
  Esse homem idoso e simpático é meu avô.

infeliz in.fe.**liz** (adjetivo)
  Muito triste: *Ele ficou infeliz por não poder ir à festa.*
  Antônimo: feliz.

ingrato in.**gra**.to (adjetivo)
Que não reconhece o favor ou a ajuda recebida, deixando de agradecer: *Não devemos ser ingratos com aqueles que nos ajudam.*

iniciar i.ni.ci.**ar** (verbo)
Começar: *Vamos iniciar o jogo.*
Antônimo: terminar, acabar.

inútil i.**nú**.til (adjetivo)
Que não serve para nada: *Essa caneta não escreve mais, é inútil.*
Antônimo: útil.

Jj

jardineiro jar.di.**nei**.ro (substantivo)
Aquele que cuida de jardins: *Ele é o novo jardineiro da escola.*

jogador jo.ga.**dor** (substantivo)
Aquele que participa de um jogo: *Esse jogador fez um lindo gol.*

jovem **jo**.vem (adjetivo)
Que é moço, que tem pouca idade: *Esse homem ainda é jovem.*
Antônimo: idoso.

Kk

Letra usada na escrita de palavras estrangeiras, como *kart*, em abreviaturas, como *km* (quilômetro), e em alguns nomes próprios, como *Karina*.

Ll

lento **len**.to (adjetivo)
Vagaroso, demorado: *Ele fez uma caminhada lenta.*
Antônimo: rápido.

levado le.**va**.do (adjetivo)
Arteiro, travesso, sapeca: *Esse menino é levado, está sempre fazendo o que não deve.*

leve **le**.ve (adjetivo)
Que tem pouco peso: *Esse livro é leve, pesa pouco.*
Antônimo: pesado.

limpar lim.**par** (verbo)
Deixar limpo, tirar a sujeira: *Vamos limpar a sala.*

limpo **lim**.po (adjetivo)
Sem sujeira: *quarto limpo*. **Antônimo**: sujo.

lindo **lin**.do (adjetivo)
Muito bonito: *Ela tem um rosto lindo*. **Antônimo**: feio.

longo **lon**.go (adjetivo)
1. Comprido: *Ela está usando um vestido longo.*
2. Demorado, que dura muito tempo: *O filme é muito longo.*

Mm

magro **ma**.gro (adjetivo)
Que tem o corpo fino: *menino magro.*
Antônimo: gordo.

maldoso mal.**do**.so (adjetivo)
Que faz maldade, que é mau: *Ele maltrata os animais, é maldoso*. **Antônimo**: bondoso.

maluco ma.**lu**.co (adjetivo)
Louco, doido: *Ele está agindo como maluco.*

mamífero ma.**mí**.fe.ro (substantivo)
Que mama quando é pequeno: *O gato e o cachorro são animais mamíferos.*

manada ma.**na**.da (substantivo)
Grupo de animais grandes (cavalos, elefantes etc.): *No filme, vimos uma manada de búfalos.*

manso **man**.so (adjetivo)
Que não ataca, que não é bravo: *cachorro manso.*
Antônimo: feroz.

maravilhoso ma.ra.vi.**lho**.so (adjetivo)
Espetacular, muito bonito, admirável:
Vi um filme maravilhoso sobre os animais.

medonho me.**do**.nho (adjetivo)
Que provoca medo: *O monstro medonho fez o homem fugir.*

medroso me.**dro**.so (adjetivo)
Que tem medo: *Ele era um menino muito medroso, tinha medo de tudo.*
Antônimo: corajoso.

meigo **mei**.go (adjetivo)
Carinhoso: *Com seu jeito meigo, ela acalmou a criança.*

Nn

nadar na.**dar** (verbo)
Mover-se na água usando apenas o corpo: *Marcos sabe nadar muito bem.*

nave **na**.ve (substantivo)
Veículo usado em viagens espaciais: *Os astronautas partirão nessa nave.*

navio na.**vi**.o (substantivo)
Embarcação que pode navegar em grandes rios ou no mar: *O navio está cheio de turistas.*

Oo

obediente o.be.di.**en**.te (adjetivo)
Que obedece às ordens, que faz o que alguém manda: *Ele é obediente aos pais.* **Antônimo**: desobediente.

orquestra or.**ques**.tra (substantivo)
Grupo de músicos que tocam juntos: *A orquestra vai executar uma música.*

ótimo **ó**.ti.mo (adjetivo)
Muito bom, excelente: *Ele fez um ótimo trabalho.* **Antônimo**: péssimo.

Pp

partir par.**tir** (verbo)
1. Cortar: *Ele partiu o bolo em várias fatias.*
2. Sair: *O avião partiu hoje de manhã.*

pequeno pe.**que**.no (adjetivo)
De pouco tamanho: *menino pequeno; livro pequeno.* **Antônimo**: grande.

pequenino pe.que.**ni**.no (adjetivo)
Bem pequeno: *menino pequenino.*

personagem per.so.**na**.gem (substantivo)
Aquele que pratica ações em uma história, em um filme, em uma peça de teatro: *Nesse filme, há três personagens.*

pesado pe.**sa**.do (adjetivo)
Que pesa muito: *Essa mala é muito pesada, não consigo levantá-la.*
Antônimo: leve.

péssimo **pés**.si.mo (adjetivo)
Muito ruim: *Seu trabalho está péssimo.*
Antônimo: ótimo.

poesia po.e.**si**.a (substantivo)
Texto escrito em versos. Ver "Bichinhos queridos", na página 89.

pólen **pó**.len (substantivo)
Pó bem fininho produzido pelas flores e que serve de alimento para as abelhas: *Lá vai uma abelhinha procurar pólen nas flores.*

pomar po.**mar** (substantivo)
Terreno em que foram plantadas muitas árvores frutíferas: *No pomar da chácara, há laranjeiras, abacateiros, mamoeiros, limoeiros etc.*

preguiçoso pre.gui.**ço**.so (adjetivo)
Aquele que tem preguiça, que não tem vontade de trabalhar: *Não seja preguiçoso e termine seu trabalho.*

professor pro.fes.**sor** (substantivo)
Aquele que ensina: *Meu professor ensina muito bem.*

pular pu.**lar** (verbo)
Saltar: *O gato pulou a janela e fugiu.*

Qq

quadra **qua**.dra (substantivo)
1. Local preparado para a prática de certos esportes, como futebol de salão, basquete, voleibol etc.: *Nossa escola tem uma quadra de esportes.* **2.** Estrofe de quatro versos, também chamada de *quadrinha*. Ver exemplo em **rima**.

quente **quen**.te (adjetivo)
De temperatura elevada: *A água do chuveiro está quente, cuidado para não se queimar.* **Antônimo**: frio.

querido que.**ri**.do (adjetivo)
Amado: *Mandei uma mensagem para meu querido vovô.*

299

rápido — saltar

Rr

rápido **rá**.pi.do (adjetivo)
Que leva pouco tempo para fazer uma coisa: *Esse aluno é rápido, num instante copiou o texto.* **Antônimo**: lento.

raso **ra**.so (adjetivo)
Que tem pouca profundidade: *Essa piscina é rasa, é boa para crianças.* **Antônimo**: fundo.

relógio re.**ló**.gio (substantivo)
Instrumento para marcar as horas: *O relógio marca 4 horas.*

riacho ri.**a**.cho (substantivo)
Riozinho, rio pequeno: *No fundo da chácara, corre um riacho.*

rima **ri**.ma (substantivo)
Repetição de um som no final de certos versos de uma poesia. Veja as rimas marcadas nos versos desta estrofe:

*Fui à feira comprar **uva**,*

*Encontrei uma cor**uja**.*

Pisei no rabo dela,

*Me chamou de cara s**uja**.*

rimar ri.**mar** (verbo)
Fazer rima, usar palavras que rimam: *A palavra "coruja" rima com a palavra "suja".*

risonho ri.**so**.nho (adjetivo)
Que está sempre sorrindo: *Marcelo é um menino risonho.*

Ss

saborear sa.bo.re.**ar** (verbo)
Comer ou beber alguma coisa com muito gosto: *Caio está saboreando um sorvete de chocolate. Está uma delícia!*

saboroso sa.bo.**ro**.so (adjetivo)
Que tem bom sabor, que é gostoso: *Que sorvete saboroso!*

saltar sal.**tar** (verbo)
Pular: *O cavalo saltou a cerca e derrubou o cavaleiro.*

sapeca sa.**pe**.ca (adjetivo)
Levado, arteiro, travesso: *Essa menina é sapeca!*

secar se.**car** (verbo)
Tirar toda a umidade, deixar seco: *Depois do banho, seco os cabelos com a toalha.* **Antônimo**: molhar.

solitário so.li.**tá**.rio (adjetivo)
Sozinho, sem ninguém por perto: *Esse homem vive solitário numa casa distante.*

sorridente sor.ri.**den**.te (adjetivo)
Risonho, que está sempre sorrindo: *menina sorridente.* **Antônimo**: tristonho.

sossegado sos.se.**ga**.do (adjetivo)
Calmo, tranquilo: *Papai está sossegado, lendo um livro.*

subir su.**bir** (verbo)
1. Ir para cima: *A água do rio subiu muito.*
2. Ir para o alto de uma coisa: *Ele subiu na árvore.*
Antônimo: descer.

sujo **su**.jo (adjetivo)
Que está coberto de sujeira, que não tem limpeza: *Essa camisa está suja, está cheia de manchas.* **Antônimo**: limpo.

Tt

travesso tra.**ves**.so (adjetivo)
Arteiro, levado, sapeca: *Esse menino é travesso, está sempre bagunçando e aprontando com os outros.*

triste **tris**.te (adjetivo)
Que está sem alegria: *Ela ficou triste quando soube que não ia ao circo.* **Antônimo**: alegre.

tristonho tris.**to**.nho (adjetivo)
Que mostra tristeza: *Ele está tristonho hoje.* **Antônimo**: alegre.

turma **tur**.ma (substantivo)
Grupo de amigos ou colegas: *A professora convidou toda a turma para a festa da escola.*

Uu

urso ur.so (substantivo)
Grande animal mamífero, peludo e feroz:
O urso é um animal muito grande e muito forte.

útil ú.til (adjetivo)
Que tem utilidade, que serve para alguma coisa:
A pá é muito útil para o jardineiro. **Antônimo**: inútil.

Vv

valente va.**len**.te (adjetivo)
Corajoso: *O homem valente enfrentou a fera.*

veloz ve.**loz** (adjetivo)
Muito rápido: *Esse atleta é veloz.*

verso ver.so (substantivo)
Cada uma das linhas de uma poesia. Ver exemplo em **rima**.

voar vo.**ar** (verbo)
Mover-se no ar: *Os pássaros podem voar.*

Ww

A letra w (pronuncia-se *dábliu*) é usada na escrita de palavras estrangeiras e de nomes próprios. Ela pode ter som de *u*, como em *show* e William, ou som de *v*, como em Wágner.

Xx

xampu xam.**pu** (substantivo)
Produto para lavar os cabelos: *Este xampu é muito perfumado.*

xarope xa.**ro**.pe (substantivo)
Remédio líquido açucarado: *Esse xarope é bom contra a tosse.*

xereta xe.**re**.ta (adjetivo)
Intrometido: *Ele é muito xereta, está sempre querendo se meter na conversa dos outros.*

Yy

A letra y (pronuncia-se *ípsilon*) tem som de *i*. É usada na escrita de palavras estrangeiras, como *delivery*, e de nomes próprios, como *Suely*.

Zz

zagueiro za.**guei**.ro (substantivo)
Jogador de futebol que joga na defesa: *Esse zagueiro é muito bom, ninguém passa por ele.*

zangado zan.**ga**.do (adjetivo)
Muito bravo, irritado: *Ele não gostou da brincadeira e ficou muito zangado.*

zelador ze.la.**dor** (substantivo)
Homem encarregado de tomar conta de um prédio: *Meu tio é o zelador desse prédio.*

zigue-zague zi.gue-**za**.gue (substantivo)
Linha quebrada que ora vai para um lado, ora para outro, como se fosse em Z: *O inseto voou em zigue-zague e saiu pela janela.*

zombar zom.**bar** (verbo)
Caçoar, rir de alguém: *Não devemos zombar das pessoas.*

zonzo **zon**.zo (adjetivo)
Tonto, atordoado: *Fiquei zonzo com aquele barulhão!*

zum-zum (substantivo)
Barulho contínuo de insetos voando:
No calor, há um zum-zum de insetos no parque.

Conheça mais estas obras de DOUGLAS TUFANO

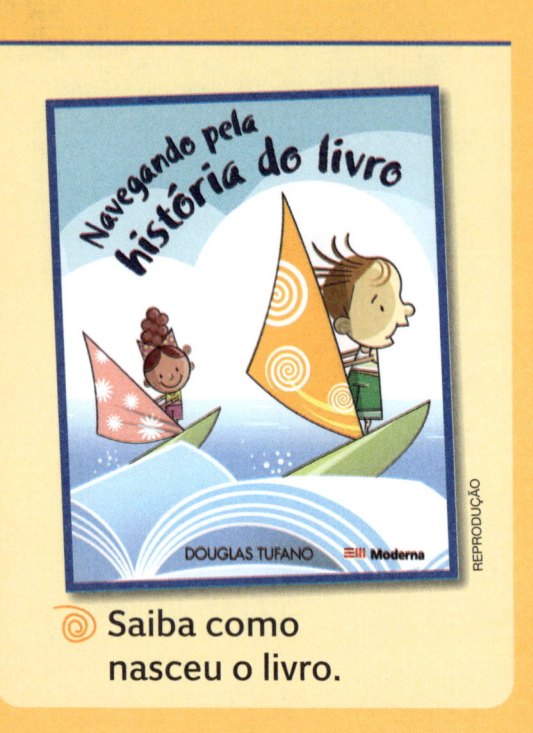

Saiba como nasceu o livro.

Um rico passeio pela cultura brasileira.

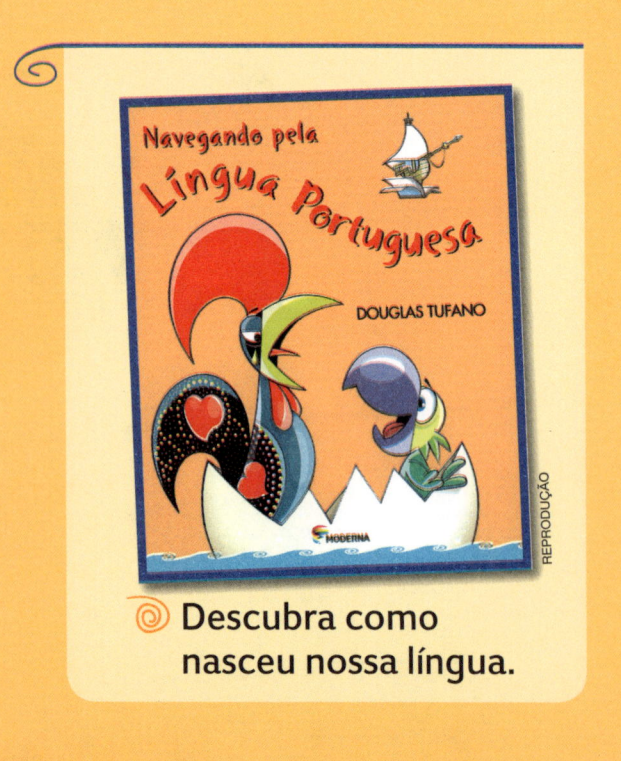

Descubra como nasceu nossa língua.

Contos poéticos dos indígenas do Brasil.

Adesivos

- Destaque e cole na página 13.

Ss   Mm   Uu   Zz   Cc

Ee   Pp   Kk   Ii   Xx

hiena   urso   espelho   olho
melancia   relógio   sapato   zebra
         joaninha   violão   dedo

- Destaque e cole na página 15.

- Destaque e cole na página 27.

Adesivos

- Destaque e cole na página 31.

- Destaque e cole na página 39.

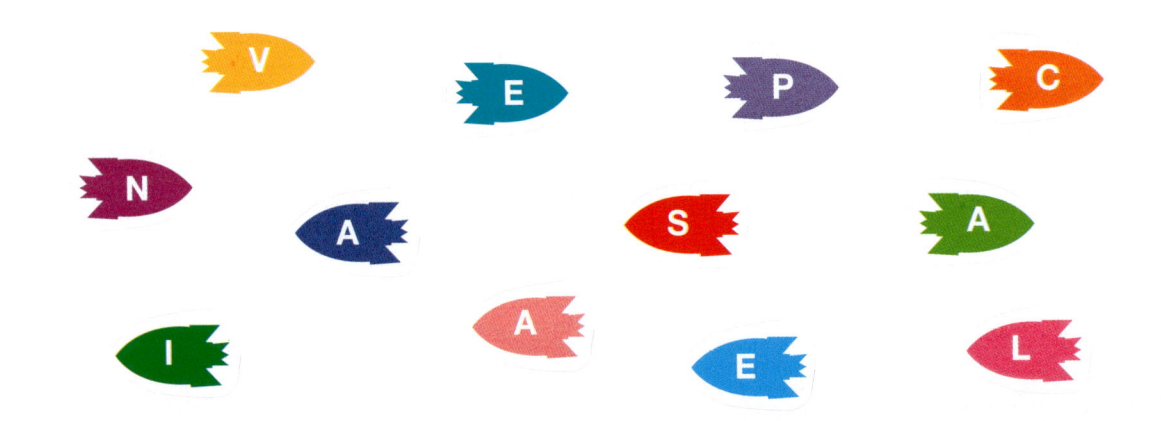

V E P C
N A S A
I A E L

- Destaque e cole na página 44.

- Destaque e cole na página 49.

- Destaque e cole na página 63.

Adesivos

- Destaque e cole na página 67.

- Destaque e cole na página 70.

- Destaque e cole na página 79.

- Destaque e cole na página 82.

| Coruja | Corvo | Raposa |

- Destaque e cole na página 93.

Adesivos

- Destaque e cole na página 129.

- Destaque e cole na página 155.

- Destaque e cole na página 173.

- Destaque e cole na página 199.

- Destaque e cole na página 253.

Adesivos

- Destaque e cole na página 257.

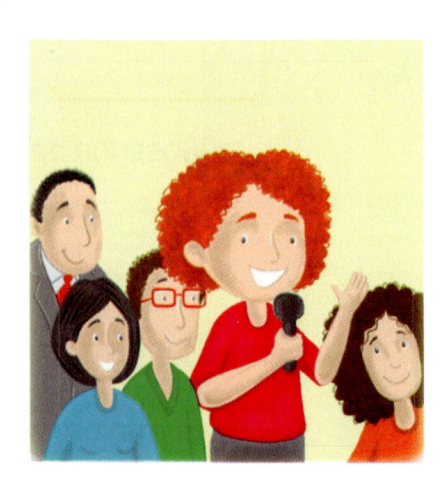

- Destaque e cole na página 266.

| GATO | CACHORRO | GALO |

- Destaque e cole na página 270.

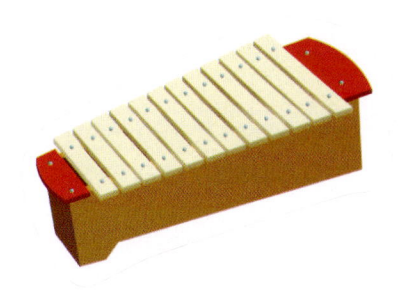

- Destaque e cole na página 277.